吉満義彦

吉満義彦

詩と天使の形而上学

若松英輔

岩波書店

はしがき――吉満義彦とは誰か

「天使を黙想したことのない人は形而上学者とは言えない[1]」と吉満義彦は書いている。天使は目に見えず、特定の空間を占めることもない。しかし、存在する。彼にとって天使は、文字通りの意味での実在するものだった。

ある時期、吉満義彦をよく読んだ、と井筒俊彦は遠藤周作との対談で語った。井筒は、彼の主著『意識と本質』で「天使」にふれ、次のように記している。

スフラワルディーが「光の天使たち」について語る時、彼はたんなる天使の心象について語っているのではない。彼にとって、天使たちは実在する。天使は、我々の世界にではないが、存在の異次元、彼のいわゆる「東洋」、「黎明の光の国」に実在する[2]

天使論だけではない。神秘哲学を体系的に論じたことにおいて吉満は井筒の先行者だった。そこには、井筒が心血を注いだイスラーム神秘哲学の研究もふくまれる。また、井筒が私淑したイスラーム神秘思想の研究家ルイ・マシニョンに吉満は、実際にパリで会ってもいる。

ある時期から吉満は、カトリックの学生寮の舎監をつとめ、若者の指導に当たっていた。一九四三年、この寮に入って来たのが遠藤周作だった。第二次世界大戦のとき、戦況が激化していく状況下で吉満は、寮生に「警戒警報や空襲警報の合間にデカルトやパスカルを引用しながら神秘主義の講義をしてくださった」と遠藤は「吉満先生のこと」と題する小品に書いている。吉満との出会いがなければ、作家遠藤周作は生まれなかったかもしれない。遠藤に文学の素養があることをいち早く見出したのは吉満だった。吉満の影響は、姿を変え、遠藤の生涯を貫いた。

哲学者にとって主題は、叡知への門である。吉満の場合たとえば、天使と死者、詩と哲学、霊と霊性、聖者と民衆、献身と犠牲、使徒と信仰などが彼の哲学の中核的問題だった。これらの言葉に潜む意味を、彼は生涯を賭して明示しようとした。だが、これらの主題を選んだのは彼だったのか。吉満義彦の生涯を追ってみると、彼が選んだのではなく、むしろ、何ものかが彼を選び、語らせていると言いたくなるような出来事にしばしば遭遇する。

愛する者と死を経験することで、吉満の生涯は深まって行った。九歳のときに妹と弟を喪い、翌年には母も逝った。十三歳のときに別の妹が亡くなり、その翌年には父の死も経験しなくてはならなかった。二十九歳のとき、妻を喪ったのは結婚の三ヶ月後である。そうなることを知って二人は結ばれたのだった。晩年、吉満が体調を大きく崩し、危篤に陥ったとき、彼を救ったのは妹の看病だった。兄の病は治癒したが、妹が亡くなった。吉満の哲学には、いつも死者が生きている。むしろ、死者たちの助力によって言葉は紡がれていった。それをもっともよく実感していたのは彼自身である。「死者を最もよく葬る道は死者の霊を生けるこの自らの胸に抱くことである」(3)と吉満は書いている。

吉満義彦は、近代日本において、真に詩と哲学の架橋を試みた稀有な人物だった。漱石に師事しながらも哲学者の道を選んだ和辻哲郎のような場合はある。また、哲学を志したが、離れ、文学者になった唐木順三のような人物はいる。しかし、どこまでも哲学の現場にありながら同時に、文学者たちにも大きな影響を与え続けた人物は多くない。

「近代の固有の神学は文学者たちであり、哲学者たちはその注釈者にすぎなかった」(4)と吉満はいう。このとき彼はリルケを想起していたのかもしれない。吉満にとってリルケは、詩人の姿をした「形而上学者」だった。リルケにとって天使は、死者と同様に詩人に言葉を託する真の語り手として認識されていた。吉満自身が語ったように、彼の形而上学を継承したのは、渡辺秀や小松茂といった少数の例外を別にすれば、哲学者や宗教学者であるよりも遠藤周作、中村真一郎、加藤周一、越知保夫といった文学者たちだった。

近代日本の霊性論は、鈴木大拙の『日本的霊性』に始まるのではない。吉満は、傑出した霊性の語り手だった。吉満は、大拙の著作が出る十年以上前に霊性を論じている。霊性を概念として語るのではなく、「霊なるもの」を全身で把捉し、その働きとしての霊性を論じた。

「文学者と哲学者と聖者」と題する一文が吉満にある。この表題はそのまま彼の境涯を示している。三つの姿は、彼の中で分かちがたく内在していた。文学者は真実を発見し、それを謳う。哲学者はそれに、論理の肉体を付与する。聖者とは、過ち無き人生を送った者ではない。世界が聖なるものであることを証《あかし》した人間の異名である。

哲学は、「哲学者」と自称する人々においてのみ、営まれているのではない。哲学研究は専門家の仕事だが、「哲学」はむしろ、市井の人々、「民衆」の叡知としていっそう豊かに育まれる、それが吉満義彦の確信だった。「詩は語り愛は黙す(5)」と吉満は書き、「しかもその憧憬たるや同じ一つの故郷の生命の水にほかならない」と続けている。愛することが語ることではなく、むしろ黙することであるなら、民衆の沈黙のうちにこそ、哲学が結実しても何ら驚くべきことではないだろう。

これまで、吉満義彦は充分に論じられてこなかった。近代日本キリスト教思想史に吉満が位置付けられていない以上、日本思想史に布置されていないのは当然かもしれない。だが、思想史から精神史、さらには霊性史へと視座を変じてみることで深みから立ち顕われてくる人々がいる。彼らは単に思想を論じただけでなく「精神」の、さらには「霊」の次元を生きた。吉満義彦もその一人である。

(1)『吉満義彦全集』(以下『全集』)第五巻、講談社、一九八五年一月、二四六頁。
(2)井筒俊彦『意識と本質』二〇四頁、岩波文庫、一九九一年。
(3)全集第五巻、三八五頁。
(4)同書、三一三頁。
(5)同書、一九頁。

目　次

各章梗概

第1章　徳之島の霊性　父義志信の死　関東大震災と賀川豊彦　プロテスタントの受洗
第2章　岩下清周と岩下壮一　改宗と内村鑑三からの離別　カトリック・ルネサンス
第3章　カトリシズムとドグマ　転向論　エラノス精神
第4章　第二ヴァティカン公会議とエキュメニズム　ジャック・マリタンとの出会い　岩下壮一とルター
第5章　『スコラ哲学序論』の翻訳と三谷隆正　ハンセン病と神山復生病院　エーリヒ・プシュワラとの出会い　アウグスティヌスとトマス・アクィナス
第6章　ジョン・ヘンリー・ニューマンの神学　ポエジーと久遠の哲学　「中世」と「文化」　遠藤周作
第7章　鈴木大拙　カール・アダム『カトリシズムの本質』　カール・バルトの受容と対峙　妻輝子の死
第8章　マリア信仰と「使徒信経」　内村鑑三と死者の神学　『創造』の創刊
第9章　妹栄子の死と司祭職への決意　詩人吉満義敏　雑誌『海洋の巨匠に花束を』と旗里己
第10章　カトリック詩人中原中也　河上徹太郎とカトリシズム　渡辺一夫との親交
第11章　リルケの受容　堀辰雄　デカルトとパスカル
第12章　小林秀雄　越知保夫　雑誌『創造』の同人
第13章　座談会「近代の超克」と西谷啓治　保田與重郎　最終講義と死

第1章 改宗と回心

一九〇四（明治三十七）年、吉満義彦は、父義志信、母めんちゃのもとに鹿児島県大島郡亀津村、今の徳之島町に生まれた。弟に義敏、妹に栄子、信子がいる。

二〇〇八年徳之島町は町政五十周年を記念して二つの銅像を建てた。吉満義彦、もうひとつは『徳之島事情』を書いた父義志信の胸像である。「建てた」というのは正確ではない。鋳造されたのは少なくとも一九八五年以前だからだ。

設置場所が定まらないまま、二十年以上胸像は町内を転々としていた。ある日、偶然に発見され、五十周年という時機に重なり、設置が行われたというのが実情だった。この事実が示しているように、故郷徳之島でも吉満義彦が忘れられている期間はあった。それは故郷徳之島だけの現象でなく、日本全土だったことは言うまでもない。

胸像の除幕式に際し、徳之島の歴史研究者實田辰巳は、吉満親子の年譜を整理し、公表した。特に父義志信の記録は、實田によってまとめられることがなければ、そのまま歴史に埋もれていたかもしれない。義志信の資料発掘においては、鹿児島の近世史研究者原口虎雄の働きがあったと、實田は書き添えている。

義志信は、徳之島にある、五つの村の戸長あるいは村長を歴任した。その間、一八九二(明治二十五)年から二年間だけ、鹿児島県議をつとめている。このとき、彼が行ったのは、徳之島の「地理、風俗、人情、物産等」の調査だった。その記録が民俗研究である『徳之島事情』に結実する。「慶長役島津氏ノ所領ニ帰セシ以降」、明治二十七年までの約三〇〇年間に起こったことが記されている。「親シク実記見聞スル所ヲ記シ、」「臆測ヲ用ヒズ」(1)というように『徳之島事情』は実証的態度で著された民俗文化誌である。義志信が議員をつとめたのは、この期間だけだった。調査が終了すると議員を辞め、『徳之島事情』の編纂に専心する。議員離職の翌年一八九五年に調査は一冊の本にまとめられた。

『徳之島事情』にはこの島の歴史、民俗、宗教について図解を交えて記録されている。徳之島にも宗教はあった。それは仏教でも神道でもない。ましてやキリスト教などではない。そこには海、山、大地、風があり、人間がいる。互いに呼びかけ、交わり、その中で人々は、存在の理法を確認していた。教典も典礼もない、原罪や贖いの教義もない。しかし、信仰のある世界である。ノロと呼ばれる巫者がいて、生者と死者の世界をつないでいる。神々と人間が直接的に交わる風土に吉満義彦は生まれた。
徳之島の井之川に禅宗の安住寺が建てられたのは、一七三六(元文元)年の事である。しかし、八年後には別な場所に移される。その後、この寺は島の各地を三転する。薩摩藩の許可を得て徳之島に入っていた「外来」の宗教は容易に根付かなかった。この島には古くからの聖地があり、祖霊神をあがめる独自の信仰があったからである。徳之島には『先祖拝《うやうが》ディ神拝《うが》メ』(祖霊を拝んでから仏教の神を拝め)ということわざもあるという。「島の先人たちが仏教の教養からお盆儀礼などの祖霊供養の方式は吸収しながらも寺院の存続を拒んだのは、仏教の講組織よりも独自の祖霊信仰体制を優先させたからだと考えられる」(『徳之島の民俗文化』(2))と民俗学者松山光秀が書いている。

あるときから、作家島尾敏雄は東京を離れ、奄美で長く暮らした。南島から日本を見たとき「ヤマト」と「琉球」という文化的境界が判然と見えてきたのだろう。日本は、ヤマト文化圏と琉球文化圏に二分できるといった。だが、松山は、「ヤマト」と「琉球」という民族的分類とは別に自然的境域「コーラル文化圏」を提唱する。「コーラル」とはサンゴ礁を意味する。

サンゴ礁は土地だけでなく、次元の構造を変える。

サンゴ礁ができることで、浜、干瀬《ひし》、沖という三つの場が現出する。「コーラル」的世界では干瀬には多種多様な生物が棲みつき、人々は歩いて漁に行くことができ、船を用いないで沖と接触することができる。このとき浜は、私たちが生きている「現実界」であり、沖は死者たちが暮らす「実在界」である。あるいは、現世と来世、此界と冥界といってもいい。干瀬となる「コーラル」は二つの世界を媒介する。

徳之島には二度行った。島の海全体にサンゴ礁がある。満潮のときは、その存在がわからない。しかし、潮が引くと、波打ち際は遥か遠くになり、サンゴ礁が立ち現われてくる。陸地は私たちが、日々生活している事実が示すように、「此岸」的世界である。海は「彼岸」的な世界。人間は彼岸へ歩いて行くことはできない。二つの世界は分断されている。しかし、潮が引き、サンゴ礁が姿を現わすと、此岸と彼岸が連続していることを知らされる。「コーラル」は、生者と死者が出会う場所である。それは、生者が異界へと赴く場所であるよりも、死者を迎える場所なのだろう。だから、島の人々にとって海は今も、単に美しいのではなく、神聖なる場所であり続けている。コーラル文化圏は日常的に異界的実在に接近している。吉満義彦はコーラル文化圏に生まれた。彼は近代日本屈指の独創的思想を有した神秘哲学者と呼ぶべき人物だが、誕生のときからその魂には古代の、そしてどの世界宗教とも関係をもたない異教的霊性が息づいていた。

徳之島では伝統的に土葬だった。今日では火葬だが、そうなってからまだ長くは経過していない。今でも島には土葬墓がある。仏教が根付かなかったから、墓は寺院ではなく、一族が守っていると『徳之島の民俗　シマのこころ』に松山が書いている。しかし、土葬の前にも徳之島独自の埋葬の儀礼があった。風葬という。

風葬とは、亡骸を地中に埋めずに、ある場所に置くことを指す。埋葬という言葉に従って表現するなら、人々はトゥル墓に埋葬した。「トゥル」とは洞穴のことで、徳之島では、死後、洞穴に小さな横穴を掘り、そこに亡骸を安置した。それが彼らの死者への礼儀であり、愛惜の表現だった。地中に埋め、光をさえぎるというようなことはできなかった。死者を幽閉することになるからである。トゥル墓の写真を見ると、累々と頭蓋骨が積み上げられている。人々は頭蓋骨に霊が宿ると信じていた。風葬は衛生的に問題があるということから土葬になったのは、明治以後である。

『徳之島事情』にもトゥル墓に関する記載がある。「トゥル」という表記はないが、数万個の頭蓋骨がある場所が発見され、来歴を尋ねると琉球時代から続く風習だと土地の人間が教えてくれたと述べられている。

しかし、土葬になっても、島に暮らす人々は風葬時代を思い出すかのように、没後三年、五年、七年といった奇数年を選んで、再び墓を掘りかえし、骨を潮水や酒で洗い清め、頭蓋骨と第二頸椎を真綿にくるみ、骨壺に入れ、再び埋葬した。これを「改葬」と呼ぶ。

改葬することを「親孝行する」「明かりを見せてやる」「骨が拝まれる」などと島民は言う。「この改葬は各地区で現在もなお実施されており、人々の骨に対する信仰は、いまも衰えていないことを示している」(『徳之島の民俗 シマのこころ(3)』)と松山は書いている。吉満義彦が暮らした頃も、こうした民俗は生きていたのである。

一九一七年、中学生になると義彦は、鹿児島県立第一中学校に進学し、徳之島を後にする。翌一八年の夏、徳之島に帰省していたある日、義彦が弟と二人、家の離れで寝ていた時のことだった。「夢とも思はれぬ余りにも深い恐怖の夢におそはれて、／慄《ふる》へ戦《おのの》いて父の膝下に走りすがりついた」という出来事に襲われる。

十四歳になり、すでに家から離れて暮らし、「功名心に燃え偉人崇拝を以て自己の精神生活の中心となして居た(4)」少年が、父親の膝にすがりつくというのは、よほどの恐怖でなくてはならない。だが、このとき義彦を襲った感情は恐怖というより、畏怖といった方がよい。

また、最晩年、彼は、「わがホルテンシウス体験」と題する一篇の詩にこのときのことを描き出している。吉満がこの詩に「恩寵と真理への最初の招き」という副題を記したのも、同質の経験が彼を貫いているからにほかならない。そこで吉満はこう書いている。

私は大きな注射器の如きを手にして、私の脳髄を吸取らうとする
魔の巨人に学校の長い廊下を追ひつめられてゐた。
何よりも頼りにし、一切の希望をかけてゐた
脳髄をとられては、私は死んだのも同然と
如何に不安にあせり懸命に逃げ廻つたことか。
しかし巨人は遂ひに廊下の尽きる隅で私を取て押へ
私の頭から脳髄を吸ひ取り奪い去つた。
私はも早や生命の最大の希望を失つて

死屍の如く洞ろな絶望と不安に慄へてやまなかつた。
かくても早や人生の希望を頭脳におくことは出来ぬと知り、
頭脳の他に何人にも奪はれ得ぬものを
不動に確保せねばならぬと考へ始めたのである。(5)

詩の題名になっている『ホルテンシウス』とは、ローマ時代の哲学者キケロが書いた著作の名前である。書物として『ホルテンシウス』は現存していない。それを引用しているアウグスティヌスの著作からその主旨を知ることができるのみである。のちにキリスト教の歴史上もっとも影響力を持つ教父の一人となるアウグスティヌスは十九歳のとき、『ホルテンシウス』を知る。このことが彼をキリスト教へと向かわせる大きな契機となった。この著作に出会って、聖書の偉大さを理解し始めた、とアウグスティヌスはいう。このときのことが『告白』では次のように述べられている。

この書物(『ホルテンシウス』)は、私の気持を変えてしまいました。それは、主よ、私の祈りをあなたご自身のほうにむけかえ、願いとのぞみとをこれまでとは別のものにしてしまった。突然、すべてのむなしい希望がばかげたものになり、信じられないほど熱烈な心で不死の知恵をもとめ、立ちあがって、あなたのほうにもどりはじめました。

(『告白』第三巻第四章　山田晶訳)(6)

「願いとのぞみとをこれまでとは別のものにしてしまった」という表現からも分かるように、アウグスティヌスはこのとき、人生価値の根柢を覆される経験をしている。この出来事は、実存的意味における「回心」だったといってよい。回心(conversion)とは文字通り、心を「神」に向け直す(convert)ことである。その最初にあるのは、悔い改めではない。畏るべき経験が先行し、「不死の知恵」の希求がそこに続く。回心が起こるとき、いつも大いなるものからの招きが先にある。

晩年のある日、吉満は先に見た「夢」の出来事をハインリヒ・デュモリン神父に語ったことがあった。デュモリンは、一九〇五年、ドイツに生まれたイエズス会士である。優れたカトリックの神学者であるだけでなく、禅にも造詣が深く、『吉田松陰』と題する著作もある。吉満はデュモリンを信頼していた。周囲の友人には言わないことも、この神父には伝えていた。たとえば司祭職への召命を強く感じていることもその一つである。このときデュモリンが、吉満の経験はアウグスティヌスの「ホルテンシウス」体験を思わせると言ったのだった。この対話がなければ吉満はあの詩を書かなかったかもしれない。また、吉満は自身のカトリックへの改宗の経緯《いきさつ》を述べたエッセイ「私の改宗」でもこのときのことにふれている。

私は暁に恐ろしい夢を見た。巨漢に追跡されて脳髄を奪ひ去られる夢である。頭脳以外に頼るものはない。之を失はゞ自分の生涯は破滅であると考へた自分がどんなに必死に逃げ去つた事か！(7)

ここで「脳髄」が意味するのは、一つの器官の名称ではなく、知情意の統合、思惟する働きそのものである。それを「何よりも頼りにし、一切の希望をかけてゐた」、自らの存在証明に等しい知性を「魔の巨人」に略奪されたのだった。吉満の信仰的原体験だといってよい。

しかし、この出来事が吉満にとって、決定的意味を持ったのは、単なる恐怖体験としてではない。それならば彼は、最晩年にその出来事を詩に描き出したりはしないだろう。この経験は深甚たる畏怖の経験ではあるが、暗黒的な経験ではない。先に見た「わがホルテンシウス体験」にあった「頭脳の他に何人にも奪はれ得ぬものを／不動に確保せねばならぬと考へ始めた」との表現がその内実を物語っている。

それは、宗教学者ルドルフ・オットーが『聖なるもの』で論じた「生ける神」、人間に深い畏怖と戦慄を呼び覚ます超越者「ヌミノーゼ」を想起させる。オットーが描き出すのは、パスカルがいう「哲学者の神」、すなわち人間の限界に合わせて理解される「神」ではなく、真実の意味で、世界を超越する絶対者である。絶対的超越者との遭遇は、歓喜だけではなく、むしろ畏れと慄《おそ》れを喚起させるとオットーはいう。

オットーがプロテスタント、ルター派の信仰者でもあったことは彼の思想と深く関係している。ルターの神は、生ける神であるだけでなく、荒ぶる神でもあった。また、その生涯を見てもしばしば、彼の人生を神的現象がなまなましく横切る。オットーは神を人間の側から分析するのではなく、神の顕現をそのまま感受することの重要性を強調する。彼には、神の顕現という出来事の主体はどこまでも、人間にではなく、超越者にあると感じられたのだった。

若き吉満もまた、測りがたき畏怖と共に、世界が虚無ではないことを直観的に看取していた。既存の「神」的概念からは遠く離れたところで生起する「魔の巨人」による襲撃を、吉満が回心的意味を込めて「わがホルテンシウス体験」と題するのはそのためである。

この出来事の後、鹿児島に帰る船上でのことだった。目上の文学好きだった友人が吉満に、何のためにそれほど勉強するのかと問う。今は行方が知れなくなったが、卒業後、彼が使っていた机を記念に学校が長く保管していたというほど、吉満は勉強に打ち込んだ。吉満の秀才振りは、学内でも広く知られていた。

その理由を吉満が答えると、友人はさらに問いを重ねる。そして、「私は遂ひに死なねばならぬことを結論させられた(8)」、また、「自分は始めて人生の窮極の目的を知らずに生きて居るのだと云ふ事を知つた(9)」と吉満は書いている。学ぶことに人一倍注力したが、人はなぜ生きるのかという根本問題からは離れていたというのである。

だがここで注目すべきは、青年吉満が、深く考え、懊悩はするが、いわゆるニヒリズムとはまったく無縁なことである。この根源的なオプティミズムはのちの人生でも、彼をたびたび危機から救うことになる。

彼は、生が無意味であるとは考えない。かつて意味があり、尊ぶべきと思われていたことが瓦解しても、彼はその先に進む。彼は、「人生の目的とそこから人に奪はるゝ事のない不朽なものを確立せねばなら」ないと考え始める。「その頃からである、私の人生は方向を転換し始めた[10]」と吉満は述懐する。

父義志信が亡くなったのは、この戦慄の経験からおよそ二ヶ月後のことだった。義彦の生涯には、いつも死がそばにあった。父の死の前にも、彼は親族の死をいくつも経験しなくてはならなかった。九歳のとき、妹の三女梅と四男弟義久を喪う。また、翌年彼が十歳のときには、母親が逝った。それから三年後、父親が逝去する前年、四女の妹、松が亡くなる。

実母めんちゃに、異父の兄安田重雄がいたが、義彦は実質的には長男である。十四歳の彼は、幼い妹と弟を支えて行かなくてはならない立場になった。弟義敏、妹栄子は、のちに義彦を大きく助けることになる。だが、栄子もまた、義彦よりも先に逝くことになる。

人は、自身の死を経験することはできない。臨死は死ではない。その経験者は、彼岸に旅立ったが、岸に上がらず帰ってきた旅人である。その人が見たのは、いわば死の遠景に過ぎない。死への恐怖あるいは不安を論じても、死を解明することにはならない。そこにあるのは存在的危機を抱えた人間であって、死という現象は未解決なままである。新約聖書にある、死なねば生きぬという意味での「死」、形而上学的な意味での「死」が、生の深みを意味しているように、むしろ、死に直面している人間が深めているのは、観念的な死ではなく、実存的な生である。

死と死者を考えることは、連関しているが別な問題である。私たちにとって、死は、愛する者の死として経験される。それは、いつか死を超えて、私たちを死者へと導くことになるだろう。吉満が死を語るとき、彼が同時にいつも死者を感じていたことを見過してはならない。それは彼がキリスト者だったからではない。むしろ、そうした文化に育まれたことが彼をキリスト教に導いたのである。

義彦もまた、「改葬」を経験しているのだろう。彼もまた、妹や弟、母親の骨を洗い、冥福を祈ったに違いない。「わがホルテンシウス体験」で描き出された「脳髄」を巡るイマージュは、聡明な青年にとって、もっとも意味ある何かが略奪されるという突発的な「事件」だっただけでなく、死を経てなお、頭蓋骨に神聖な何かを感じる徳之島の霊性を思わせる。

また、「わがホルテンシウス体験」に語られた「夢」の出来事が、父親の死の前に起こったことは、吉満にとって大きな意味を持ったのではなかったか。「夢」は、彼に現象的な意味での死を超え、さらに実存的に死を超える必要を迫った。死者に、容易にふれ得ないことは、悲しい。だが、死者たちの世界の実在を実感したことは、深い慰めでもあっただろう。

『吉満義彦全集』には、増田良二によって作成されたかなり精度の高い業績一覧がある。吉満が、何を書いたかという基本的な情報は、整備されている。しかし、吉満義彦という人格が、どう形成されたかは、これまであまり論じられることはなかった。それを傍証するように、彼にはいわゆる「年譜」がない。略年譜というにも物足りない記述はあるが、時系列に彼の生涯の記録を確認するに十分な資料は整理されていない。

また、彼の没後三年後に出版が始まった著作集は、論文集であることを根幹としていたので、彼が自らの生涯を語った文章などは除外された。また、小品と呼ぶべき文章、あるいは追悼文などもそこには収められることはなかった。一九八四年に刊行が始まった全集も、基本的には論文を主とするという編集方針だったから、エッセイなど彼が境涯を語った作品等は収録されないままだった。生前彼の周辺にいた人々や全集の編纂者たちは、おそらく業績目録が、年譜を兼ねるという理解だったのだろう。

今日、吉満義彦研究は緩やかに進行している。近年には村松晋による吉満を近代日本精神史に位置付けようとする研究(11)もある。命日の近くには有志による懇談が催されることもあった。だが、没後七十年に迫ろうとしているが、追悼集を除いては、彼を論じた単著もまだ出ていない。

そのなかで、最初の本格的かつ先駆的な研究は半澤孝麿の『近代日本のカトリシズム』に収められた「近代日本思想史のカトリシズム――吉満義彦との対話」である。この一編がなければ、近代日本思想史は吉満義彦を忘れたままだったかもしれない。この論考が雑誌に発表されたのは一九六六年、すでに四十八年が経とうとしている。半澤は、思想史家であり、カトリックの信仰者でもある。

半澤は、義彦の弟義敏や親友である中尾文策への直接取材などを経て、論考を著した。彼は政治学に裏打ちされた歴史観に支えられながら吉満義彦のロゴスを沈着に追いつつ、パトスの熱と揺れからけっして眼を離さない。吉満義彦の本質を実践的求道者であるとする視座は、文学と哲学の接点に彼の特性を見てきた従来の吉満義彦像の幅を大きく広げ、深化させた。

その論述は、実証性を失わず、また、自らの信仰的立場に流されることなく公平である。芸術家を論じる際がそうであるように、学者を理解するときも、精神を超え、魂の領域をかいま見ることがなければならないという静かな熱情が、この論考を秀逸なものにしている。しかし、それでもなお、ふれられなかったのは、吉満と徳之島の関係である。吉満自身が、徳之島のことをほとんど語っていないことも、今日までそうした状況を継続させた原因の一つだったろう。

徳之島は一個の独立した民俗、伝統、信仰を持つ文化圏である。しかし、歴史的にはいつも被支配者の立場にあった。支配したのは、古くは琉球王国、江戸時代は薩摩藩、そして明治政府である。現在住所は鹿児島県大島郡徳之島町となっているが、もちろん徳之島の人々は、今も民俗的始原は鹿児島県とは別にあると考えている。義彦の父、義志信も同じ思いを強く抱いていただろうし、それでなければ二年間の歳月を傾けて、民俗誌を編纂することはなかっただろう。義志信は、国や県が作成する年譜上の事実としての歴史でなく、「民衆」の中に息づく歴史を記録しなければならないと考えた。

「民衆」という術語は、吉満義彦の哲学を読み解くとき、重要な鍵言語《キーターム》である。吉満は知性の人で、カトリシズムという外来の信仰と哲学を生きたことから、日本および民衆から遠いところに位置するように思われがちだが、それは吉満の実像からは遠い。

「民衆と天使」と題する一文が吉満にある。そこでいう「民衆」とは、無記名の集団ではなく、自らを含めた救済を望む「貧しき人々」である。半澤は、義彦における「民衆」は、プロレタリアと同義ではなく、人間存在の偉大さと悲惨さを具現する実在として認識されていたと指摘する。さらに、「吉満が「民衆」を概念としてではなく体験として所有していたことを物語るように私には感じられる[12]」とも書いている。「私には感じられる」との推察的な表現は、実証を旨とする半澤には珍しい表現だが、そう言わずにはいられない強い感覚が半澤にもまた、あるのだろう。

「民衆」という表現がマルクス主義の台頭と共に、広く用いられたのだとしても、「民衆」へとつながる道が、マルクス主義を通過しなくてはならないとは限らない。父親にとっての政治がそうだったように、義彦にとって哲学とは「民衆」と無縁なものではあり得なかった。

一九二二年、十八歳のとき第一高等学校に入学するために、義彦は東京に出る。垣花秀武が、『吉満義彦全集』の解説で、一高同窓会誌である「向陵誌」にＹＭＣＡ(キリスト教青年会)の一員として書いた、義彦の文章にふれている。

翌年の九月一日に関東大震災が起こった。ここで吉満は、大震災において「我等が使命は此処に新たに示され[13]」たのであると語り、震災の被害者に直接的に支援するために立ち上がらなくてはならないと説く。思想は行為に結実し、行為が思想を強くする、それは若い日からすでに見られる吉満の態度だった。そこには、父義志信の影響も強くあるのかもしれない。

また吉満は、神戸から上京し、支援を繰り広げる賀川豊彦に言及し、青年会にも「氏の事業を援けんために進んで申込む者あり」と書いている。震災からおよそ二ヶ月後、十一月十六日に一高が賀川を招き、講演会を催し、三百名を超える人々が集まったこともそこには述べられている。

吉満義彦と賀川豊彦、二十世紀前半の日本キリスト教思想界における代表的人物だった二人の接点は、これまでほとんど論じられていない。吉満のある文章にふれ、半澤が「革命家吉満が姿を現わしている」と書いているが、この指摘を深化させることで、賀川との接点が見えてくるだろう。そこで論究されるべきは、日本キリスト教における「民衆」的信仰の形成史にほかならない。

哲学者としての吉満は、二十世紀日本において特出した知性だが、この人物は同時に、極めて実践的人間だった。彼にとって実践とは「民衆とともに民衆の中に神の教会を築」(「民衆と天使」(14))くことだった。キリスト教の伝来が単なる外来の文化の受容ではなく、日本人の救済と直結する出来事であることを実証すること、それが哲学者吉満義彦の根本問題だったといってよい。

ここでいう「教会」は、可視的な建築物ではもちろんない。宗旨としてのカトリシズムすら超える存在である。吉満のいう「民衆」とはむしろ、キリストあるいは、キリスト教を知らない人々を包含する。半澤の言葉通り、吉満にとっての「民衆」は「概念としてではなく体験として所有」されていたのである。

「夢」の出来事の後、父親が亡くなり、孤独だった義彦に、義兄安田重雄から近況を問う手紙が届く。懊悩する義彦は、信頼する義兄に、すでに「人生の目的」「永遠の真理」を知っているはずだから教えて欲しいと返信を送った。

義彦は「兄から明白に指示された返事を安易に期待してゐた」。だが、兄からの返信には問いの意味は重大だと書かれていただけで、それが何であるかにはふれられていなかった。むしろ、「人生の目的と永遠の真理を自ら探究することこそ／お前のこれからの勉強の目的でなければならぬ」というのみだった。「兄はこの言葉において、私の真実の師であつたのである[15]」と吉満は書いている。このとき、兄が何か具体的なことを言っていたら、自分の道は変わっていたかもしれないというのだろう。この出来事を境に、義彦はキリスト教に接近する。

「私は私の近親の者が信じて居たキリスト教に心を引かれ始めた[16]」と書いているように、おそらくこの義兄がキリスト者だったのだと思われる。義彦は「何時の間にか福音書を読んで居た」。そして、同じ年のクリスマスに彼は、「何げなく誘はれるまゝ」あるプロテスタントの聖堂を訪れる。

クリスマスの印象は孤独な少年に暖かい春の曙の如く
真理の光りを予望せしめ、何か心をふくらましめた。
実に光りは既に闇に輝つてゐたのである。
たゞ闇がこれを悟らなかつただけであつた。
（「わがホルテンシウス体験[17]」）

以後、彼は毎日曜日、アメリカ人女性による聖書クラスに参加し、教会に隣接した図書館でキリスト教に関する書籍を読んだ。彼がプロテスタントの洗礼を受けるのは、一九二一年、十七歳のときのことである。

一高入学後、ＹＭＣＡに参加していた頃を振り返って吉満は、「同信の友等と信仰に燃えて祈り且つ歌つた其の教の夕べよ[18]」と書いている。当時彼は、弁論部に所属していた。吉満が語ることにおいて秀でていたことは注目してよい。

難解な文章と哲学者であるということ、さらにはカトリックにまつわる先入観からか、吉満には容易に近寄りがたいイメージがつきまとう。教え子の一人である作家中村真一郎が、フランスで見た舞台のまねをしている吉満を見て「びっくり」した[19]と書いているのも、そうした吉満像があったことを物語っている。しかし、吉満はいわゆる無骨な人間ではない。むしろ、感情の豊かな、情感的人間である。彼は、理性の人であるより、むしろ熱情の人である。

ＹＭＣＡに参加しながら、並行して吉満は、内村鑑三の聖書研究会に参加している。「毎日曜感激に充たされて居た。信仰のオルトドキシーを堂々と主張された此の集りにおいて、漸く新教々会一般に対する不満な心を充たす事が出来た[20]」とあるように、ある時期、吉満は内村に接近する。「内村も吉満を愛したという[21]」と半澤孝麿が書いている。

ここで吉満がいう「新教々会一般に対する不満」とは、プロテスタントの牧師によって、聖書理解があまりに異なっていたこと、そして、すべての牧師が教説を確信的に語っていなかったことに基づく。そうした状況下で牧師によって語られる、あまりに個人的な「私」のキリスト教がかえって彼を不安にさせた。その点、内村は「信仰のオルトドキシーを堂々と主張された」というように、自らに信仰の正統があることを明示した人物だった。

しかし、内村の「無教会」が、やはり一つの「教会」であり、組織的なヒエラルキアを否定していたとしても、彼に強烈なまでのカリスマ、すなわち教祖性があり、そこを頂点に実質的な「位階」

が存在したことは否定できない。教祖が存在する所には、独自の「信徒」が誕生し、信徒たちが組織を創り出していく。吉満は無教会に連なり続けることができなかった理由を次のように述べている。

明白にキリストの神性を否定し、超自然的奇蹟を否定しない迄も、否それらを問題とせず、生命とか魂とか価値とかの宗教を以て寧ろ心理的な所に重点をおき、道徳に必要のないドグマを不要視する立場には、私は結局組し得なかつた。そして私は常に原始プロテスタント的信仰を最も正しいものだと考へて居た。併し福音主義的信仰は私の信仰であつても体験確信ではなかつた。

（「私の改宗」[22]）

吉満の眼に、周囲のキリスト教信者は、キリスト教を信じているが、「キリスト」を信じない、倫理を説くが、その起源である超自然的世界を、本当には信じてはいないように映った。キリスト教徒であるとは、倫理的、道徳的であることではない。キリストを救世主として信じるか否かに掛かっている、キリストが、イエスという人間の姿をして顕われたという「超自然的奇蹟」を真に信じるか否かにあるというのである。この指摘は、今もなお、見過ごすことができない何かを含んでいる。

ここで吉満が「信仰」における「体験確信」の優位を明言していることは注目してよい。このときからすでに吉満にとって重要なのは、いわゆる「信じる」という観念的な営為ではなく、文字通り帰依すること、「体験確信」だった。

「私の改宗」という題名が示しているように、吉満義彦は改宗者である。だが、それは二重の意味での改宗だったように思われる。プロテスタントあるいは無教会からカトリックへ、そして徳之島の民俗信仰からの「改宗」である。しかし、ここでいう「改宗」とは、義彦が自らの文章で用いているように、改悛を意味するのではない。先の表現に従うなら、「キリストの神性」「超自然的奇蹟」という、非合理的な「真実」を「体験確信」し得た道に従うことだった。

「今や自分はここに達して何等の新しいドグマを信じたと云ふ訳ではないが、ただ、荒海にもまれてやつと港にたどりついた静けさと平安とを覚ゆる[23]」というジョン・ヘンリー・ニューマンの言葉に吉満は、自らの心境を語らせてもいる。ニューマンはイギリス国教会(聖公会)からカトリックへと改宗し、のちに教皇に次ぐ立場である枢機卿になる。近代カトリシズムを代表する神学者であり霊的な改革者でもあった。ニューマンの言葉には、新天地へ到達したという達成感はない。むしろ、還るべきところに帰還したという安堵がある。吉満がカトリックの洗礼を受けたのは、プロテスタントの洗礼から六年後、一九二七(昭和二)年のことだった。

先にふれた吉満の回心の道程がつづられた詩「わがホルテンシウス体験」という表題の背後には、アウグスティヌスの回心を強く追慕する気持ちがある。アウグスティヌスは『告白』で、回心は突然起こったのではなく、自分が生まれる以前から準備され、母親の乳に育てられていた頃から深く自分に流れ込んでいたと書いている。吉満は、この記述を知り、それを踏まえて自作の詩に題名を付している。「福音の真理は目を開いて求めさへすれば、すでに近く彼の側らに輝いてゐたのである」という最後の詩句が、吉満の実存的経験の真実を語っている。自分がカトリックを選んだのではない。その伝統が自らを招き寄せたのである、というのである。

半澤は、吉満の親友中尾文策から伝え聞いた言葉として、改宗のあとも吉満は、内村への尊敬を抱き続けた、と記している。また、半澤は自身の見解として「形而上学と言ふものは実存的思索としてのみ生きてゐるのだ」(「じゅるなる・めたふぃじっく」)[24]という吉満の手記の言葉に依拠しながら、「吉満は最後まで内村の最も忠実な弟子としてとどまった、と言い切っても誤りにはならないであろう」[25]とも書いている。

「じゅるなる・めたふぃじっく」は哲学者ガブリエル・マルセルの著作Journal métaphysique(『形而上学日記』)を意識しているのだろう。日記体で書かれているこの著作は、やはり改宗者であるマルセルが、改宗以前の精神遍歴を述べた著作である。おそらく吉満は、フランスでマルセルに会っている。フランス滞在中、吉満を指導した哲学者ジャック・マリタンが主宰するサロンに、マルセルもしばしば参加していた。

プロテスタントで洗礼を受けて、再びカトリックで洗礼を受けるまでの期間、吉満は日記をつけていた。しかし、カトリックになってからは、日記をつけるのが嫌になって止めてしまう。それにもかかわらず、「じゅるなる・めたふぃじっく」を書くのは、「失はれし時を求むる」気持ちと、「自分の思想の意識」を明らかにしてみたくなったからだと吉満はいうのだった。

(1)「徳之島事情」凡例(編輯者の吉満義志信による)『奄美史談・徳之島事情』名瀬市史編纂委員会、一九六四年三月。

(2)松山光秀「仏教の定着できなかった島」『徳之島の民俗文化』南方新社、二〇〇九年二月、二五九頁。初出＝南日本新聞、二〇〇五年。松山は、徳之島の民俗研究の第一人者であると共に独自の南島論を構築した。

(3)松山光秀「神・霊魂・祖霊」『徳之島の民俗[1]シマのこころ』未来社、二〇〇四年八月、八三頁。初出＝西日本新聞社、一九七四年。

(4)「私の改宗」『カトリック』一九三一年三月号、一三〇頁。

(5)「わがホルテンシウス体験」『カトリック思想』第二六巻第二号(吉満義彦追悼号)、一九四六年九月、四―五頁。

(6)アウグスティヌス「告白」(山田晶訳)、中央公論社『世界の名著14』、一九六八年九月、一一二頁。

(7)「私の改宗」前掲、一三〇頁。

(8)「わがホルテンシウス体験」前掲、五頁。

(9)「私の改宗」前掲、一三〇頁。

(10)同誌、一三〇頁。

(11)村松晋『近代日本精神史の位相――キリスト教をめぐる思索と経験』聖学院大学出版会、二〇一四年。

(12)半澤孝麿『近代日本のカトリシズム』みすず書房、一九九三年一一月、一〇八頁。

(13)『吉満義彦全集』第四巻、一九八四年一二月、垣花秀武による解説、四八〇―四八一頁。

(14)全集第五巻、三六五頁。

(15)「わがホルテンシウス体験」前掲、六頁。

(16)「私の改宗」前掲、一三〇頁。
(17)「わがホルテンシウス体験」前掲、七頁。
(18)「私の改宗」前掲、一三一頁。
(19) 中村真一郎「私の履歴書」『全ての人は過ぎて行く』新潮社、一九九八年四月、八五頁。
(20)「私の改宗」前掲、一三一頁。
(21) 半澤孝麿、前掲、三二頁。
(22)「私の改宗」前掲、一三二頁。
(23) 同誌、一三六頁。
(24) 半澤孝麿、前掲、四二頁に収録。
(25) 半澤孝麿、同書、四二頁。

第2章

洗　礼——岩下壮一との邂逅

吉満義彦は、さまざまな人物から影響を受けただろうが、彼にとって真に師と呼ぶべき存在は、カトリック司祭岩下壮一だけだったと思われる。岩下を知ることがなければ、吉満はカトリックに改宗することもなかっただろう。岩下は、司祭であっただけでなく、近代日本カトリックが生んだ最初の神学者であり、独自の思想を蔵した哲学者でもあった。

岩下壮一は一八八九年、岩下清周の長男として東京に生まれた。小学校三年生のときにミッションスクールである暁星小学部に転入し、翌年、洗礼を受けている。東京帝国大学に進み、一九一二年、成績優秀により「恩賜銀時計」を受けて卒業。第七高等学校(現鹿児島大学の前身)の英語教師となり、一九一九年、三十歳でパリ、ロンドン、ローマ、ヴェネツィアに留学する。国は、彼に西洋哲学を学ばせ、哲学教師になることを託した。しかし、彼がそこで出会ったのは哲学だけでなく、哲学を支えるキリスト教だった。

司祭になることを彼が決意したのは留学中のことである。一九二五年に司祭に叙階、同年の十二月に帰国している。このときから没年である一九四〇年までの十四年間が、岩下の公生涯である。彼は五十一歳で没した。岩下の精神を考えるとき父親の存在を見過ごすことはできない。司祭岩下壮一の生涯とは、清周から継承したものの現実化だったといってよいほど、その感化は強く、深い。神父になるときも、壮一が相談したのは清周だった。

岩下清周は現在の阪急電鉄、近鉄をはじめ多くの企業の社長、会長をつとめた実業家だった。役員をつとめた企業を数えれば、銀行を含め二十を数える。ある時期、衆議院議員をつとめたこともあった。だが、この人物は本当の意味での銀行家である。天職を徹底したところに悲劇もあった。北浜銀行事件である。

今日からみれば、あまりに先駆的だった清周の投資判断が、財界への軋轢を生み、その責任を背負わされ、彼は懲役二年七ヶ月執行猶予二年の判決を受け、途中、恩赦を得るまで十ヶ月間、獄にあった。ここで北浜銀行事件の詳細に言及することはしないが、清周の葬儀で壮一が行った会葬挨拶の一節を引いておきたい。そこでの言葉が、事件の内実を伝えている。

元来父は善を喜び善を行はんとして鋭意致した者で決して、私利私欲を営んで世人の御迷惑を顧み無かつた者ではありませぬ。併し父は直情径行で、自ら善と信ずる事は忌憚無く行ひました為に、其我儘が世人をして父を誤認せしむる原因とも相成りましたから、皆様も亦父の我儘の為に幾多の御迷惑を蒙られたかも知れぬと存じますが、兎に角父は思ふが儘に此世に処して一生涯を送りました。若しも父の施為せる所に於て、世間多数者の御迷惑と相成つたものが仮りに有つたと致しましても、それは父に代つて私が其罪を贖ひたいと存じます。〔中略〕私は終生娶らず終生家を成さず、心身を神に捧げ、頂天立地、我が道とする所に依りて、国家民人の福利の為に最善の力を効したいと思ふて居ります。而して私の斯の志に対して、必ず世間が父の過を忘るゝに至るの日有るべきを期して居ります。

（『岩下清周伝』(1)）

これを聞いた清周を知る経済人は、司祭になった壮一によって、清周の遺志が実現されると喜んだ。実業家としての父親は、無私を貫いた。世間を騒がせたことはあったかもしれない。しかし、懲罰に値することは一切ないと壮一は断言するのである。ここで発言しているのは息子としての壮一だけではない。一人の司祭であることを考えるとき、その言葉には重みがある。

『岩下清周伝』は、清周の周囲にいた人々によって刊行された私家版の書物だが、菊版七百頁を超える大著である。眺めるだけでも、生前にこの人物が得ていた人望と信頼を感じることができる。清周と同じく政治家であり実業家でもあった中島久萬吉が序文を寄せ、「君は、其の得意満々の全盛期に於てよりも、反つて其の轗軻《かんか》拓落《たくらく》の失意時に於て、十分に其の天分の真善美を発揮した。君は其の成功に死して其の失敗に生きた」(2)と述べているが、清周の一面をよく捉えている。『岩下清周伝』には壮一が司祭になる決意を伝えた際の清周の発言も記されている。

北浜銀行事件のあと、ある人物が農園で隠遁生活をしていた清周を訪ねると、いつにもなく上機嫌なので理由を聞くと息子が司祭になることを決めたと言うのである。清周自身も聖公会のキリスト者で、彼も伝道に生涯を捧げようと思った時期があったほどの熱意を持った信仰者だった。司祭になることを決め、壮一が「今後精神界に身を委ねて思想の善導に微力を捧げたい」と言うと清周は「それはよろしい、日本には癩病患者が多い、お前はこれに力を尽せ」と応える。清周が宗教者岩下壮一のもっとも早い時期の発見者だったことは注目してよい。

清周はハンセン病患者に強い関心を抱いていた。また、彼は日本人が病者の介護を海外からの宣教師に任せている現状を深く憂いてもいた。それを受けた壮一は「尽せる丈けのことは尽すことにする」(3)と返答する。壮一は、父親の言葉を守り、一九三〇年、ハンセン病患者施設だった神山復生病院《こうやまふくせいびょういん》の六代目の院長に就任する。

司祭になって以後の岩下の活動は、大きく三つの領域に分けることができる。一つは、日本におけるカトリシズム思想研究の基盤整備を行った、ほとんど実務家といってもよい側面、また十年間つとめた神山復生病院の運営責任者あるいは社会福祉の実行者としての役割、そして並行して行われたのが神学・哲学的探究者としての活動である。

カトリシズム研究の基盤整備とは、若きカトリック信者の宿舎「聖フヰリッポ寮」の開設とカトリック研究社の創設と機関誌『カトリック』(一九三九年に『カトリック研究』に改題)およびカトリック研究叢書と信仰叢書など出版事業である。

聖フィリッポ寮(あるいは聖フィリポ寮)は、文字通りの寮であると共に、いわばカトリシズムの学習センターであった。一九三三年から吉満は、この機関の責任者となって、青年たちと交わることになる。

ここに、一九四三年から、学生として寄宿していた一人が遠藤周作である。遠藤は、小説『女の一生　第二部　サチ子の場合』で吉満を実名で登場させて、当時の風景を描き出している。

修平の学生寮は省線の信濃町駅のすぐそばだった。柿色のペンキを塗った木造の建物で、二十人ぐらいの各大学の学生が住んでいた。学生たちはいずれも基督《キリスト》教の信者だったから、建物のなかには小さなチャペルと図書館とがあった。

修平がサチ子に書いたように、この寮には学生を指導する舎監として、当時、東大の講師をしていた吉満義彦が週二回泊りにきた。

吉満義彦は燃えるような信仰心と学究心とを持った哲学者だった。〔中略〕哲学だけでなく文学・芸術に通じていて、食事を共にしながら、この寮の学生たちにも人生や宗教について熱っぽい口調で語った。(4)

この場がなければ吉満と遠藤が出会うことはなかった。父親が亡くなると岩下は、相当額の遺産を引き継いだ。彼はその私財の多くをカトリックの文化活動に注入する。この寮もその一つだった。岩下は、さまざまな意味での「場」を作っていった。それらは今日もなお、生きている。この寮は、戦時中、敵国を想起させるとの理由から白鳩寮と名前を改め、現在は、真生会館と呼ばれている。

しかし、岩下が父から継承したのは財産よりもむしろ、経営の才能だったと思われる。彼が経営者になっても成功しただろうことは、彼の業績からも十分に窺える。吉満が「多忙なる癩院の経営と牧者的気遣ひのたゞ中にあつて、学者として学問的良心を忽せにせず、而も使徒的宣教の熱意をもつて執筆された事を忘れてはならない(5)」と書いているように、岩下が社会的実践に割いた時間と労力は大きい。「真理の瞑想思索を喜んで犠牲にせんとする態度のうちに、尚ほ観想と思索への愛を把持せんとする(6)」と考えた岩下の生涯をみると、哲学研究や執筆が実務の後に位置しているのは明らかである。しかし彼は、思想は実践に胚胎され、開花すると信じていた。思想の構築よりも社会的実践に重きを置くのは、彼には当然の選択だった。その霊性は吉満にはもちろん、そのまま遠藤にも流れている。

キリスト教は、根源的な意味で、隣人とどう向き合うかに収斂する宗教である。隣人に「神」の働きを見出す霊性であるといってもよい。彼らはその霊性に忠実であろうとした。思索を優先するなら、彼は司祭になる必要はなかった。哲学者和辻哲郎、九鬼周造は同級生で、ことに九鬼は親友だった。和辻はのちに吉満を東大へ招くことになる。岩下も友人たちのように哲学の道に進むこともできたばかりか、それを嘱望されていた。東大で岩下に哲学を教えたケーベルは、岩下の論文を高く評価し、彼を留学させ、日本に日本人による哲学講座を開講させようとしていたほどだった。

大学を卒業したとき（一九一四年）は、第一次世界大戦のため実現しなかったが、後年（一九一九年）に彼が留学したときも、哲学研究がその目的だった。だが、そこで彼が出会ったのは哲学であるよりは神学だった。さらには、神学の奥にあるカトリシズムという伝統だった。岩下は、帰国するときに自分が司祭になっているとは思いもしなかっただろう。

『吉満義彦著作集』と『吉満義彦全集』のどちらを繙いても、吉満が直接的に岩下にふれた文章を見つけることはできない。このことは単に編纂上の問題ではなく、二人の間で神学、哲学的問題の探究がいかに継承されたかが、十分論じられていないことを示している。遠藤周作、中村真一郎、加藤周一も、個人的に親交があった吉満にはふれても、岩下にさかのぼって、その霊性を論じることはなかった。

哲学者岩下壮一に対する吉満の態度を考えるとき、私たちは、彼が書いた文章だけでなく吉満が岩下の遺稿集に何を選んだか、その選択に、吉満の認識を確かめることができる。それを繙く者は吉満が岩下に何を読み、また、影響を受けたかを知り得るように二つの遺著は編纂されている。吉満の序文では、ことさらに岩下の思想を解説していないが、その分、岩下壮一の論考を読む吉満の姿が鮮明に浮かび上がってくる。吉満が書いた岩下に直接的に言及する文章は追悼文・談話を含めて七つある。岩下壮一の遺稿集『信仰の遺産』、『中世哲学思想研究』それぞれの序文、追悼文「岩下先生の使徒的生涯」「恩師永遠の面影」「キリスト教思想家としての岩下師」「哲学者としての師」「愛の犠牲を思ふ」である。

「師は癩院の営みの配慮においても、否な正にその只中において人生の最切実なる真理を思索する哲学者として自らを意識されていた」（「恩師永遠の面影」(7)）と吉満は書いている。「癩院の営み」とは、先にふれた岩下がハンセン病患者の施設だった神山復生病院の院長として働いた十年間を意味している。彼の公生涯が十四年間であることを考えると、そのほとんどを岩下は「癩院の営み」に捧げたのである。岩下にとって実践なき信仰の深化はあり得なかった。その態度は吉満にも継承されている。吉満が、「最深の神秘的人間はまた最深の行動的人間である」（「神秘主義の形而上学」(8)）と書くとき、彼の念頭にはアッシジのフランシスコや十字架のヨハネだけでなく、このときすでに冥界にあった岩下の姿もまた、判然と浮かび上がっていただろう。

宗教者岩下壮一を評価する試みは、小林珍雄《よしお》による評伝『岩下神父の生涯』、井伊義勇の『復生の花園』、重兼芳子の『闇をてらす足おと』、小坂井澄の『人間の分際』、最近では輪倉一広の研究などたびたび試みられてきた。しかし、吉満が単なる哲学論者ではなく、内に詩人を秘めた真実の「神秘家」であったように、岩下壮一もまた、無私の宗教的実践家であると共に、近代日本精神史の一角を担うべき哲学者だったのである。哲学者岩下壮一への論究は、未だ十分になされているとは言えない。

一九四〇年岩下が亡くなったときの追悼文で吉満は、「思へば十五年前大森の館聖フィリッポ寮において師（岩下）と毎週聖トマスのスムマ第一部を講読せし懐しき追憶(9)」と吉満は、岩下との出会いを述懐する。吉満が岩下を知ったのは一九二五年、吉満が麻布教会でカトリックの洗礼を受けたのは、それから二年後の一九二七年である。

当時吉満は、東大に在学中で、洗礼を授けたのは岩下ではなく、ツルペン神父だった。ツルペンは、遠藤周作と『女の一生　一部　キクの場合』に登場するプティジャン神父と同時代に来日したパリ外国宣教会(パリ・ミッション)の司祭である。プティジャンは長崎の大浦天主堂の主任司祭をつとめていた。「異人さま。うちらはみな……異人さまと同じ心にござります[10]」と遠藤の小説にあるようにプティジャンとカクレキリシタンの信徒が天主堂で出会うのは一八六五年、ツルペンが来日するのは一八七七年である。プティジャンは一八八四年に大浦で亡くなっている。

今日のカクレキリシタンは、宮崎賢太郎が指摘するようにすでに「隠れ」てはいないので、「隠れキリシタン」ではなく「カクレキリシタン」と表記する方が、彼らの現状に合っている。だが異なる状況下にキリシタンが生きなくてはならない時代もあった。キリシタンとプティジャン神父との出会いから、吉満義彦の死まで、大きな戦争が幾度もあり、価値観も世界観もしばしば大きな変化を見せた時節だが、そう長い歳月が流れたわけではない。ツルペンの回想集の編者の陰山宷もツルペンのことを調べていくと「キリシタンの名と共に、遥か遠い過去の存在であられたプチジャン師が俄かに、案外身近に、接近して、居られたと云う事を痛感[11]」したと書いている。カクレキリシタンと日本のカトリシズムは、霊性上の事実としてもけっして断絶していない。それは吉満義彦の血に、徳之島の精神的伝統が生きているように、今日の日本人キリスト者のなかにも生きている。

ある日、岩下は十年ぶりに、かつて英語教師をつとめた鹿児島の海を見た感動を、当時フランスにいた吉満に宛てた手紙に、こう書き送った。「君もこの美しい海岸をしっているだろう[12]」。

ここでの「海」は単なる自然の象徴ではなく、人間の精神を深層的に規定している真実の意味における「文化」である。そう岩下が感じていなければ、また、同質の精神を吉満が持っていると岩下が感じていなかったなら、わざわざフランスに、先のような言葉を送ることもなかっただろう。吉満もまた、「天衣無縫の記」と題する作品で、海が自らの原風景であることを書き記している。

二人の師弟関係を考えると、岩下が洗礼を授けてもよいように見える。しかし、岩下はいわゆる教会付きの司祭ではなかった。それは最後まで変わらない。

あくまで外面的に捉えての話だが、洗礼とは、カトリックという不可視な「国」に帰化し、改めて名前――洗礼名――を受け、新しい生活を始めることだともいえる。受洗者は、教会という管理機関に届け出をしなくてはならない。そこで岩下に縁のあった麻布教会が選ばれたのだと思われる。吉満が洗礼を受けた頃、岩下は司祭を補佐する助祭として麻布教会に名前を連ねていた。

司祭となって帰国するにあたって岩下は、ヴェネツィアから日本に派遣される形をとっている。それは日本教区からの指示を直接的に受けないことを暗に示しており、自らが信じる活動に、でき得る限り時間を確保したいという彼の意図を見ることができる。また、一九二八年に日本教区に籍を移したあとも、彼が特定の教会付きの司祭になることはなかったのである。

洗礼を受けた後、吉満の生活は一変する。彼はすぐに当時フランス思想界で大きな影響力を持っていた哲学者ジャック・マリタンの『スコラ哲学序論』の翻訳に着手し、同年にマリタンに学ぶためにフランスへ渡っている。吉満はマリタンの隣家に暮らした。帰国は二年後の一九三〇年である。留学した当時、吉満は二十五歳だった。

マリタンに学ぶことを強く勧めたのも岩下である。岩下はパリで、マリタンと会っている。またのちにマリタンの『近代思想の先駆者』を訳しているように、岩下はその思想を高く評価していた。かつて自分に託されたように、岩下もまた、日本人による哲学を樹立するためには、世界と伍して、論じ、思索できる人間を育てなくてはならないと考えていた。そこに現われたのが吉満だった。

先に見た吉満のエッセイ「私の改宗」が書かれたのは、一九二九年八月、彼がフランス・ムードンでジャック・マリタンの近くで生活していたときである。一読すれば、吉満が自発的に書いていないことは明らかである。執筆を依頼したのは岩下である。小林珍雄が書いた岩下壮一の評伝『岩下神父の生涯』に、岩下が吉満にその執筆を依頼した手紙が引用されている。

小林珍雄は、カトリック学者と呼ぶべき日本最初の人物である。上智大学の教授を長くつとめた、吉満の友人であり、吉満の遺稿集『哲学者の神』を編纂し、カトリック文芸誌『創造』の同人でもあった。本論でも、岩下の伝記的事実は小林の岩下壮一伝に負うところが多い。また、本論に引用する岩下、吉満の書簡は、特に断りがない場合は、小林の『岩下神父の生涯』からの引用である。

次に見る岩下の書簡は、ある日、無教会を去って、カトリックに改宗した吉満を、内村が聴衆の面前で、名指しで批判したことを告げている。以下の一節にある「柏木」とは、内村が聖書講義を行った今井館が当時あった場所である。現在の東京都北新宿にあたる。

柏木ではカトリック進出に対し大部神経過敏になった様子、少し以前に、ここへ来ていた吉満という男も洋行の好餌につられてカトリックになった、という冒頭で、内村先生が会衆一同に、断じてカトリックにならぬ、その講義も本も読まぬ、その学校へ子供をやらぬ宣誓をさせたという話、今後はプロテスタント諸教会との戦は中止して、天主教を相手にする、宗教改革家について講演する由僕らは活き甲斐のある時代になってきたと思って、意気大いにあがっている。〔中略〕君ぜひ、余はいかにしてカトリックになりしか、を書いて送ってくれ、そうして無教会主義の矛盾を鋭くえぐる必要がある。

（岩下壮一書簡　一九二九年五月十二日付(13)）

これだけを読んで、カトリック司祭岩下が、単に無教会派の指導者内村を批判していると早計に判断してはならない。「内村先生」という言葉にも感じられるように、岩下は内村の宗教的天才を認めていた。また、「僕らは活き甲斐のある時代になってきたと思って、意気大いにあがっている」との言葉のうしろにも、先行者であり、好敵手でもあった内村への信頼が読み取れる。

書簡にあるような激しいカトリック批判を、内村が最初から繰り広げていたのではない。内村は、カトリックを高く評価する発言をしたこともあり、もし、自分が「教会」に属さなくてはならないなら、プロテスタントではなく、カトリックだと語ったことすらある。一九〇七年には「余《よ》は今は無教会信者である。しかしながら、もし教会に入るとするならば、余はローマ・カトリック教会（天主教会）に入ろうと欲《おも》う」（「最も貴むべき教会(14)」）と発言している。

のちに非戦論を展開する内村は、戦争に反対しない「教会」という組織に対して根源的不信を深めていくのであるが、さらに先のような激しい動きを示すようになる背景には、高弟塚本虎二との間に起こった無教会主義の絶対性をめぐる見解の相違がある。無教会主義の正当性を強く主張したのは内村ではなかった。塚本である。

ある時期までは塚本も、プロテスタント教会と協調関係を保っていた。しかし次第に彼のなかで純然たる「無教会」が重要な意味を帯びてくる。次第に他の教会に対してときに寛容な態度を見せる内村の態度が、塚本には不徹底に映ってくる。塚本虎二は内村鑑三よりも二十四歳若い。ギリシア語、ヘブライ語にも堪能な人物で、苛烈なといってよい信仰者だった。

先に見た岩下の手紙が書かれた一九二九年は、内村が没す前年であり、内村と塚本が離別した年でもある。このとき、塚本は四十四歳、内村は六十八歳だった。鈴木範久の『内村鑑三日録』によれば、内村は一九二九年の一月二日には心臓肥大の指摘を受け、同年の四月十四日からは、聖書研究会も塚本に任せている。身体的な衰えからか、内村の眼には、弟子たちが次々と自分のもとを去るのではないかとの焦り、不安、困惑もあった。事実、塚本と共に多くの若者が去った。

二人の間にあったのが、軋轢か信仰上の差異か、あるいは塚本の独立は時機的必然だったのかには諸説ある。ただ、信仰上の師弟には、第三者が立ち入ることのできない領域があることを私たちは忘れてはならない。自分のもとを去る弟子たちに内村から、ときに烈しい強い言葉が発せられているが、それが字義通りの意味を持っていたかは、十分に考えてみなくてはならない。

宗教的師弟の場合、ことに師から弟子に発せられる批判の言葉はそのまま受け取るにはあまりに複雑な思いが横たわっている。むしろ、真逆な、袂を分かってもなお続く、師弟の信頼というものはある。塚本だけでなく、藤井武など近く接した人々との間で内村は幾度となく、訣別と和解を繰り返してきた。私もまた、そうした出来事を幾度か目撃してきた。

吉満が内村のもとを離れた前年には、田中耕太郎が同じく内村の門を後にしている。田中は、法曹であり、のちに吉田内閣では文相、最高裁の長官もつとめた人物で、近代カトリシズムを代表する人物の一人である。彼は塚本の勧めで内村門下に入っている。若き田中も無教会のなかで注目を集めていた。そうした俊英が離脱し、田中に続いて吉満、彼の親友中尾文策、のちに法学者となる大澤章、井上紫電も同じく無教会からカトリックへと改宗したのだった。

しかし、田中や井上が去ったときも内村、塚本はそれぞれ、その態度を強く批判したが、先の書簡にあったように「宣誓」までさせることはなかった。それほどに吉満の「離反」は無教会に衝撃を与えた。それは同時に周囲が吉満に大きな期待を持っていたことを示している。

無教会は「教会」ではなく、信仰の道を研究する場であると内村は考えていた。彼は、自らの没後、聖書研究会の解散を遺言している。遺志は守られたが、しかし彼の死後も無教会派は残った。この事実は、一部の弟子と内村の間に根柢的なずれがあったことを反証している。

さらにこのことは、同時に内村の真実にふれた者たち——たとえば正宗白鳥や志賀直哉、そこには吉満義彦や岩下壮一も含まれる——が、距離的あるいは精神的に、彼から離れていったことと無関係ではないだろう。内村と共に信仰の道を模索するためには、物理的には内村から離れなくてはならない、彼らはそう感じていたのではなかったか。

同様のことを、内村の高弟といってよい矢内原忠雄が書いている(15)。さらに、生前には師と、複数回の訣別を経験した藤井が、燃えるような言葉をもって師を追悼しているところにも同質の出来事があるのだろう。むしろ、霊性の継承とはそうした精神的距離感のなかで行われるのではないだろうか。

書簡で岩下が「無教会主義の矛盾を鋭くえぐる必要がある」、と強い言葉を送っているにもかかわらず、それに応えた吉満本人が、自作に内村個人への批判をまったく記していないことは注目してよい。それは内村をめぐる吉満の複雑な心境を物語っている。そこに横たわっているのは、吉満にとっての、キリスト者内村鑑三と、無教会派指導者である彼の差異である。吉満は、内村のもとを去った理由をこう書いている。次の一節は先に見たものよりも、いっそうなまなましい。

> 大学に入ってから私のカトリックへの歩みは急に歩調を早めて来た。殆ど毎日曜カトリック教会に礼拝に行く様になった。プロテスタント的主観主義の放恣と人間臭い説教にあきあきして居た時、私の行く可き教会は外になかった。唯だ謙遜に神への礼拝に十字を切って膝を折る事は私にとってどんなにしっくりした事か、人間的饒舌のきかれないのも快く感じた。(「私の改宗」(16))

「プロテスタント的主観主義の放恣と人間臭い説教にあきあきして居た」とは、内村の講座を指すのではない。吉満が後年も内村への敬愛を抱き続けたことは先に見た。このとき吉満が去ったのは、内村から、と考えるよりも無教会と呼ばれる「プロテスタント」からだったと認識するべきなのだろう。当時の吉満の心境は、田中耕太郎の証言を見るといっそう明らかになる。以下に引くのは田中が岩下の追悼講演会で話したときの一節である。ここでの「祈禱」とは、日曜日、内村の聖書講義の前に、集まった人々が行っていた集いのことである。

元来、私がカトリックになったのは、この祈禱の問題でございます。プロテスタントは銘々勝手なインスピレーションを致します。祈禱は神さまに対する演説会、或いは一般聴衆に対する演説会にもなる。一種の霊に憑かれたような気分になる。その間に、時々人の悪口が出てくるというような訳でございます。いったい祈禱は、自分の自然な気持の発露でなければならない。だから子供のような気持、子供が親にねだるように、何でもかんでもぶちまけてお祈りすればいいのだと考えておったのでありますが、併し私はこのような祈禱をあまり聞かされて、ウンザリしてしまった。

（「アメリカより帰りて」）[17]

改宗に至った根本問題は教説ではなく、祈りの態度だったというのである。このことは近代日本のキリスト教を考える上で重要な問題を提起している。田中は、無教会の集まりで内村が語ることに不満があったのではない。彼の言葉を求めて多くの人が集ったその場所には充分な祈りの時空がなかったことに耐えられなかったというのである。祈りとは、人間の思いを神に向けて放つことではなく、沈黙のうちに神の声を聞くことである、という伝統がカトリシズムにはある。このとき人間が望むべきは、思いが叶うことではなく、キリストとの不可視な絆を真実の意味で知ることである。

「霊魂を救うのではない、霊魂を創造《つく》るのである。イエス・キリストを紹介して彼より生命(霊魂)を受けしむるのである」(「伝道と救い」)[18]と言った内村は、人間は教会を経ずしても「キリスト」とつながり、それを自覚することもできると信じた。キリストの間を阻害するものは、何ものであったとしても打破されなくてはならないと考えた点において内村は、厳密な意味での「キリスト者」であって、いわゆる「キリスト教徒」とは一線を隔している。彼は制度としての「宗教」を拒む点においては、宗教者と呼ぶことをもはばかられるほどだった。内村の信仰はいつも直接的にキリストを志向している。

この内村の霊性をもっとも正確に認識していた一人が岩下壮一だった。岩下は塚本と論争をしているが、岩下が見ていたのはむしろ、内村鑑三だったように思えてならない。先の手紙からも感じられるように、思想家岩下壮一は争いを好まない、温厚な人物ではない。衝突のなかに、新しい活路を模索する一種の激しさをともなう精神を有していた。

岩下が急逝すると吉満は、小林珍雄らと協力し、岩下の遺稿集『信仰の遺産』を編纂している。その最初に位置するのは、キリスト論「キリストを見直す」である。この一文は岩下の信仰宣言だといってよく、彼の精神をかいま見ようとする者は見過ごしてはならない。それは編纂者にも共通した意見だったからこそ、遺稿集のはじめに置かれたのだろう。

「キリストを見直す」ではさまざまなことが論じられているが問題は、キリスト(救世主)とは誰かという点に収斂する。岩下はそれをイエスであると明言する。このナザレに人間の姿をまとって生まれた者こそが、神そのものである、と信じるのが「キリスト教」だというのである。

「ユデア人がキリストを或はエリア、或はエレミア、或は洗者ヨハネの再来となした如く、近代人は彼を或は欺瞞者、或は超自然的に粉飾された神話的存在、或は終末的再臨を夢想せる神秘家、或は単に卓越せる一ラビ、或は歴史的存在すら疑はしき架空の人物となした」(「キリストを見直す」[19])と岩下は書いている。

ユダヤ人にとってイエスは、「キリスト」ではなく預言者の一人だった。近代人もまた彼らと同様にイエスをユダヤ教祭司であるラビの一人として、あるいは終末論を説く神秘主義者、または神話的人物として論じているのではないか、と岩下は指摘する。それは異教徒によって行われているのではない。むしろ、キリスト教徒のなかにもそうした「キリスト」観が蔓延している。そういって彼はプロテスタントの聖書学者ホルツマンの言葉を引く。「今日著名なプロテスタント神学者中にイエズス・キリストの神人両性に関する信仰中にふくまれた教義を告白する様な者は一人もない」。さらに岩下は、教会史学者ローフスの言葉を引く。「正統的キリスト論をその純粋な形で弁護する教養ある神学者は恐らく一人もあるまい——少くもドイツでは余は一人も知らない[20]」。

これらの言葉がそのまま今日のプロテスタント界を代表しているとは思えないが、そうした時代の雰囲気がホルツマンやローフスを生んだ十九世紀末、あるいは二十世紀初頭のドイツにあったことは確かなのだろう。

学問としての聖書学の発達に従い、学者たちは信仰のイエスすら、科学的検証の座標軸に閉じ込めてしまった、あたかもそれが信仰の真実を探求する唯一の道であるかのように、学問のなかに世界を閉じ込めてしまったと、岩下は指摘する。彼は聖書学を否定しない。むしろ、その恩恵を十分に評価しているし、その発展を願ってもいた。しかし、人間が作り上げた学問の一形式に、絶対的超越者を蹂躙することに賛同はできなかった。

いかに優れた、深遠なる学問であったとしても、学問とはいつも、ある特異な視座から世界を眺めることである。万物を包含できる学問は存在しない。亜流のスコラ学をはじめ、そうした不可能を可能であるかのように論じた歴史が、カトリシズムにもあることを、もちろん岩下は承知している。岩下にとって学問とは、学問の彼方に真の世界があることを教えるものだった。学問はいつももう一つの世界への扉だったのである。

「スコラスティクとミスティクの深き一致への内面的霊的生活への理解と実践」(「基督教思想家としての岩下師」[21])と表現する吉満の言葉は、的確に岩下の境涯を捉えている。ここで「スコラスティク」とは最深の「哲学」を意味すると思ってよい。「ミスティク」は井筒俊彦の言葉を借りれば「神秘道」[22]とも訳すべき実践の道である。この言葉は吉満義彦の軌跡をも表現している。スコラ哲学はトマス・アクィナスにおいて高みに達した。しかし、それを実現したトマスは、自分の仕事はわらくずのようなものだとの言葉を残し、ほどなく逝ったのである。イエスがキリストである「神秘」にふれ岩下は、こう書いている。

キリストの神秘は、啻に彼が神であるといふことには存せず、神にして同時に人たる点に存する。〔中略〕キリスト教の根本信条は人間の羽化登仙ではなくて、神の御言の御托身である。
（「キリストを見直す」[23]）

キリスト教の根本問題は「人間の羽化登仙」、すなわち人間が何を経験するかにではなく「神の御言の御托身」、すなわち神のコトバがイエスとして受肉した事実を、ただ信じることにある、と岩下は断言する。

さらに岩下はここで、キリストを「神」だと信じる者がキリスト者だと言明する。人間イエスが神であり、それはイエスにおいて完結している。その後にはいかなる似た者も存在し得ない、それがキリスト者の信仰である。この点において、教祖が自らをイエスに擬する「宗教」は「キリスト教」とは明確に区別される。

優れたトマス・アクィナスの研究者であり、その訳者でもある稲垣良典が岩下壮一の代表作の一つ『カトリックの信仰』の解説で、岩下の信仰をめぐって鮮明な記述を残している。五十数年も前から書斎に岩下壮一の写真を掲げ、その血脈を継承した者の発言として聞くとき、この言葉は、ある力強さをもって迫ってくる。

著者〔岩下壮一〕が強調するのは、キリスト信者の信仰はあくまでかれ自身が「活ける神なるキリストに面接」することにもとづくものであり、この信仰が「聖書を作りだしたので、聖書が彼の信仰を産んだのではない」という一点である。これを神秘主義とか「狂信」と呼ぶなら、キリスト教信仰は神秘主義や「狂信」なしにはありえない、と著者は答えるであろう(24)。

キリストは神自身であり、媒介者でもあり、ときに私たちの同伴者でもある。これは現代人にはにわかに信じがたいだろう。そうしたことは現象界の常識ではとうてい理解できない。しかし、理解できないことと、それが無いこととは違う。神秘は不可知だが存在する。キリスト教とは、その「神秘」をそのままに信じ、生きる道だ、と岩下はいう。

イエスが「神」であることを信じることが万人の救いの条件だと岩下は考えていない。彼にとって信仰とは、努力の末に獲得する何かではなかった。それは、徹頭徹尾、与えられる「恩寵」である。すでに与えられているといってもよいのかもしれない。

「聖書の語を以て云へば「信仰は神の賜物」である。人が信ずるのではあるけれども、同時に信じさして頂くのである。キリストを信ずるとは、誰れも曽つて見たることなき神の測り知るべからざる生命と光栄とが、その無限の愛によつてイエズスの人間性を通じて時空の間に顕れたことを認むるに他ならぬ」(「キリストを信じうるか」)[25]と岩下は書いている。恩寵が完全に顕われるために、人間の努力が求められるのであって、人間の努力が恩寵を実現するのではない。

この態度は岩下の宣教にもよく表われている。彼は場を作り、そこで語ることを厭わなかったが、海外の宣教師のように積極的に布教する、といったことをしなかった。それは吉満にもそのまま継承されている。彼らは共に与えられた能力をでき得る限り発揮し、内なる「キリスト」を顕わそうとした。二人が救いの道としてカトリシズムを論じるとき、念頭にあるのは他宗教の排斥ではない。あるのは、彼ら自身の告白だけである。「キリストを見直す」で岩下が、イエスが地獄にいるなら自分もそのあとを行くと言ったドストエフスキーにも言及しているのは興味深い。宗教とは生きることだと彼らは信じた。自ら歩いていない未知なる道程が、救いにつながると、どうして言うことができるだろう。道が定まらない奥深い山で他者を知らない道に送り込むことは、彼らにはとうていできなかった。

誤解を恐れずにいえば、愚直なまでに救世主《キリスト》イエス、イエス・キリストを信じた点において、岩下、吉満と内村との間に齟齬はない。彼らは愚直なまでの「キリスト者」である。内村には「教会」が、キリストへの道を阻害するものに映った。

だが、彼の強烈な宗教的個性に惹かれて集まった人々は、いつの間にか別な「教会」を形成する。内村鑑三は、確かに「神」の前では一個の「信徒」だが、時代においては、近代日本を代表するカリスマでもあった。そうあることを彼は拒んでいたとしても、その特性を彼は打ち消すことはできなかった。カリスマの出現は組織を生む。その人物が組織の弊害を口にしても、人は集まり、共同体を作り始める。

このことをもって大衆の愚を指摘するのは簡単である。しかし、本当にそれで終わりにしていいのだろうか。宗教心とは個に始まり個に終わる、そう考えることもできる。しかし、それが個に始まり、個を超えて開かれていくところに目的があるとすれば、そこに最初の他者群として共同体が生まれるのは、むしろ自然なことだと言える。内村が活動した大正期から昭和初期の二十年は、日本にとって、政治的にだけでなく、宗教界、精神界においても、文字通り激動の時代だった。内村鑑三の登場はその先駆的事象でもあった。

宗教がその文化に根付くかどうかは、それを母国語で語り得るかに大きくかかっている。たとえば日本仏教の千年を超える探究もまた、この問題に収斂される。真実の意味における翻訳は不可能である。優れた翻訳には、いつも創造的誤読と飛躍が潜んでいる。それは、空海以来、宗祖と呼ばれる法然、親鸞、日蓮、道元といった人々にもあまねく見ることができる。キリスト教神学の歴史もまた、「誤読」の連鎖の上に成り立っている。キリスト教は、紀元一世紀前半、ガリラヤ湖畔で生まれた霊性である。それは皮相な偏見が示すような、ヨーロッパ的なものに終始するものではない。

本論を通じて、明らかにしてみたいと願っているのも、岩下壯一や吉満義彦が、母国語である日本語によって何を思索し、志向し、問うたのかである。彼らの仕事は完結していない。もともと一代で完結する性質のものではなかった。むしろ、世代をまたぐ主題を提示したところに、今日、二人を論じる意義がある、と私は思う。「人々は人の子を誰なりと云ふか」、このマタイ伝の一節が「ひしひしと迫ってくるのを覚える」[26]という岩下の実感は、耳を傾ける者には今もまだ鮮明に響くだろう。

キリスト教だけでなく、幾多の新しい宗教や教祖が現われたのもこの時節である。牧口常三郎、戸田城聖が創価学会の母胎である創価教育学会を発足させたのが一九三〇年、大本教の出口王仁三郎が昭和神聖会を発足させ、八百万人の人間を動かしたのは、一九三四年である。翌年に大本教は弾圧される。同年、大本教にいた岡田茂吉が世界救世教を発足させる。庭野日敬が立正佼成会を始めるのは一九三八年である。このとき、日本は宗教の時代だった。

また、仏教界でも動きがある。浄土真宗の改革者清沢満之は、内村と同時代人だった。また、旧来の教派的仏教ではなく、それを思想あるいは哲学の次元において論究することで、普遍性だけでなく、今日性を深めようしたのが鈴木大拙である。大拙はのちに清沢の高弟だった曽我量深や金子大栄と親交を結ぶことになる。

若き大拙が渡米前後に行った大乗起信論の英訳やスウェーデンボリの翻訳などの業績が認められたのは大拙の名が世に知られてからである。社会が広く、彼の仕事を認め始めたのは、高弟の古田紹欽が書いているように大拙が「五十歳を超えてから」(『鈴木大拙』[27])だった。大拙は一八八七年生まれ、彼が五十歳になったのは一九三七年である。その代表的著作である『日本的霊性』が書かれたのはそれから七年後、一九四四年である。岩下が逝ったのは一九四〇年、それから四年もすると、吉満は病に倒れ、言論活動ができなくなる。

本論では、岩下の叙階に始まり、吉満の死で終わる二十年をカトリック・ルネサンスと呼ぶ。岩下壯一と吉満義彦をはじめとしたカトリック・ルネサンスを生きた人々の精神的登攀と継承は、こうした時代に行われたのだった。

(1) 故岩下清周君伝記編纂会編集『岩下清周伝』(非売品)、一九三一年五月、第一編、五五―五六頁。
(2) 同書、中島久萬吉による「はしかき」、頁数記載なし。
(3) 同書、第六編、二九九頁。
(4) 遠藤周作『女の一生　二部・サチ子の場合』新潮文庫、一九八六年三月、一六四頁。初出＝朝日新聞社、一九八二年三月。
(5) 岩下壯一『信仰の遺産』吉満による序文、岩波書店、一九四一年一〇月、序文三頁。
(6) 同書、吉満による序文、序文六頁。
(7) 「恩師永遠の面影」モニック・原山編著『キリストに倣いて　岩下壮一神父　永遠の面影』学苑社、一九九一年八月、一〇四頁。
(8) 全集第四巻、一一三頁。
(9) 「基督教思想家としての岩下壯一師」『カトリック研究』「岩下壯一師追悼号」第二一巻第二号、岩波書店、一九四一年三・四月号、一四五頁。
(10) 遠藤周作『女の一生　一部・キクの場合』新潮文庫、一九八六年三月、一三六頁。初出＝朝日新聞社、一九八二年一月。
(11) 「お詫びの言葉」陰山宋編『ツルペン神父の生涯とその思い出』中央出版社、一九六三年一二月。
(12) 小林珍雄『岩下神父の生涯』中央出版社、一九六一年十一月、七八頁。

(13)同書、二四七頁。
(14)内村鑑三「最も貴むべき教会」『内村鑑三信仰著作全集』第一八巻、一九六二年五月、四三頁。
(15)矢内原忠雄『内村鑑三とともに』東京大学出版会、一九六二年一一月、序文二頁。
(16)「私の改宗」『カトリック』一九三一年三月号、一三三頁。
(17)田中耕太郎「アメリカより帰りて」小林珍雄、前掲、四〇一―四〇二頁。
(18)内村鑑三「伝道と救い」『内村鑑三信仰著作全集』第七巻、一九六三年一月、二九五頁。
(19)岩下壮一「キリストを見直す」『信仰の遺産』岩波書店、一九四一年一〇月、二頁。
(20)同書、三頁。
(21)「基督教思想家としての岩下壮一師」、前掲、一四二頁。
(22)井筒俊彦『神秘哲学』に頻出する術語。慶應義塾大学出版会、二〇一〇年一二月。
(23)岩下壮一「キリストを見直す」前掲、一三頁。
(24)岩下壮一『カトリックの信仰』稲垣良典による文庫版解説、講談社学術文庫、一九九四年六月、九六四頁。
(25)岩下壮一「キリストを信じうるか」『信仰の遺産』前掲、二四―二五頁。
(26)岩下壮一「キリストを見直す」前掲、一頁。
(27)古田紹欽『鈴木大拙　その人とその思想』春秋社、一九九三年六月、九頁。

第3章

霊なる人間

カトリックへの改宗を決めたときの心境を、吉満義彦はこう書いている。

信仰とはドグマを信ずる事であり、真理を捕捉する事であった。抽象的なドグマ等は如何でもよい、生きた体験が第一である、「凡ての理論は灰色である、ただ生命の樹のみが永えに緑である」(ゲーテ)と云う人があったら、私は然りと言い又否と言う。信仰とは概念ではない。実に最後の最高の行《タート》である。（「私の改宗」[1]）

信仰とは、教義《ドグマ》を信ずることだとする吉満の言葉は、宗教間の対話と融和が説かれる今日、すでに時代遅れの発言に映るかもしれない。ドクマは人間を狭義の宗教に封じ込め、閉鎖的状況をつくる原因となっているとは、もっともらしい発言だが、宗教を生きる人間には、はっきりとしているように、教義は今もそれぞれの宗教の根幹をなしている。教義は、教条ではない。吉満は教条主義からは遠く離れたところにおいて、哲学者として考え、信徒として生きた。吉満にとって教義は、絶対者に与えられるものだが、教条はその解釈である。二者の間には質的あるいは次元的異同がある。

教義と教条が著しく混在し始めるとき、宗教は堕落する。それは超越者への営みではなく、宗旨を代表する一群の人々への忠誠へと容易に変質する。教条は時代によって変化する。しかし、教義は変わらない。むしろ、変わらないものだけが教義であり、その体得が信仰の道だともいえる。

世界宗教と呼ばれるものの内、教義なき宗教は存在しない。それは厳然たる事実である。教義を無視した宗教論は、それを生きた者ではなく、傍観者においてのみ行われるのではないだろうか。教義は信じられることによって、真実となる。だから、その宗教を信じない者にとっては意味をなさない。ユダヤ教、イスラームあるいはヒンドゥーを信じる者にとって戒律が持つ意味は、非信仰者には想像することすらできない深みと今日性を有している。

たとえば、食をめぐるユダヤ教の戒律が、健康の実現においても、優れて現実的な作用を持つことは、社会学的に論じることもできる。民俗学はそこに象徴論や民族精神の伝承を論じ得る。しかし、戒律の実相は、そうした現象界の事実を超えたところにある。彼らにとって戒律を遵守すること自体が超越者への献物なのである。

また、教義は人間を不自由にするように映るかもしれない。宗教は真の自由を説くものであって、何かを課すのは矛盾であるという者もいるだろう。だが、信仰とは自由の追究であるよりも、自由の彼方で生きることだと考えることもできる。

さらに、入信とは、そもそも何事かを自分の意志のままに与えられることを望むことなのだろうか。吉満は、信仰とは単にドグマを信じることではなく、「真理を捕捉する事であった」、また「最後の最高の行《タート》である」とも記していた。信仰は精神の自由や苦しみの解決を約束しない。むしろ、問題解決はなされないままであっても、そこに意味が見出される次元への、存在的転回が起こり得ることを教える。吉満にとってカトリックへの改宗とは、救済の願望を明示することではなく、すでに救われていることへの讃美と感謝だった。

あるとき彼は、すでに救済されている自分を発見する。彼は救われたくて、カトリックの門を叩いたのではない。カトリシズムは、救済がすでに実現していることを、吉満に教えた。先に見た吉満の詩「わがホルテンシウス体験」には、「実に光りは既に闇に輝つてゐたのである。／たゞ闇がこれを悟らなかつただけであつた」(2)と記されている。そうした人間にとって、教義の遵守は救済の成就の前提ではあり得ない。矛盾するように聞こえるだろうが、教義を人がどれほど尊重するか否かは、絶対者から注がれる恩寵に影響を与えない。人間が教義を守る前に、すでに恩寵は降り注がれている。

宗教とは、「私」を棄て、「汝」の前に「我」として新生する道行きである。「我」とは、私でありながら、また、無記名の実在として、他者とつながる存在の在り方である。古い人を脱ぎ捨て、新しい人を着る(3)、とパウロの書簡にあるのも同じ変容を表わしている。だが、ときに貧しい神秘体験はそれを疎外する。その不可思議な経験をした「私」を肥大化させることがしばしば起こる。真の預言者は「私」を誇らない。「我」が、託された「預言」を口にするとき、「私」は沈黙する。吉満にとってカトリックへの入信は、「私」から「我」へと変貌を促す超越の介入への応答だった。彼は「結局私を捉えたものは「教会はキリストの神秘的体」と云う教えであった」と書き、こう続けた。

神がキリストに於いて受肉し給うた如く、教会はキリストの見ゆる体の継続として地上にあるものだと考える事は、私にとって一種の光であった。インカルナシオ〔受肉——注＝引用者〕の真理の延長として考えたのである。

そしてそれはミサ聖祭の時にキリストの同じ体に与る信者の群れと連想して、カトリック教会に現実に見らるる事を感じた。何だかすっかり分った様に感じた。（「私の改宗」(4)）

カトリックのミサでは、キリストの聖体を象徴する種なしパンを拝領する。これをコミュニオン（Communion）と言う。同じ単語だが、小文字で communion と書くと、人間と超越的存在、あるいは死者たちとの交わりを意味する言葉となる。先の一節を書くとき吉満は、自らに流れ込むキリスト者の伝統を身をもって感じている。彼は原始キリスト教団の人々を「見た」のかもしれない。「現実に見らるる事を感じた」、あるいは「何だかすっかり分った様に感じた」との記述は、ある特異な経験があったことを物語っている。

キリスト者にとって、ミサは単なる儀礼ではない。それは、「私」を「我」へと変貌させる通路である。「祭祀」に関して岩下はこう言った。「キリスト教は祭祀を重んじないから高等な宗教であるなどといふ浅見的同情よりも、キリスト教は祭祀中心主義だから陳腐だとの非難の方が好ましいと私は考へる」(「キリスト教に於ける司祭職」)(5)。ミサのとき、口を開くのは「私」ではなく「我」である。

ミサは祈りの集いである。祈るとは、願いを述べることではなく、むしろ、超越の声を聞くことである。私たちは両手を合わせて、自らに一条の光が通る無私なる場所をつくり、そこを「神」に捧げる。

カトリックに入信した吉満は理性を通じてのみ世界を見ることを諦める。理性だけではたどり着くことが出来ない世界があることを彼は、はっきりと体験している。このとき、彼を牽引したのは霊性である。彼は霊性で「見た」ものを、理性で再認識している。理性は霊性と対抗しない。後者は前者を包含する。しかし、霊性に気がつくまで理性は自らを独立者だと誤認しているに過ぎない。霊性とは、超越者である「霊」を愛慕する人間の本能である。「霊」をめぐって岩下が書く言葉は、吉満を理解する重要な補助線となる。

カトリック神学は神の霊の働く処、いつにても何処にても、新しき啓示のありうる事を認めるが、人類の救ひに必要なる啓示は、主イエズス・キリストによつて、使徒時代に完うされ、それ以後に於て、全人類の救ひに必要なる如何なる新しき啓示も与へられぬと主張する。(6)

「ドグマ」と吉満が書くとき、彼の念頭にあるのは複雑な規則ではない。超自然の絶対性と人間における被造性の自覚である。人類の救いに必要な啓示は、「主イエズス・キリストによつて、使徒時代に完うされ、それ以後に於て、全人類の救ひに必要なる如何なる新しき啓示も与へられぬ」、二度と繰り返されることのない出来事である、これがキリスト者としての「ドグマ」である。吉満にとって「教会」が「キリストの見ゆる体」であったように、「ドグマ」は「キリストの言葉」である。さらにいえば、吉満には、キリストの言葉として現出するもののみが「ドグマ」だったのである。

「私の改宗」と同年(一九三一年)に書かれた「「現代の転向」と「カトリックへの転向」」は、表題の通り、吉満義彦の「転向論」である。この一文は、初出以後、刊行物に収められず、ほとんど顧みられることなく今日に至っている。中野重治を論じるときと同じように、吉満義彦の場合も「転向」論を見過ごすことはできない。

術語として「転向」を用いるとき、吉満の念頭に、その三年前、小林多喜二の小説「一九二八年三月十五日」に描かれた出来事、すなわち、治安維持法違反による共産党への弾圧と千五百人を超える党員の一斉検挙、三・一五事件とその後の「転向」の事実があることは疑いを入れない。ここで吉満が、時事的な発言を控えているのは、掲載誌『カトリック』を配慮してのことである、と思われる。吉満の父親が、民俗誌『徳之島事情』の著者であると共に、村長をはじめ、政治的活動を厭わなかった人であり、また、関東大震災下での支援活動にも見られるように、義彦自身が優れて実践的人間だったことを思い出したい。

この論考で吉満は、「転向」と「旋回」を使い分ける。彼は今日のいわゆる政治的「転向」は、「真に転向たり得ずして「旋回」(Umwandlung)」でしかないとする。吉満はマルクス主義者を揶揄しているのではない。彼が批判しているのは、「転向」を強いた官憲の側の態度である。

彼らは共産党弾圧によって「転向」を実現したと考えたかもしれないが、実現されたのは方向転換的意味での「旋回」に過ぎない、日本の転向論に欠落しているのは超越との関係だと吉満は指摘する。吉満にとって真実の転向とは「永遠なる原理の再認識」であり、永遠との関係の回復にほかならない。

これまでの転向論は、「旋回」の事実に目を奪われ、革命家における内なる「転向」を看過してきたことは否めない。左翼運動に連なった者たちの霊性という問題は充分に検討されているとはいえない。ある一群の人々は左翼運動に宗教的熱情をもって臨んだ。事実、中野重治を最初に政治活動に導いたのはマルクス主義ではなく、むしろ、暁烏敏などによって解かれた浄土真宗の革新的運動だった。そもそも「転向」における「転」は、キリシタンの「転《ころ》び」から来ているという丸山眞男の指摘がある。(7)

人間が超越と絶対、そして永遠を忘却したところに近代がはじまった、と吉満は考えている。宗教は、近代の向こうに人間を立ち戻らせようとする。「宗教の問題は永遠の問題である超時間の、一切所造に依存する事なき其《それ》自身充足完全なる「ありてある」(ipsum esse)永遠の実在に関する問題である」と吉満は書く。

「「ありてある」(ipsum esse)永遠の実在」とは、超越的一者である。彼がここで「神」と記していないのは、近代ではすでに、「神」の文字が「神」の実相を喚起しないと考えたからだろう。吉満にとって宗教とは、まず、永遠の次元の問題であり、そして一義的に、超越者の実在を明らかにする道である。それに次いで、人間が絶対者にどう向き合うかが問われる。問題は、「造られたる有らされてある、理性的存在たる人間が此の創造者」[8]といかに向き合うかであると述べている。吉満にとって、人間から見た「救済」は、まったく二義的な問題に過ぎない。彼にとっての救いの業はすでにあり、また、人間の認識の外でも行われ得る営みだった。

この吉満の態度は、今日の私たちをも根源的な問いに導く。宗教とは、超越者に帰するものであるのか、あるいは人間においてなのだろうか。人間が何を感じるかによって宗教的体験の深さあるいは真義をはかるのか否か。宗教は、根源的には人間が作り出した人間のものに過ぎないのか、あるいは何者かが人間に与えたものであるのか。

先に「再認識」と書いたところを吉満は、プラトンの言葉を借りて「想起」と記してもよかった。「転向」とは、その忘れられた真実を想起し、「回復」する営みである。彼にとって「転向」とは、ある避けがたい内的促しに従うことであり、徹底的に受動的営為であることに留意しなくてはならない。

ときに、吉満の文章は読みにくい。若いときに書かれたものはその傾向が著しい。だが、吉満が意図的に難解な文章を書いていると思うのは速断である。彼は、生前からそうした批判を受けてきた。

座談会「近代の超克」で小林秀雄は、西谷啓治と吉満に向かってこう言った。「例へばあなた〔西谷啓治〕の論文でも、吉満君の論文でも非常にむづかしい。極端にいふと、日本人の言葉としての肉感を持つて居ない。国語で物を書かねばならんと云ふ宿命に対して、哲学者達は実に無関心であるといふ風に僕等には感じられるのです(9)」。

ここで西谷、吉満の名前が意味するのは、近代日本における哲学の樹立者とその後継者たちの現況である。西谷啓治は久松真一、高山岩男、下村寅太郎らと並ぶ、西田幾多郎の高弟で、京都学派の重鎮である。吉満義彦は、それとは別な道を切り開こうとした、岩下壮一以来の一群の人々を代表している。同質の言葉を小林は、「学者と官僚」と題された一文で、西田幾多郎に向けて発している。ある時期から小林は、「哲学」の一角を背負う自覚をもって、あるいは詩と哲学が真に出会う場所を求めて、批評を書いていたのだろう。「近代の超克」が行われたのは、一九四二年七月、「学者と官僚」はその三年前に発表されている。

先の小林の問いかけに吉満は、日本の哲学者の文体は、ドイツから哲学を輸入したところに理由があると応えた。そうした輸入文化に頼る状態から「脱皮」し、その先へ行かなくてはならないのはもちろん分かっている、と自らの文化論を述べていたが、吉満は積年の思いを吐露するように突然、こう発言した。

少くとも僕に関する限りは、兎に角脱皮することを顧みて居れない。これが何とかならなければならんと思ふが、兎に角一生懸命である。それで正直なことを言へば、分り易く書かれた哲学者の物があるが、それは一寸厭である。なぜかといえば高みから人を教へるやうで……。分らせるといふ努力は堕落だと思ふ。真剣に行つた時に、ギリギリの一生懸命の所が、分るやうな日本語になるといふ風にならなければならんと思ふ。(10)

「勿論何とかしなければならんと思ふが、どうもつまらぬ自己弁解になつて了つた」、と吉満は発言を結ぶ。きっと周囲はほとんど論理を逸脱した吉満の発言に驚いただろう。また、どれだけの者が彼の真意を理解しただろう。

「分らせるといふ努力は堕落だと思ふ」との言葉は、彼の哲学の中核へと私たちを導く。吉満は、読者に分からせたいと思って文章を書いていない。むろん、自分の思いを読者にぶつけているのではない。彼は、文章は読まれることで完成することを、そして、読者こそが、問題の解決者であることを知っていた。彼は、考えるとは、そもそも協同の営みではないのかと問いかけているのである。

彼もまた、一個の読み手として、アウグスティヌス、トマス・アクィナスを窓にキリスト教思想の伝統に参入していった。だからこそ、彼は問題をすり替えるような、安易な書き換えを嫌ったのである。単に「分り易く」書くだけなら、それは「高み」から眺めているに過ぎないことを忘れてはいないか、知る者は、それを単に教示することに終始するのではなく、むしろ、運び、届ける責務を担っていることを失念してはならないというのである。

先に見た転向論を吉満は、次の一文で結んでいる。信仰とは「神と共なる、神の前における人間文化の被造的創造への道である」[11]。それは彼の信念である以前に、カトリシズムの伝統だといってよい。「被造的創造」を信じるものにとって、「創造」と「発見」は同義である。人間は、真に新しいものを生み出すことはできない。吉満にとって、考えるとは「哲学」と同義である。それは万人と共にする「被造的創造」の営みだった。

「近代思想の根本動向は中世的基督教的超自然―自然、神―所造の関係認識の破棄に存する」(「転向」)[12]とあるように吉満は、ルネサンス以降の近代において人間は、自らが自律的存在であるとの観念に病んでいると考えた。

さらに、ルネサンスでは超自然は、自然に「下向的」に置き換えられ、宗教改革以降のキリスト教世界では「実在的真理の主観体験性への内向運動」が、また日常生活においては「人間自我」あるいは「意識」が、世界を支配するようになったという。吉満は、ルネサンスを古代世界の復活だとは捉えていない。むしろ、古代が超越界と現象界の根柢的つながりを現出できていた時代だったのに対し、ルネサンスは、それを取り戻したのではなく、乖離の溝をいっそう深めたと認識している。古代との関係を保持できていた時代を彼は「中世」と呼ぶ。

ただし、彼がここで語っている「中世」とは、単なる歴史上の一時期ではなく、いわば永遠の中世ともいうべきものであることを常に念頭に置いておかなくてはならない。

「時間」は過ぎゆく。しかし「時」は過ぎ去らない。「時間」は不可逆だが、「時」はいつも永遠に根差している。「時間」は年譜上の事実だが、「時」は常に「今」においてよみがえる。吉満にとって「中世」は「時間」的な出来事であると共に「時」の異名でもある。

「近代」の抱える問題は、歴史的領域だけでなく常に、超歴史的境域に関わっている、それが彼の若い時期からの思想感覚だったことは、吉満の哲学を考えるときに極めて重要なことだと思われる。「近代の超克」でも彼は「中世」をめぐって「つまり中世といふのを近代に対する中世丈《だ》けでなく、現在にも生きてゐる永遠な人間性の課題の側から見てゐるのです[13]」と語っている。

だが、永遠の「中世」という主題は、吉満が曲解される原因ともなる。それは彼の近くにいた人々によっても、容易に理解されなかっただけでなく、遠藤周作のような後進の者によっても、正当に受け入れられてはいなかった。「中世」は、吉満にとって永遠の実在の問題だったが、ある人々にとっては一種の比喩だとみなされた。

『人生の同伴者』は、佐藤泰正を聞き手に、遠藤周作が自らの半生を語った対話録である。そこで遠藤は、岩下壮一、吉満義彦の言葉に、ある「距離感」を感じざるを得なかったと語っている。吉満は、近代は「精神における神と信仰の連帯によって結ばれていた精神共同体」を失ったところに始まった、人間が超越とのつながり、あるいは人間同士の真の連帯を取り戻すためには、再び「中世」へと戻らなくてはならない、と語ったというのである。こうした発言に、遠藤は戸惑う。遠藤は、自分たち日本人のキリスト教徒には、ヨーロッパの信徒のように精神的故郷としての「中世」、すなわち「基督教的中世」は存在しない、戻るべき「中世」がないとの思いを払拭しきれない。

ある日、遠藤は吉満に尋ねる。「先生、われわれはいったい、そういう中世をもっていないのに、どうしたらいいんですか」。すると吉満は「戻るんじゃない、つくるんだよ」と応えたという。遠藤はこの言葉を受けて「これはしかし、ものすごくたいへんなことだとおもいました(14)」と続けている。

二人の会話には、次元的な齟齬がある。遠藤は吉満の言葉を歴史的時間軸で認識している。吉満の中世は超歴史的だが、遠藤がここで看取しているのは、歴史的な一時期としての中世である。

「中世」とは吉満にとって、過ぎ去ったある時代ではなく、いわば私たちが暮らす現象界と超越界の間にある中間的世界そのものだった。それは「大宇宙《マクロコスモス》」と「小宇宙《ミクロコスモス》」の間にある「中宇宙《メディオコスモス》」ともいうべき境域でもあった。

「存在」自体が「大宇宙」であれば、人間を含むすべての「存在者」は「小宇宙」である。ここでの「存在」とは、存在者を在らしめている働きそのものであり、存在の根源を意味する。存在者は、「存在」がなければ在ることができない。すなわち「存在」は超越的一者の異名でもあり、存在者は人間を含む世界を意味する。

「中世」という「時」は、共時的に「存在」と「存在者」をつなぎ止める。共時性とは、「時間」の彼方にある「時」の世界と交わることを指す。

ミクロコスモスは、マクロコスモスに回帰することを希求する。その働きが霊性である。存在者は母胎である「存在」そのものから在ることを分有されているのだから、原理的には「存在」と合一することに著しい障害を感じない。その状態が中世的「自然」である。しかし、その「自然」が、すでに机上の論理になりつつあるほどに、世界は「存在」から乖離している。吉満にとって「自然」から離れていることすらも失念しているのが「近代」だった。

一九三三年、スイス、アスコーナ湖畔に「中宇宙《メディオコスモス》」の回復を訴え、一群の人々が集まった。エラノス会議である。東西の分断された知性、感性、霊性の統合を企図して始められた知の饗宴である。この集いは一九八八年まで続いた。

エラノス中期の中心的人物だったイスラーム神秘哲学研究の泰斗アンリ・コルバンは、この集いは単なる「会議」ではなく、いわば「時」の出来事であると述べている。(15) それは、「時代」を超えた「時」の顕現そのものであり、呼称も「エラノス会議」ではなく、ただ「エラノス」と呼ぶのがふさわしいと言った。「エラノス」には、一つの生命があり、それは「会議」が終わってもけっして滅びない、そのことを見過ごしてはならないとコルバンは、強く注意を喚起する。

コルバンと共に、そして彼亡き後、エラノスを牽引したのが井筒俊彦だった。井筒に先んじ、日本人最初の出席者となったのが鈴木大拙である。エラノスの参加者にとっては、共時的「中世」は実在であり、「中世人」たちは彼らにとっての「共時的」同時代人だった。

エラノス会議に吉満義彦が出席することがあったら、と想像してみる。おそらく日本の近代思想史は少なからずその姿を変じていただろう。そう思うのは空想であるとばかりはいえない。ルイ・マシニョンあるいはマーティン・ダーシー、ジャン・ダニエルーなど吉満と思想的に共振し、また、現実生活でも接点のあった二十世紀カトリシズムを代表する人物がエラノスに参加し、重要な役割を果たしているからである。ダーシーはイエズス会のイギリス管区長、ダニエルーは枢機卿、と、共に重責を担った司祭であり、それぞれフランス、イギリスを代表する思想家でもあった。マシニョンは晩年、時の教皇にすすめられ、アラブの霊性をもつ、カトリックの一派メルキト派の司祭になっている。

また、近代日本の精神史に目を移しても、エラノスに参加した鈴木大拙と井筒俊彦の間にあって、いわば「失われた連鎖《ミッシングリンク》」となっているのも吉満義彦なのである。

大拙の大きな業績の一つに仏教とキリスト教神秘主義の共時的論究を挙げることができる。宗教を哲学的地平に引きずり出し、共時的に論じる、その態度をイスラーム、インド哲学、老荘思想に広げて論じようとしていたのが吉満だった。その吉満の企図を、十五年にわたるエラノスへの参与に基づき体系化されたのが、井筒俊彦の『意識と本質』である。その副題は「東洋哲学の共時的構造化のために」となっている。吉満の代表作「神秘主義の形而上学」と井筒の主著『意識と本質』は主題においても、構造においても著しく共振する。

同時代の思想家で井筒が、もっとも深い敬意を抱いていたのがルイ・マシニョンだった。彼は、二十世紀最高のイスラーム思想の研究家であり、コルバンの師でもある。マシニョンの研究はイスラーム神秘主義、スーフィズムの求道者ハッラージュの生涯と思想に収斂される。日本でハッラージュを本格的に論じた最初の人物が吉満義彦だったことは記憶されてよい。また、それを発展させたのが井筒俊彦だった。ハッラージュという「問題」が、現代において東洋と西洋の霊性を架橋し、この人物の研究において吉満と井筒がつながっていることもまた、偶然ではなく、彼らの根本問題がいかに接近していたかを示している。

フランスで吉満は、マシニョンに会っている。彼がフランスに留学し、身を寄せたマリタンが主宰したサロンにマシニョンはしばしば参加していた。マシニョンは日本ともつながりが深い。岩下と同時期に留学し、同じく神父になった戸塚文卿の身元引受人にもなっている。吉満の没後だったが彼は、来日したこともある。ダーシーも日本を訪れたことがある。そのとき、ダーシーに直接その著書『愛のロゴスとパトス』の訳者になることを申し出たのが井筒俊彦だった。井筒はある時期カトリックに接近する。もし、吉満がもう少し生きていたら二人は、親しく言葉を交わしたことがあっただろう。

日本人とキリスト教の関係にふれ、遠藤周作はしばしば、身の丈の合わない既製服に喩えているが、この比喩を最初に用いたのはダニエルーだった。この比喩に見られるように、キリスト教は時代と文化に従って変化する側面があってしかるべきであり、むしろ、それが普遍に通じる道程であると考える思潮は、吉満にも流れている。

フランス留学中、吉満が師事したジャック・マリタンは、トマス・アクィナスへの回帰を説き、新トマス主義の思潮を牽引したといわれる。「中世に帰れ」が、彼らの標語のように扱われ、一種の復古主義的思想のように理解されたことがある。しかし、マリタンにとってトマスの思想とは「久遠の哲学」への窓であり、時間的座標軸にあるものではなかった。彼らにとってトマスの思想を探究するとは時間的に回帰する営みではなく、時間的次元の彼方へと突破することにほかならなかった。

歴史の彼方での対話を方法論的に準備できれば、徐々にではあっても、字義通り十全な意味における〈久遠の哲学〉philosophia perennis に結実すると私は信じている。時や場所、国を問わず、人間精神を哲学へと駆り立てるものは根源的に究極的に一なるものだからである。[16]（筆者訳）

これは、吉満の発言ではない。井筒俊彦の英文主著 "Sufism and Taoism" にある一節である。ここで、「久遠の哲学」は、トマスの神学を指すのではないが、そこに大きな問題はない。見るべきは「久遠」をめぐる二人の感覚である。「久遠」をまざまざと感じることに比べれば方法論はまったく二義的な問題に過ぎない。彼らにとって「久遠」は実在する。むしろ、「久遠」の世界が実在だった。

先に、遠藤は吉満を誤解していると書いたが、吉満が求めた「中宇宙」としての「中世的」境域の復権を、文学者として実践したのが遠藤だったことは書いておかなくてはならない。遠藤は、師の言説を誤認した。しかし、その悲願を継承したのは彼である。遠藤の文学には、吉満のいう「中世」がみなぎっている。そこに遠藤の文学の秘密がある。『沈黙』で「踏絵を踏む足も痛い」、と書く彼にとって、キリシタンの迫害は、歴史の問題であると共に、常に今の問題でもあった。言説と実践が異なる軌跡を遺す、ここに文学あるいは哲学の秘儀がある。

正統なる批判者がもっともよく先師の志を継ぐのはプラトンとアリストテレスの関係を見ても明らかだ。むしろ、遠藤周作の営みは、師の言説を「正確」に理解することからだけでは生まれなかっただろう。彼は師の言葉への違和感を忘れないことによって、現在と「中世」の間に参入した。遠藤もまた、「中世」にふれた「見者」の一人だったのである。さらに、遠藤が『意識と本質』をはじめとした井筒俊彦の発言に強く動かされたのも偶然ではない。井筒が吉満義彦、岩下壯一の論考をよく読んだといったのも、遠藤との対談「文学と思想の深層」においてだった。

若き日に吉満に師事し、のちに批評家となった越知保夫という人物がいる。優れた小林秀雄論や日本古典論、和歌論を書き、クローデルやガブリエル・マルセルを論じ、人間性の彼方としての聖性と現象界の彼方にある実在的世界を語った人物である。おそらく中村光夫がもっとも畏れただろう同時代人であり、越知の遺著は遠藤周作、島尾敏雄、井上洋治など彼に続く者に深い影響を与えた。

次に引くのは、越知の小林秀雄論にある一節である。彼の世界観を端的に表わしているが、吉満から引き継いだ「中世」的世界観を明示した言葉として読むこともできる。「現代人にとっては超自然などというものは、全く無意味な空虚な概念にすぎない。が、中世ではそうではなかった」と書き、越知はこう続けている。

> 自然は、超自然によって意味づけられていたのである。超自然界は人間の自然の能力を越えてはいるが、厳存する実在であり、恩寵の世界である。〔中略〕中世人は近代人のように自然に対したのではなかった。中世の自然は常に超自然なものに関連せしめられていた。たとえば現世は来世があってはじめて意味をもつ、という風に。
>
> （「小林秀雄の『近代絵画』における「自然」」[17]）

「来世」に行くことは越知にとって、究極的なことではなかった。地上界においてあったように、人間には冥界でもまた果たすべき責務があると考えていた。彼岸的世界は彼には一個の「中宇宙」として実在している。

近代は、「存在」と存在者、超越と世界を分断したところに始まったとも考えられるのだが、それをつなぎ止めていた「中宇宙」を忘却あるいは喪失した時代であると見ることもできる。絶対者と被造物のつながりが寸断されたのではない。あいだをつなぐ何ものかを見失っただけであると吉満、あるいは越知は考えている。吉満の表現に従うなら存在者は――すなわち人間は――「造られたる」ものであり「有らされてある」ものである。もし、字義通りの意味で関係が分断されているなら、そもそも人間は存在し得ない。「存在」がなければ、存在者は在ることができない。つながりは失われたのではない。見失われたのである、と吉満は考える。

『日本的霊性』で大拙は、法然と親鸞を、それぞれ別な人間でありながら同時に、一人格として捉えたいと書いている。同じことは岩下と吉満にもいえる。吉満にとって、岩下は実践と神学的探究の両面において、カトリシズムを体現している人物だった。岩下は正当な意味における反近代を生きる人物であり、越知保夫の表現を借りれば「中世人」の典型だった。

二人を連続する思想的人格として捉えると、大拙から井筒までの時代的光景はいっそうはっきりする。四者の生年を記してみる。鈴木大拙が一八七〇年、岩下壮一が一八八九年、吉満義彦は一九〇四年、井筒俊彦は一九一四年である。さらに、大拙と盟友関係にあった西田幾多郎を加えて第二次大戦中のそれぞれの業績をならべてみる。

一九四一年　井筒俊彦『アラビア思想史』
一九四三年　吉満義彦「神秘主義の形而上学」
一九四四年　鈴木大拙『日本的霊性』
一九四五年　西田幾多郎『場所的論理と宗教的世界観』

ここにあげたのは、それぞれの霊性論あるいは超越論である。さらにこの列に文学者の参与として、小林秀雄の「西行」(一九四二)、「実朝」(一九四三)あるいは「当麻」(一九四二)を加えることもできる。

霊性とは超越的実在あるいは一者を求める人間に備わる本源的性質であることは先に見た。岩下、吉満の試みは近代的自我が語る喧騒のなかに隠れ、見えなくなった霊性を回復することにあった。霊性の現実をめぐって岩下が注目すべき発言を残している。それはそのまま吉満の人間認識だと考えてよい。

人間が真実の意味で「人間」になるには、人間が努力するだけでは不十分で、その営みが「神の恩寵によって浄め昂められる必要があるのである」、また、「人間が完全な人間たるためには、すこしく人間以上になる必要があり、この十二分の二分は上からこなければなら(18)」ないと岩下は書いている。生きるとは岩下にとって、人間が「人」となることだった。ただし、人間が完全な「人」、十二分な

「人間」となるには、超越からの「二分」の介入が不可欠である。その事実を世界に闡明《せんめい》したのがイエス・キリストにほかならないと岩下は言う。

この一文は吉満が編纂した『信仰の遺産』に収められた「キリスト教に於ける司祭職」と題された論考にあるのだが、先に引いた箇所は岩下の没後に刊行された『岩下壮一全集』が編纂された際には削られている。人間が「人間以上」になり得るとの言葉が危険視されたのだろう。だが、岩下はそうした「危険」な思想を有した人物でもあった。「危険」な言葉はときに、世の危機を明らかにする。以下の一文は、岩下壮一の「信仰宣言」である。

神々が人間の形を取つて下界に出現した神話は、到る処に発見せられる。然しこれらの異教的出現に於て、人間性はいつも仮象であり、況んや個性を具へたものではない。之に反しキリストの托身は、真人間の出現である。キリストの人間性は、単に神の姿を可見的にする役割を勤める衣裳ではなく、厳然たる現実であり、しかも偉大なる霊的職能の機関である(19)。

十二分な「人間」になるとは「霊」なる人間の発見である。「霊」としての人間にふれなければ、人間を論じたことにはならない、人間とは「霊的職能の機関」、すなわち霊の器である。キリストはそれを、身をもって証《あかし》したと岩下は信じていたのである。もちろん、それは吉満も変わらない。

(1)「私の改宗」『カトリック』一九三一年三月号、一三八頁。
(2)「わがホルテンシウス体験」『カトリック思想』第二六巻第二号、七頁。
(3) パウロ「エフェソの人々への手紙」四章二二節。
(4)「私の改宗」前掲、一三七頁。
(5) 岩下壮一「キリスト教に於ける司祭職」『信仰の遺産』、一八〇頁。
(6) 岩下壮一「信仰の遺産」同書、一四〇頁。
(7) 丸山眞男『丸山眞男著作集』第一二巻、岩波書店、一九九六年、一三四頁。
(8)「「現代の転向」と「カトリックへの転向」」『カトリック』一九三一年五月号、四六八頁。
(9) 河上徹太郎・竹内好・他『近代の超克』冨山房百科文庫、一九七九年二月、二四八頁。
(10) 同書、二五〇頁。
(11)「「現代の転向」と「カトリックへの転向」」前掲、四七三頁。
(12) 同誌、四六九頁。
(13)『近代の超克』、一八四頁。
(14) 遠藤周作、佐藤泰正『人生の同伴者』春秋社、一九九一年一一月、四二頁。
(15) アンリ・コルバン「エラノスの時」『エラノスへの招待』平凡社、エラノス叢書、一九九五年。
(16) Toshihiko Izutsu, *Sufism and Taoism*, University of California Press, 1984, p. 469.
(17) 越知保夫「小林秀雄の『近代絵画』における「自然」」『小林秀雄　越知保夫全作品』慶應義塾大学出版会、二〇一〇年五月、七六―七七頁。
(18) 岩下壮一「キリスト教に於ける司祭職」前掲、一七八頁。
(19) 岩下壮一「キリストを見直す」前掲、一四頁。

第4章　留　学

第二ヴァティカン公会議は、一九六二年に教皇ヨハネ二十三世によって召集され、次の教皇パウロ六世に引き継がれ、六五年に終わった。この公会議の精神を、あえて一言で要約するなら「アジョルナメント(aggiornamento)」になる。時代に適合し、可能な限り開かれた宗教となってゆくことを意味し、今日化と訳されることもある。

公会議以前、司祭は、信徒に背を向けてミサを執り行っていた。現在は、信徒と向き合うかたちで行われ、そこに対話と協同の精神を生み出そうとしている。また、公会議以前、信徒は、自由に聖書を読むことを、ほとんど禁じられていた。罰則があったのではない。しかし、明らかに「禁じられている」と言いたくなる雰囲気が領していた。聖書を独自に解釈し、信徒がプロテスタント化することを教会側は恐れたのである。

また、異なる信仰者たちとの対話と融和政策が推し進められたのも、この公会議の大きな成果であり、変化だった。ここでの他宗教には、イスラーム、仏教、ヒンドゥーだけでなく、正教会やプロテスタントも含まれる。公会議以前に用いられていたカトリックの祈禱書において、他宗教は、「邪教」と記されていた。もちろん、今日はそのようなことはない。だが、この事実はかつて宗教をめぐる不協和がいかに根深いものだったかを示す証左ではあるだろう。

キリスト教はまず、東西に分かれ、カトリックと正教会が生まれた。その歴史を論じるときには、西のローマン・カトリックに対して、東方正教会と呼ぶこともある。そして十六世紀にルターが登場し、宗教改革が起こり、カトリックからプロテスタントに分派する。その後、プロテスタントの中には多くの宗派が生まれる。

カトリック、プロテスタント、さらに正教の三つが再び一なる教会に帰還する、それを志向する動きを「エキュメニカル」あるいは「エキュメニズム」といい、「キリスト教会の一致運動」と訳される。かつては反目し合うことに時間と労力を使っていたキリスト教諸派が、今では共同で聖書を翻訳し、用いていることもその表われである。今では、カトリック、プロテスタントの聖職者が互いの教会を訪れ、説教を行うことも珍しくない。

岩下壮一と吉満義彦が共に読まれなくなったのは、彼らの思想が、公会議以後の霊性にそぐわないと考えられたのも大きな要因の一つだったように思われる。彼らが無教会派をはじめ、プロテスタントに向けた批判の言葉が表層的に読まれ、時代の動きに衝突すると認識された可能性は否めない。今日に至っても岩下や吉満をめぐって学会などで話したときも、彼らの文章を今日読んでいる者はいない。時代は過ぎたと公言する者が少なからずいた。だが、読まない者がどうして彼らの思想が過去の遺物になったと判断することができようか。

「読む」とは、歴史に参与することにほかならない。また、それは、時代の中に放たれた言葉を永遠の相において見ることではないだろうか。「読む」行為は、歴史が単なる過去の記録ではなく、永遠の実在でもあることを私たちに教える。

さらに、「読む」とは、情報を貯め込むことではない。文字を通じて、時空の束縛を離れ、書いた者と語り合うことでもある。二人の時代は過ぎた、と言うならば、想像力を働かせ、同じ言葉を本人たちの前で発することができるか否かを考えてみなければならない。真に対話を希求しない言葉は皮相な批判に過ぎまい。

キリスト教会が一つになるのは、苦難に生きる未知なる他者のためである。より広く深くキリストの福音が実現するためであって、キリスト者が集まって、より内側に向かって何かを行うためではない。キリスト教諸派は長く対話を続けてきた。それは今も続いている。果たして対話は成功しただろうか。私たちは、対話の彼方に何かを見出すことができただろうか。それは、キリスト教を世界から より隔離したことにはならなかったか。「信仰心」をもちながら特定の宗派に属さない人々は少なくない。それは日本だけでなく、むしろキリスト教圏に急速に広がる傾向である。そうした現代において、宗教のように、存在世界に深く根を下ろしつつ、それを超えて、実在の世界へ赴こうとする問題をめぐって人が言葉を交わすとき、何かを「対話の彼方」に見つけるのは難しいのではないか。また、諸宗教の対話とは、宗教を生きる者とそうでない者をいっそうはっきりと分けることにならなかっただろうか。

今、私たちは対話の彼方に何かを発見することではなく、「彼方での対話」(1)を目指さなくてはならないように思われる。そこでは、言葉だけでなく、沈黙の助けを欠くことができない。沈黙とは単に言葉を発しないだけでなく、行ずることそのものであり、また、祈ることである。仏教、キリスト教双方の修道者が沈黙のうちに、それぞれの修行を実践するうちに、真実の融和を見出そうとする動きもある。近代の迷妄は、宗教を生きる前に語ろうとしたところに始まっているのかもしれない。

信仰とは、生きることそれ自体である。岩下と吉満は、真実の意味における「宗教」を復権しようと近代という潮流と戦った。二人にとって、カトリシズムはいくつかある選択肢の一つではない。ただ一つの道だった。それは、彼らがカトリシズム以外の宗教を認めなかったことを意味しない。むしろ、逆である。彼らは、他の宗教との真実の意味での対話を希求したからこそ、カトリシズムから見た世界を語り続けた。岩下も、吉満もプロテスタントを生きる者を探しては、対話を求めて、批判の言葉を向けた。

傍観する者に彼らの言葉は、単なる中傷に映っただろうが、対話に参与する当事者たちにはまったく異なる実感があった。

「宗教」とは自己発見の道である以前に他者と出会う道行きである。それは人間とは限らない。ときに自然であり、また、歴史でもある。生者ばかりではなく、死者を包含する実在の世界があることを知り、そこで身を賭して生きることを促す働きである。二人は、自己の安心のために互いに批判を繰り返したのではない。目的は改宗にあったのではなかった。彼らが待っていたのはむしろ、説得されることだといってもよい。そのとき、人は、自らに欠けているものが何かを知り、完全性に歩みを進めていることを認識する。彼らが求めていたのは真実の意味における対話者だった。

カトリックの洗礼を受けた吉満は、ほどなく岩下に一冊の本の翻訳を託される。ジャック・マリタンの『スコラ哲学序論』(2)である。出版は一九二八年の秋で、翻訳を終えると吉満はフランスに留学する。原著者であるマリタンのもとで学ぶためだった。マリタンに吉満の受け入れを申し出たのは岩下である。岩下は、パリに留学した際にマリタンやその周辺の人々に会っている。

鷗外、漱石、あるいは内村にとっての留学が、それぞれの作家、宗教家としての境涯に決定的な意味をもったように、二年間のフランス体験は、哲学者吉満義彦の誕生において重要な契機になった。マリタンの周囲には名実ともに精神界の第一線で活躍する哲学者、宗教学者、文学者が集まった。吉満もまた、彼らとの交流を深めるのである。ジャック・マリタンを紹介する吉満の文章を引きながら、この人物の軌跡とその周辺を見てみたい。その精神風景は、吉満にそのまま流れ込んでいる。

一八八二年、マリタンはパリに生まれた。彼は「かつては無神論的科学者ル・ダンテックの弟子であり、やがてベルグソンによって内なる絶対への要求の解放される緒口を得、ついに予言者的風貌の作家評論家レオン・ブロアによって神と教会[3]」に導かれた。マリタンは唯物論者だった。彼にとって唯物論的に生きるとは一つの「信仰」だった。彼が改宗者であり、転向者であることは、吉満同様、マリタンを理解する上で重要な事実である。彼はカトリシズムのどこに、人々の「躓《つまず》き」があるのかを熟知しており、また、無神論と唯物論が何を時代に問うているのかを知っている。

吉満が見るマリタンは、時代精神と闘う哲学者でもあった。彼はキリスト教会の分裂、無神論あるいは共産主義だけでなく、科学主義にも対峙する。マリタンの思想は、しばしば「ネオトミスム」、新トマス主義と呼ばれる。キリスト教哲学の体系と精神を決定したトマス・アクィナスの哲学を現代によみがえらせ、「アジョルナメント(aggiornamento)」、すなわち今日化することを意図する哲学運動だった。吉満は、文字通りの意味で、その渦中に飛び込んだのだった。

だが、吉満がマリタンの紹介者で終わったなら、今日、ここで彼を論じる意味は希薄である。吉満義彦の哲学とは、ネオトミスムの受容にはじまり、それを超えてゆく営みだったといってよい。以下に引くのは吉満義彦が留学から帰って二年後に書いた小論「ジャック・マリタンの知識学」の一節である。

　事実観察学としての「自然科学」と「自然哲学」とはすでに述べたごとく人間の霊と体とのごとく現実の人間認識の状態においては相まつべきもので、所詮われわれにとって真に哲学的学を持ち得る対象は、われわれ自身なる「人間」についてのみで、他の自然対象については真の哲学的本質定義を得べく決して完き実験学に達し得ていないのであるといえる。

この両学の協力の必要は有機体、生命体の理解においていよいよ重大となってくる。「生命」の理解においてわれわれは形而上学を欠くことはできない。しかもここにおいてもあまりに唯物的なメカニスムはあまりに反動的スピリチュアリストのヴィタリスムによって超克されるのではなく、正しき哲学によってのみ真理は確保される。(4)

本来哲学と科学は、いわば人間の霊と肉体のように分かちがたく結びついている。哲学に科学が不可欠であるように、科学に形而上学を欠くことはできない。近代の哲学は「人間」を考えることに懸命だったが、万物に宿る「生命」への考察はけっして十分とは言えなかった。科学はその欠落を埋めるように誕生した。

だが、科学は、その観察範囲を計測可能な対象に限定する。魂や天使あるいは奇跡といった不可視、不可触なる実在や出来事は科学の範疇の外に追いやられた。吉満がふれているように、この溝を埋めようと孤高の闘いを続けていたのがアンリ・ベルクソンだった。マリタンに永遠の次元があることを教えたのもベルクソンである。しかし、カトリシズムの洗礼を受けたマリタンは、ベルクソンがカトリックに接近した思想を展開しながらも、そこに信仰を宣言しないことに不徹底を感じるようになる。『創造的進化』が発表されたのは、一九〇七年で吉満がこの一文を書いた年でもあり、一九三二年にベルクソンの最後の主著『道徳と宗教の二源泉』が発表されている。

若き吉満とベルクソン、あるいはマリタンとベルクソンの関係は、今日からみると奇妙なほどにすれ違う。だが、のちに吉満にはベルクソンに深く親近感を覚える時期が来る。

先のマリタンを紹介する一節に続けて吉満は、その後マリタンが二年間ドイツ、ハイデルベルクに学び「ベルグソン哲学を聖トマスの神学的哲学的叡智の下に清算し、帰来形而上学の樹立とキリスト教哲学の真理性の擁護に献身」(5)した、と書いている。

遺言にベルクソンは、カトリックによる葬儀を希望する、と書いた。彼は、洗礼を受けなかったが、信仰者としてカトリックの伝統に逢着したことをはっきりと自覚していた。

一九三九年にナチス・ドイツの圧政がフランスにおよび、ユダヤ人への迫害も始まっていた。カトリックの洗礼を受けることは、ユダヤ教から離れることだけでなく「ユダヤ人」であることを止めることだった。彼は、時代の試練に臨み、最後まで同胞と同じ立場にいたいと願った。それが洗礼を受けなかった理由である。哲学もまた生きることであることを、ベルクソンは体現している。

カトリックにおいて洗礼は重要な秘蹟である。公会議以前のカトリシズムでは、救済の是非を決していたといっても過言ではない。ベルクソンは自己の救いよりも、同胞の傍らに居続けることを願った。一方、マリタンらは、その信仰に従って、人々に改宗、すなわち洗礼を受けることを真摯に問いかける。

二十世紀はじめ、フランス思想界でジャック・マリタンは、ベルクソンの次の世代を担う者として、もっとも大きな影響をもった人物の一人だった。ガブリエル・マルセル、エティエンヌ・ジルソン、ニコライ・ベルジャーエフ、ルイ・マシニョンといった思想家は、マリタンのごく近くに接し、しばしばムードンにある彼の家を訪れた。交わりはいわゆる思想界に留まらない。ポール・クローデル、ジャン・コクトー、ジュリアン・グリーンとも親交を深め、互いに強い影響を与えている。また、画家マルク・シャガール、音楽家のストラヴィンスキー、ラヴェルとの交流もある。マリタンは「二十数年パリ公教大学教授として、また若き新興カトリック作家や思想家の指導者として、「久遠の哲学」(Philosophia perennis)と教会の真理性とのために戦いきたった」(6)と吉満は書いている。

ここでの「久遠の哲学」とはすなわちトマス・アクィナスの哲学を意味する。より正確にいえば、トマス・アクィナスを通じて顕われた、永遠の次元からもたらされる、「哲学」である。それを現代によみがえらせることが、ネオトミスムの挑戦だった。

煩瑣哲学とは、トマスをはじめとした中世哲学に帰せられた異名である。些細なと思われることごとを細かに論じるその方法が「煩瑣」に過ぎないと思われたのである。針の上で何人の天使が踊ることができるのか、という命題がしばしば論議にのぼる。だが、こうした風説はいつも事実からは遠い。

トマス・アクィナスの『神学大全』は、訳書で四十五巻を数える膨大な著作である。先入観を排除し、一部に過ぎなかったとしても、この書物に向き合う者は、そこにほとばしる精神の炎を目撃するだろう。トマスは、思考によってのみこの著作を書いたのではない。そこには省察も観照も、祈りもまた生きている。「理性を実在に解放し、真理を自身人間の上に支配せしめよ、何にもまして理性を聖化せよ、しからば汝は自由と平安を得ん、というのがマリタンの主張するトミスムの精神である」(7)

と吉満は書いている。トマス自身の炎はさらに強い。

だが、あまりに精緻な論理による追究は、論理に世界を内包し、そこから逸脱するものを否定するかのように思われた。トマスの哲学へのこうした曲解は、今日も続いている。

思想家と呼ぶにふさわしい人物のあとには、それを奉じる「主義者」がつらなる。ネオトミスムも、ネオトミスト、すなわち新トマス主義者を生んだ。彼らにとってトミスムは世界を理解する方法だったが、マリタンにとっては、世界を「聖化」する戦いの道程だった。ベルジャーエフは自伝で、マリタンとトマス主義者の差異、そしてマリタンが自宅を開放して主宰していたサロンの様子を次のように記している。

マリタンの家からしてフランスにふつうにみられる家とはどこかちがったところがあった。ふだん彼の家に出入りする人々は多数にのぼった。討論会を伴う講演がしばしば開かれた。最初の数年はこれらの会合の二三のものが私におもくるしい印象を与えた。それらはトマス主義者の報告講演であって、その席では私は息が詰まりそうになり、窒息死するのではないかと思った。しかしマリタン自身は魅力的であった。彼はぜんぜん「演説家」ではなく、また「論争者」でもない。彼は著作家であり、しかもすぐれた著作家である。(8)

当時、ベルジャーエフはすでに、ロシアから亡命し、パリにいた。正教会の伝統を身に背負いながら、それを超え出て行こうとした、この哲学者にとって、トマス主義一色のキリスト教観が「窒息死」しそうに感じられたのは当然である。ここでベルジャーエフが「トマス主義者」とマリタンを明確に分けていることに注目したい。また、ベルジャーエフは、マリタンをこうも表現している。

マリタンは神秘主義者である、そして精神(霊)的テーマに関する彼との会話は非常に熱がこもる。彼は感受性が鋭く、時代のあたらしい思潮にたいして敏活な受容性をもった人間である。不思議なことに、これらの能力は彼自身の哲学とはまったく無関係である。(9)

ここでの「神秘主義者」は、「ミスティック(mystique)」、神秘家と訳した方が実態に近い。それは特定の思想信条に基づく人間の在り方ではなく、生まれ持った魂のかたちだからである。マリタンは「トマス主義者」でもあった。しかし、それ以前に一個の「神秘家」だった。

だが、ベルジャーエフの言葉通り、「まったく無関係」であるかは別に、マリタンが内包した神秘家の側面を、時代はなかなか理解しなかった。次に引くのは、一九三二年、フランス留学から帰った二年後の吉満が書いた文章の一節である。吉満が凝視するのは、神秘家ジャック・マリタンが哲学者に変貌する瞬間である。

一切現世的文化においてはまず「霊性の優位」(primauté du spirituel)が支配し、絶対なる愛が秩序づけ、「愛の絶対主義」が確立されてのみ積極的建設はあり得る。しかもさらにわれらの文化一切、芸術と思索と実践一切を挙げて、ついに絶対者自身、造られたるものにあらざる愛自身なるものへの愛が、真実のミスティクが、所造なるわれらの最高の活動《タート》である。マリタンとその友その子弟を強く支配する根本衝動は、この「神観想の優位」(primauté de la contemplation)の生活に発源する。

（「ネオトミスムの哲学」[10]）

この一節には、哲学者吉満義彦の萌芽もまた、見ることができる。吉満は、岩下とマリタンの影響を受けながらも、それを反芻するだけでなく、自分の肉声で語ろうとする。その営みは、のちに姿を変えて、それまでの近代日本には容易に見出すことができなかった、超越と霊性の哲学を形成する原点となったのである。

一九三〇年の春、岩下壮一がジャック・マリタンの『近代思想の先駆者』の翻訳に着手する。それは、吉満がパリから帰る直前だった。この本では、近代の祖として、ルター、デカルト、ルソーがそれぞれ論じられている。超越の位置に自我を据えたルター、自ら天使の座に座ろうしたデカルト、神と自然を置き換えたルソーにマリタンは、永遠から遊離しようとする近代的人間の典型を見ている。

およそ二年間の留学を終え吉満が、日本の地を踏んだころにはすでに、第一章「ルッター——自我の出現」は訳し終えられていた。フランスにいる吉満に送った書簡で岩下は、無教会派との論争が本格的になってきたことにふれながら、「活き甲斐のある時代になってきた」と書き、「この際マリテンのルッター論は、一大爆弾として彼らの頭上で破裂するだろう」と続けた。(11) 後年、吉満は、ルターに深い関心を寄せた岩下にふれ、こう書いている。

ルッター研究を一生の事業としてもよいとさへ考へられた事があつた。師はカトリックでなければ真にルッターは理解出来ない。近代宗教思想の源泉としてルッターを理解するためには中世を知らねばならないし、中世の背後にはギリシアがある。自分が嘗つてギリシア哲学を研究し、教父と中世スコラ・ミスティクを専門的に関心し、又近代現代の哲学的宗教的思想的の動向に眼を注いだものはルッター研究を中心として皆必須条件として役立つものとなつたと言はれた事がある。

(「基督教思想家としての岩下壮一師」(12))

カトリック司祭である岩下が、プロテスタントの宗祖ルター研究に生涯を捧げてもよいと考えていた事実は、単に彼の思想と境涯を考える上においてだけでなく、カトリシズムあるいは、近代のキリスト教が内包する根本問題を指し示している。ルターの存在意義を語ることが出来るのはプロテスタントであるよりもむしろ、カトリックであるという認識が、岩下にはある。

一方、マリタンが『近代思想の先駆者』においてルターを中傷する言葉は、ときに読むにたえない。彼は、ルターが投じた哲学的問いに対し、建設的に論理を積み重ねていくのだが、人間ルターを語るときに彼は、カトリック、プロテスタント分離以来、蓄積された信仰的軋轢の表現者になっている。「ルッター主義はルッターの考へ出した体系ではなく、彼の個性の氾濫である」とマリタンはルターを批判する。マリタンの思想も人間性も認めていたベルジャーエフも『近代思想の先駆者』の内容に関しては、「はなはだしく公正を欠いていた」(13)と評したほどだった。

中世と近世はルターにおいて交わり、混ざり、流れ出す。この渾沌とした時代の渦中にあっただけでなく、自らうねりを作り出した人間に、精緻な理論体系を求める方が間違えている。ルターは、教会内の言語と論理に固められた神学と、あまりに政治と権力に接近した教会が今、民衆の救済と何の関係を持ち得ているのかと問うのである。

岩下のルター論はついに書かれることが無かった。彼の急逝のためである。先の吉満の一文も師への追悼文だった。以下に引くのは岩下の没後に刊行された遺稿集『中世哲学思想史研究』の一篇「自然的秩序と超自然的秩序」にある一節である。ルターへの関心を岩下自身が語った発言として注目してよい。

宗派的にではなく思想発展の上に彼〔ルター〕の見方を移すならば、私はルッターに於いて中世意識の決裂が極度に達したといふのは正鵠を得てゐると思ひます。全中世紀があの大努力の結果築き上げた凡てをルッターは其の根柢から破壊しました。否寧ろ当然瓦解すべき機運に達してゐたものを崩壊させるのが彼の運命であつたのです。〔中略〕ルッターは勿論所謂哲学者でも神秘家でもなくご承知の通りの豪傑であり、彼の著述に整然たる体系を求めようなぞと考へては大間違ひでありますが、其の矛盾に満てる性格と思想とに於いて、中世思潮と近世思潮と二大激流が渦を巻いて相せめいでゐる、そこが行き塞れる現代人にとつて思想的にトマスとは正反対の見地から意義深長なのであります。(14)

「豪傑」、とルターを呼ぶところに岩下の公平な眼を感じる。たしかにルターは、同時代の倫理観や宗教観の枠には、とうてい収まりきらない人物だった。岩下のルター観は、マリタンのそれを踏襲したものではない。むしろ、大きく超え出ている。

中世哲学、すなわちカトリックの神学／哲学的世界観は、崩れるべくして崩れたと岩下は考える。「当然瓦解すべき機運に達してゐたものを崩壊させるのが彼〔ルター〕の運命であつた」とあるように、ルターは、自らの使命を自覚し、遂行したに過ぎないというのである。さらに「トマスとは正反対の見地から意義深長」とまで書いている。ここでのトマスは、一個性でもあるが、カトリック神学／哲学の中軸の代名詞でもある。この言葉が、第二ヴァティカン公会議以前の、司祭から発せられたことを考えるとき、岩下壮一の慧眼に改めて驚かされる。

マリタンのルター論とは、すなわち「人格」論であり、批判的「個性」論である。この主題は岩下あるいは吉満においてもまた、真摯に問い直される。吉満は「ジャック・マリタンの文化哲学について」で、岩下の訳書にふれながら、マリタンが提示した主題をこう述べている。

「マリタンは近代的個人主義と社会主義ないし全体主義的社会観に対して、「個人」(individu)なるかぎりにおいての人間と、「人格」(personne)なるかぎりにおける霊的主体なる人間とを区別する。個なるかぎりにおいてあくまでも全体の部分としてこれに有機的に従属せしめらるべく、個が中心であってはならず、全体共同体が優位[15]」でなくてはならない。

「個人」は、今日使われているように個々別々の存在の在り方を意味する。だが、ここでの「人格」は、私たちが日々用いているものとは異なる語意をもつ。より正確にいえば、ある人間の性格を表現する意味での「人格」の用法の方が、この言葉の発生から見れば逸脱したともいえる。

「人格」とは絶対的存在そのものである。「個人としての人間は天体の影響に支配されてゐる。之《これ》に反して人格者としての我等は星辰を支配してゐる[16]」とマリタンはいう。「個性」は存在世界の部分に過ぎないが、「人格」はその一部分を構成するものではなく、存在そのものを司る。さらにマリタンは「人格」にふれ、次のように論じる。

人格者とはかの神的なるもの、即ち霊を有する本体に限られたる名称であつて、これあるが故に各《おのおの》の人格者は全物体界を超越する一の世界を構成する。それは厳密に謂ふと、宇宙の一部分にはあらざる霊的道徳的世界であつて、天使の本来有する眼光をもつてすら其秘密は看破し得ない。〔中略〕聖トーマスが、人格なる語《ことば》は全世界の万物一切中における最高最貴のものを意味すると教へてゐるのも亦《また》実にこれが為である。[17]

「個性」は、大いなる「人格」から人間に「人格」が分有されることで「個性」たり得る、とカトリシズム――マリタンもまた――は考える。「人格」から遊離した「個性」は、魂を失った肉体、あるいは霊を失った魂と同じく、その本性を維持することができない。

この論考の副題が「自我の出現」とあるように、マリタンの眼にルターは、「人格」の座に、「個性」を据えようとする者、「人格」から「個性」を分断する者に映った。ルターとは真逆な道をいったのはカトリックの聖者たちだった、とマリタンはいう。「聖者等が「自己の人格の向上をはかつた」など云ふは既にをこがましさの限りであらう。彼等は神のみを求めて人格の向上を求めざりしが故に反つて之《これ》を得た」(18)。人は、人格を得ることはできない。すでに与えられているからである。聖者たちは本当の自己を求めたがゆえに、ただ、神を求めたというのである。ここに示されているのは逆説ではない。信仰の秘儀である。

訳書の序文で岩下は、ルターを単にカトリックに敵対する存在としてしか認識できない風潮を嘆く。また、別なところでは次のように述べている。「中世思想研究家には、ルッターは実に興味深き研究の対象であります。彼が今日に至る迄此の見地からは余り研究されず、徒らに宗派的論争の中心にのみなつてゐたのは誠に残念な事であります。またその為めに普通の哲学史家はルッターを神学者に委せて顧みなかつたのも猶更残念な事であります」(19)。ルターは最期の中世人である。また、彼の歴史的意味は宗教改革を率いたところにだけあるのではなく、そこに「哲学」を内包していたところにあるというのである。

ただ、ここでの「哲学者」は、思想的体系の建設者を意味しない。むしろ、閉塞した宗教の門を開き、世界と人間を、世界と自然を一なるものとして復活させ、そこに続く者のために形而上的世界への階梯を築き上げる者の謂いである。

『近代思想の先駆者』が出版されたのは一九三六年、第一章が訳し終えられてから六年の歳月が流れていた。その経緯を序文に岩下が述べている。

> ルッター論の訳了と共に生来夢想だにしなかつた私立癩療養所の経営を引受ける事になつてしまつた。四十歳をすぎる迄学校と書籍の中にばかり生活した余にとつては、観念の世界から急転直下眼前の人生の最悲惨なる一面を日夜凝視すべく迫られたことは正に一大事である。現に今余が筆を執りつゝある一室の階下には、「生命の初夜〔北條民雄の『いのちの初夜』〕」を以て一躍文壇に認められた北條民雄氏の所謂「人間ではない、生命の塊り」が床を並べて横〔た〕はつてゐる。しとしとと降る雨の音のたえ間に、余は彼等の呻吟をすら聴取することができる。こゝへきた最初の数年間は、「哲学することが何の役に立たう」と反覆自問自答せざるを得なかつた。併し今や余はこの呻吟こそは最も深き哲学を要求する叫びたるを識るに至つたのである。六年の遷延を経て本書が漸く世に出づるに至つたのはそのためである。[20]

吉満が帰国した同じ年の晩秋、岩下は、静岡県御殿場にあるハンセン病療養施設神山復生病院の第六代の院長の職につく。時は、岩下を病苦と絶望、そして存在の苦難を強いられた人々のもとへと導いた。

先の章でふれたように、岩下が父清周に司祭になりたいとの意志を手紙で伝えたとき、父は、ハンセン病者のために働く覚悟があるならば選択に深い賛同を示したいと書き送った。清周は実業界を退き、神山復生病院の近くに移り住んでいた。この摂理的な出来事を「生来夢想だにしなかつた」と岩下は書いているが、その言葉はむしろ、自らの人生に訪れる機縁に対する驚きの表現として読むべきなのだろう。清周が亡くなったのは一九二八年、岩下が復生病院に赴いたのは、それから二年後のことだった。

ハンセン病はもともと感染性が弱く、今では感染もきわめて稀だが、感染しても発症することはほとんどない。また仮に発症したとしても、投薬で完治する。現在では隔離の必要がないことはもとより、罹患しても日本のような適切な医療が受けられる環境であれば深刻な症状になることはない。

だが、戦前までの状況は大きく違った。病者は病の桎梏ばかりでなく、隔離されたばかりか、素性を隠すために名前を変えられ、あたかもそれ以前の歴史をかき消されるような苦難を強いられた。

「この呻吟こそは最も深き哲学を要求する叫びたるを識るに至つた」との一節からも感じられる通り、岩下にとっての「哲学」とは、単なる世界を知解する営みではなく、限界状況の人間に全身を賭して語りかける言葉そのものだった。ジャック・マリタンにふれながら、吉満が「正しき哲学によってのみ真理は確保される(21)」と言うときも、その原意は変わらない。

(1) 井筒俊彦「対話と非対話——禅問答についての一考察」『意識と本質』岩波文庫、一九九一年八月、三七七頁。
(2) この訳書は、一九四二年に改訂されまた、『形而上学序論』と改題され、甲鳥書林から出版される。
(3) 全集第一巻、一九八四年九月、三一七—三一八頁。
(4) 同書、三三六—三三七頁。
(5) 同書、三一八頁。
(6) 同書、三一八頁。
(7) 同書、三二三—三二四頁。
(8) 『ベルジャーエフ著作集 第八巻 わが生涯』白水社、一九六一年三月、三六一—三六三頁。
(9) 同書、三六一頁。
(10) 全集第一巻、三二六頁。
(11) 小林珍雄『岩下神父の生涯』、二四七頁。
(12) 「基督教思想家としての岩下壮一師」『カトリック研究』第二二巻第二号、一四四頁。
(13) ベルジャーエフ、前掲、三六〇頁。
(14) 岩下壮一「自然的秩序と超自然的秩序」『中世哲学思想史研究』岩波書店、一九四二年六月、四一三—四一四頁。
(15) 全集第一巻、三九七頁。
(16) ジャーク・マリテン『近代思想の先駆者』(岩下壮一訳)、同文館、一九三六年一一月、二八頁。

(17) 同書、二七—二八頁。
(18) 同書、三五頁。
(19) 岩下壯一、前掲、四一三頁。
(20) ジャーク・マリテン、前掲、序文三—四頁。
(21) 全集第一巻、三三六—三三七頁。

第5章

超越と世界

一九二八(昭和三)年の夏、吉満義彦は、岩下壮一の義弟高垣次郎と共にフランスへと向かった。満洲に渡ってからは列車での旅となり、モスクワ、ベルリンを訪れながら、パリを目指した。同じ年の七月、彼のはじめての訳書『スコラ哲学序論』(ジャック・マリタン著)が、カトリック研究社から刊行される。

その名前の通りカトリック研究社は、カトリシズムをめぐる出版事情の刷新を企図して、岩下が私財を投じて興した出版社である。当時、カトリック教会の内部で用いる祈禱書、あるいは護教書を出すところはあっても、カトリック思想を広く世に問う文献を出す出版社は、ほとんどなかった。

カトリシズムが、日本において福音となるためには、日本人がそれを日本語で理解し、考え、深めなくてはならない、欧米のキリスト教をそのまま輸入することだけでは、日本においてキリストの道が開花するのは難しい、と岩下は考えた。岩下は遠く日本まで、文字通り、命をかけて来ている外国人宣教師たちに敬意を払いながらも、活動においては独立独歩の姿勢を貫いた。

宗教の深化と広がりは、その信仰をめぐる言葉の発見、あるいは意味の深まりを通じて確認される。近代日本においてカトリックが、文化現象の彼方において超越と世界の媒介者となる、すなわち真実の意味における宗教となるためには、その時代に生きた人間によって新たに母語による信仰が興されなくてはならない。言語と宗教、あるいは文化と宗教の問題は、岩下から吉満にも継承され、いっそうの深化を遂げることになる。

この点において岩下は、一九〇〇年に『聖書之研究』を創刊した内村鑑三に一日の長を認めていただろう。内村は、初期を代表する著作を英語で発表する力量と国際感覚をもった人物だったが、自身に流れる日本的霊性と母語の間にある決定的な関係と相互の影響に、きわめて敏感な感性を有していた。内村は、独創的な哲学を蔵した思想家だっただけでなく、近代日本においてキリストを、翻訳語や借り物の日本語によらずに語り得た、ほとんど最初の人物である。その精神性は無教会派の伝統に今も受け継がれている。それは、内村の周辺にいた塚本虎二あるいは、関根正雄による聖書の翻訳に結実している。

カトリック研究社からは、訳書ばかりでなく、岩下の著作はもちろん、戸塚文卿や野田時助といった司祭によるカトリック神学の講義録、嘉治るり子の『シェナの聖女カタリナ』なども出版されている。また、岩下は、岩波書店の創業者岩波茂雄(1)に協力を仰ぎ、自身によるアウグスティヌス論や吉満によるカール・アダムの『カトリシスムの本質』の出版に強く働きかけるなど、カトリック研究社以外からの出版事業にも力を注いだ。

さらに、カトリック教会内の月刊誌『カトリック』にも深く参与した。岩下、デュモリン、プリオットらの司祭のほかに、在俗の吉満義彦、小林珍雄が編集委員として参加した。吉満はここに、プロテスタントからの改宗に至る内的変遷を論じた「私の改宗」をはじめ、積極的に寄稿している。この雑誌は、一九三九(昭和十四)年に『カトリック研究』と名称を改め、カトリック研究社から出版されることになる。

吉満が訳した『スコラ哲学序論』は、当時フランスおよびカトリック哲学の世界で大きな影響力をもっていたマリタンの著作を日本語で読めるということで、宗派を問わずキリスト教に関係のある者の手に渡った。岩下は、パリにいる吉満に「だんだん認められてきた。三谷隆正君も興味を以って読んでいる由(2)」と書簡を送っている。三谷隆正は、法学者だが、内村門下で、その発言がもっとも注目を集めた哲学者の一人でもあった。岩下と同年の生まれで、共に一高、東大を卒業している。ある時期、三谷が講演すると、いつも五百人を超える人々が集まったと、三谷、吉満両名に師事した垣花秀武が書いている(3)。その影響力は矢内原忠雄、南原繁に勝るとも劣らない。『生きがいについて』を書いた神谷美恵子も、三谷を師とした一人である。

訳書を読んだ三谷は、吉満に書簡を送ったのかもしれない。三谷は、訳者が弱冠二十四歳、大学を出たばかりの無名の青年であることにも驚いただろう。吉満も内村門下だった時期、三谷の話を聞いたこともあったと思われる。また吉満は、三谷の弟と一高で近くにいた。三谷は一高時代から秀才であることの評判が高かった吉満のことを弟からすでに聞いていたかもしれない。

一九四四年二月、戦況が深刻化すると共に、キリスト教への弾圧も日に日に烈しくなる中で、三谷は逝った。垣花によれば、その告別式は、第二次大戦中最後となった無教会派の総集会の様相を呈していた。吉満もそこに参列していた。訳書にはじまった吉満、三谷の交わりが継続していたことを示している。

二人の思想的接近と差異は別稿で論ずるに値する。三谷の霊性は神谷美恵子に、吉満の影響は遠藤周作にそれぞれ深く流れ込んでいる。

神谷美恵子は医師である。また、神谷はギリシア語、ラテン語をはじめ外国語に秀でていた。五賢帝のひとりマルクス・アウレリウスの『自省録』や思想家ミシェル・フーコーの訳者であり、作家ヴァージニア・ウルフの研究家でもあった。彼女はキリスト者ではない。だが、内村の高弟金沢常雄を叔父にしていたことが強く影響し、無教会の伝統に深く親しんだ人物だった。

医師として彼女は、ハンセン病療養施設長島愛生園で精神科医として働き、ハンセン病を患った人々が絶望の底からふたたび立ち上がろうとする境涯に、苦難から人間を救い出す光、すなわち「生きがい」を発見し、それに論理の肉体を与えた。神谷が先駆者だった岩下の著作を読まなかったとは考えにくい。神谷と岩下の思想の比較は、キリスト教の枠を超え、絶対状況においてもなお、消えることのない人間の内なる光を考えるとき、今も重要な意味を持っている。二人は単に、ハンセン病を生きた人々の境涯を論じたのではなかった。むしろ、病を背負いながら生き抜こうとする人々の姿によって救われた、それぞれ経験を思想に昇華したのである。

日本にキリスト教が開花する時節が到来するとすれば、それは単に神学的深化が行われたときではなく、真実の意味における詩が生まれるときでなくてはならない、それが吉満の確信だった。吉満にとっての「詩」とは、形式としての詩文ではない。言い換えるなら文学的霊性とでも呼ぶべき働きであり、遠藤がその実現に大きく寄与したことは論を俟たない。岩下、神谷、吉満、遠藤の四人を基点に、その道程をたどることは、近代日本においてキリスト教の霊性が果たした役割を神学、哲学の領域を超えて、科学、心理学、文学、あるいは芸術の世界にまで及び、未だ語られざる精神史の一面を照らすことになるだろう。

『スコラ哲学序論』はのちに大幅な補正を経て、別の出版社から刊行され、書名も『形而上学序論』と改められた。初版にはあまりに誤訳が多かったのである。その誤りにもっとも鋭敏な反応を示したのが岩下だった。彼は手紙で吉満にこう書き送った。

　君の祈りは美事にきゝ入れられました。神様は、不完全なほんやくの出版により君を謙遜にお導き下さるのです。君が之を甘受すれば祈りはきき入れられ、然らずんば君は小さなプライドの中になやむでしょう。だれしも自分をありのまゝのものとして認めぬ以上平和は得られません。但し之は完全ならんとする努力と矛盾せぬのはもちろんです。完全ならぬことを認めぬ以上、完全ならんとする努力の生れようがありません。真に道徳的に意義あるこの努力は、競争や名誉心ないしは自負心の満足を求めることゝは趣きを異にしています。カトリック研究社はあの書の出版を誇りとし、訳者がその不完全を正直に認め、へり下ってうけ入れることを以て更に光栄とします。(4)

君は、自ら得意とするところで誤った。謙虚でありたい、とつねづね言っていた、今、君の祈りは聞き入れられた、ここで地面に額《ぬか》ずくことができれば、誤訳に溢れた著作であったとしても、それがゆえにその試みと挑戦の意義は深まり、それに参与することができた自分もまた、誇りに思うと岩下はいうのである。岩下は、自分が行い得ると思うよりもさらに謙遜であれと、吉満に強く促す。

近くにいた人々が吉満を語るとき、多くは、表現は異なれどもその熱情を語っている。敬虔な信仰をもち、理知にも優れ、使命感に従って生きる、そうした人物の熱情が充溢するとき、放出されるエネルギーはあまりに大きい。また、本人もそれを制御する方法を知らないとき、その姿は傲慢に映ることもあるだろう。それが若き吉満の姿だったのかもしれない。

先の手紙を受け取った吉満も師への返信に「拙訳出版についてはさぞどんなに御迷惑をかけたことかと考えるも心苦しうございます。更めてあつく御わび申上げます(5)」と書いている。彼は自分を改めることに頑なだったわけではない。同じ手紙で吉満は「一にも謙遜、二にも謙遜、三にも謙遜といったアウグスチヌスの言を何とはなしに沁みじみと自らにいいきかせることでした(6)」とも記している。

フランス留学の間、吉満は、必ずしも快活な日々を過ごしたわけではない。病が彼を襲った。無理がたたり、彼は四ヶ月の静養を余儀なくされた。病状は深刻で、周囲は緊急の強制帰国を真剣に考えたほどだった。学究に没入して、健康を害す、この傾向は終生変わらなかった。帰国後も彼はしばしば著しく体調を損なうことがあった。遠藤も、夜を徹して机に向かっていた吉満の姿を伝えている。彼が四十一歳の若さで逝かなくてはならなかったのも、上智大学内にあるクルトゥルハイム聖堂でのトマス・アクィナスの講座の準備に苛烈なまでに没頭したからだった。仏文学者で親友の木村太郎も、準備に没頭する当時の吉満の姿にふれ、命が危ぶまれるほどだったと記している。吉満義彦が偉才だったことは論を俟たない。だが、彼の異能は思索や解析する力よりむしろ、努力する才能にあった。

学究とは学問を究め、他者に道を開くことである。内村、岩下、吉満の三人にとって、学ぶ、あるいは書くとは、単に自己表現の営みではなく、何者かに託されたことを言葉によって世界に定着させる営為だった。

書くこともまた労働である、と執筆に心血を注ぎ、書斎を「労働室」と呼んだのは内村鑑三である。同じ言葉が岩下壮一から発せられても驚かない。吉満はこの二人の巨人から学究する態度を強く継承している。

先に見たように、岩下は内村を「豪傑」と呼ぶ。一方内村は、カトリック教会とその伝統にただならぬ畏敬の念を抱いていた。自らが信仰者として無教会の立場に立つことと、教会を蔑視することとはまったく異なる、むしろ、無教会を宣言する者は、教会に集う者と協力し、世に福音を宣べ伝えることに注力しなくてはならないと内村は述べている。

キリスト教内の会派の融和を説く内村の姿勢は、晩年に近づくほどに著しい。プロテスタント、無教会の両派と岩下は、しばしば衝突し、鋭く批判した。吉満もそれは変わらない。だが、彼らは頑迷なカトリックの護教論者ではない。岩下が生涯をルター研究に捧げてもよいとまで周囲に発言していたことはすでに見た。その思いは深く、岩下はより完全なテキストを求めて無教会の黒崎幸吉からワイマール版のルター全集を譲り受けたほどだった。黒崎にとってもルター全集はなくてはならない書物だったに違いない。それを譲り渡すほどの熱情を黒崎は、岩下に感じたのだろう。

岩下によるルター研究の意味を、もっとも深く的確に捉えていたのは、プロテスタントからの改宗者でもある吉満だった。また、吉満は「カトリシスムの歴史と論理」でプロテスタントとカトリックの霊的一致について、「プロテスタントとカトリックの根本的差別は他の多くの見地より、他の多くの実質的問題において取り上げられ得ることは筆者も充分認めるものであ」る、すなわち思想的「見地」ではなく、「実質的問題」において論究されなくてはならない、だがそれをここで論じ尽くすことができないことを遺憾に思うと述べ、こう続けた。

カトリック対プロテスタントの問題は、主自らの意志に従って「一にならんため」の心構えをもって、真理自身において解決さるべき問題であることを付言しよう。すでにプロテスタントの近代的自己清算の道は、「客観へ」「社会性へ」などの一般的精神転向とともに原始プロテスタント

的根源にまで立ち帰って、カトリシスムとの「対面」(face to face)にまで導いている。(7)

「対面」と書かれているように、吉満の意図は「対決」にあるのではない。むしろ、深みにおいて対峙し、真理を浮かび上がらせることにある。

分裂した教会が一致するのは、カトリック、プロテスタント両教会の意志ではなく、「主」すなわち神自身の意志だと吉満は信じている。そうした信仰者に、どうしてプロテスタントを非難中傷することに終始することができるだろう。真実の意味でのエキュメニカルを希求すればこそ、岩下、吉満はプロテスタントと無教会派の人々と烈しく言葉を交わしたのである。安易な妥協は、「対面」の拒絶に等しい。彼らにとって異なる宗派であってもキリスト者はもっとも近き隣人だった。

キリスト者が「隣人」と書くとき、そこには「愛すべき」という形容詞が省略されている。「愛」とは人間の好悪の感情とは別な働きである。「愛」は慰藉や鼓舞、あるいは忠言や随伴などさまざまなかたちで実践されるが、そこには主体が対象をどう思うかという判断が入る余地はない。キルケゴールは、隣人とは誰かとの問いかけに、あなたがドアを開けて最初に出会った人物だと答えたという。

この点においてキリスト教は、人間に不可能を強いる宗教であるともいえる。「愛」は人間単独では行い得ない。だから神の介入を祈らねばならない、それは岩下、吉満の信仰の核心だった。彼らが「愛」というとき、それは、完全に与えられる行いであり、人間は「愛」が実現する場であるに過ぎない。岩下にとって、また、吉満にとっても、「隣人」の意味を再認識する契機になったのが復生病院での体験だった。

一八八六（明治十九）年、フランス人宣教師であるジェルマン・レジェ・テストヴィード神父が東海道での伝道のさなか、粗末な水車小屋で食べ物もほとんど与えられず、打ち捨てられた状態で苦痛に呻く一人の女性を発見する。彼女はハンセン病を患っていた。神父は彼女を見過ごさなかったばかりか、さらに近隣で同様の扱いを受けていた五人の人々を見つけ、彼らを庇護できる家屋の確保に奔走した。それが復生病院の始まりである。

官庁から正式な認可を得て、公的施設としての運営が始まるのは三年後の一八九〇年である。この前年に岩下壮一は生まれている。

当時、ハンセン病に関する精確な情報は、専門家をのぞいて、ほとんど知られていない。そのため、病を背負った人々は、多くの偏見と差別のなかで生きなくてはならなかった。岩下も再三公言していたように、ハンセン病はもともと感染力が弱い。近代日本では医療従事者を含め、介助者への感染はこれまでに一件もない。神山復生病院は今、ホスピスを併設する地域医療の拠点として活動を続けている。

二〇一〇年の夏、友人である神父と復生病院を訪れ、居住者の一人に話を聞くことができた。彼は八十歳を超えている。岩下神父を直接には知らない。岩下が亡くなったのは一九四〇年、彼はまだ十代で発病する以前だった。だが、彼の言葉は、聞く者に岩下の姿をまざまざと感じさせるほどに鮮やかで、力強い。岩下の時代にもあった、園で働く人々と居住者の信頼関係は今日にも生きているように思われた。

居住者は岩下を、親しみを込めて「オヤジ」と呼び、全幅の信頼を寄せた。復生病院に赴いたとき、岩下は四十歳だった。年寄めいて聞こえるから「オヤジ」はやめて「アニキ」にしてほしいと岩下は言ったという。神山復生病院は創設以来、すべてパリ宣教会の神父たちによって運営されてきた。岩下は、初めての日本人の院長だった。この点においても当時の居住者の喜びは大きかったに違いない。話を聞かせてくれた人は最初、別の国立の施設にいた。彼が復生病院に来てまず驚いたのは、考えられないほどに自由な雰囲気だったと語った。

岩下の時代、患者たちは、暴力的ともいうべき社会的差別を身に引き受けながら、感染を抑えるためという命令に応じて療養施設に入った。当時、ハンセン病の療養施設に入所することは、それ以前の公的立場をすべて放棄することを意味した。彼らは、戸籍はもちろん、名前を変え、家族との関係も断たれ、持っていた現金も院内でのみ利用できる「院内紙幣」と交換しなくてはならなかった。金銭を持っていれば施設から出ることができると考えられていたのである。

だが、本来法律によって「隔離」されていなくてはならない人々も、復生病院では違った生活を送っていた。人々は、近隣の商店や郵便局などにも、何ら支障なく出入りしていたし、周辺の住民たちとの信頼関係も構築されていた。感染の危険があることはしない。しかし、合理的に考え、不条理なことがあれば、それを解消する道を探った。これは岩下壮一以来続く、復生病院の方針だった。

この病が伝染病である以上、罹患することがあったとしても、それはけっして罪悪のゆえではない、と岩下は言う。ときに患者を隔離することが必要であるとしても、彼らを罪人扱いにすることはけっして許されない、むしろ、敬意をもって向き合わなくてはならない。機会があるごとに、そう岩下は語った。

医学は進歩し、幾つもの病名を生んだ。今日、病を生きる人々は、裸形のひとりの人間である以前に病気に襲われた者として認識される。かつての結核患者、あるいは現代のガン患者はその典型だが、ある人物をハンセン病者と呼ぶこともまた同じで、病状の奥で格闘する魂、あるいは霊なる人間の存在は見失われがちだ。「病気」は存在しない。存在するのはいつも、病という試練を背負う人間だけである。

以下に引くのは岩下がラジオを通じて行った講演の原稿「復生病院について」の一節だ。彼らは復生病院に入所した人々の「犠牲」をめぐってこう語った。

療養所は犠牲の礎の上に築かれた地上の楽園でなければならない。現世のすべての希望を絶たれた者に対して、私たちは最大の同情をそそがなければならない。自分からすすんで療養所に入る患者は、自分の養生のためばかりで行くのではない。祖国の血を浄めるために、人間最高の犠牲をあえてするのである。(8)

ここで岩下が意味する「犠牲」とは、被害者の異名である「犠牲者」とはまったく違う。「犠牲」とは、不可避的に災難に遭遇することではない。むしろ、自ら苦難に立ち向かい、続く者のために道を切り拓こうとする行いを指す。キリスト者にとってもっとも荘厳な「犠牲」は、自ら十字架の上で死すことによって人間の罪を贖ったイエスにほかならない。カトリックで「犠牲」をするというところには、その行いがそのまま、隣人の幸福への無言の祈りとなる、という信仰の歴史が生きている。

また、「犠牲」とは、自らの身を他者あるいは隣人の幸福に捧げ尽くすことを含意している。入所者たちの姿に岩下は、隣人のために身を捧げる高貴なる「犠牲」を見る。今、世の中にいくばくかの幸福があるなら、それを支えているのは、自分と共に暮らす患者たちの「犠牲」である、そうした確信が岩下にはある。

先の引用にあった「祖国の血を浄める」との表現も、岩下の意思に反して、誤解を生む要素があるかもしれない。彼の発言は、ファシズムが訴える民族的純血を求める運動とはまったく関係がない。むしろ、「祖国の血を浄化せよ」と題された講演で彼は、ドイツの民族主義者たちは血を浄めると声高に叫び、偏狭なる外国人の排斥を訴えているが「ドイツ人の血のみすぐれていると思うのは無理」[9]である、と明確に反対の意を表明している。

むしろ、岩下が危惧していたのは、被差別者の「血」ではなく、差別する者の「血」である。ハンセン病患者に著しい偏見を持ち、その家族だけでなく、その家系にまでさかのぼって冷酷なる裁断を下す、そうした日本人の「血」を彼は、深くまた、強く憂いている。

復生病院に赴任した当初、岩下は、苦痛に耐えながら呻吟する人々を前に、哲学が一体何の役に立つのかと自問自答を繰り返した。「ある患者の死」と題されたエッセイで岩下はこう記している。

ライ菌は用捨なくあの清い霊を宿す肉体を蚕食してゆく。「顔でもさすって慰めるほかに仕方ありません」ともの馴れた看護婦はさとり顔に言った。そしてそれがもっとも現実に即した真理であった。

私はその晩、プラトンもアリストテレスもカントもヘーゲルも、みなストーブの中へ叩きこんで焼いてしまいたかった。(10)

だが歳月を経て、岩下はむしろ、「呻吟こそは最も深き哲学を要求する叫び」であると確信する。彼の言葉をそのままに受け取るなら、近代日本のカトリック哲学は、復生病院の人々による絶叫と祈りにも似た苦悩の声に導かれ、誕生したと言った方がよいのだろう。

そのことをはっきりと認識していたのが吉満だった。吉満は岩下の本性を「真の古典的意味において哲学者」(11)であると語りながら同時に「犠牲の優位」(12)に生きる者であると述べる。哲学と信仰の接点を、「犠牲」によって明示する、それが岩下の霊性だというのである。

「古典的」と吉満がいうのは、哲学と日常的な営為が不可分である地平に生きる者であることを意味する。学問的水準において時代を先導し、独創的な思想を時代に問いながら、深く伝統につらなる哲学者、内心には苛烈な熱情をたたえ、沈思黙考の人であると共に自己を顕わすことにおいてはいつも実践的であることを忘れない求道者、それが岩下だった。

吉満がしばしば復生病院を訪れていたことは、残されたエッセイから分かる。だが、吉満は直接的にその光景を語ることはなかった。むしろ、そこには安易に語るまい、との強い意志すら感じられる。彼は復生病院について何か語ることではなく、岩下が試みた「哲学」を継承する道を進んだ。吉満にとってもまた、哲学とは、呻吟にあえぐ者が闡明《せんめい》する人生の真実に、言葉を与え、世界に刻み込む営みだった。事実、吉満は自分の身が滅ぶまで思索し、書き、話すことを止めなかった。「犠牲」の精神とは、岩下から吉満が受け継いだもっとも高貴な遺産だったといってよい。

復生病院は岩下、吉満二人の哲学者を胚胎しただけでなく、作家遠藤周作の誕生にも深く関係している。次に引くのは遠藤の小説『死海のほとり』の一節である。

酔いで痺《しび》れた頭に、忘れていた思い出が、もう一つ戻ってくる。嫌だったあの日。あの寮では六月になると、信者の学生だけに御殿場にあるカトリック癩病院に慰問に行かせる行事があったが、私はその日がくるのがひどく不安だったのだ。(13)

「あの寮」とは、岩下が私財を投じて建てた学生寮、聖フィリッポ寮(のちの白鳩寮)である。晩年までこの舎監をつとめ、学生たちを指導していたのが吉満だった。「御殿場にあるカトリック癩病院」

は復生病院を指す。慣例となっていた慰問に、吉満が同行したこともあっただろう。

『死海のほとり』は、主人公である「私」と、その友人である同級生の戸田が、歴史上のイエスの面影に、同伴者である復活のイエス、永遠なるイエスを発見する小説である。

小説の登場人物をそのまま作家の実像だと理解することは、ときに、大きな危険と過ちをおかす。だが小説に描かれていることがそのまま事実なのではないとしても、「私」も戸田も、作者自身の分身、ユングがいう「影《シャドウ》」を思わせる存在であることは疑いを入れない。「影」とは表層意識の奥、深層意識の次元で生きられた人間の像である。

「影」は単に抑圧された自我なのではない。人生の深みにおいて出会う、自分の知らない本来の「自己」だともいえる。その全貌は容易に捉えがたい。だが、二人は共に、作家遠藤周作自身でもある。作中の「私」は復生病院を訪れ、想像だにしなかった光景に出会う。

患者たちが半時間も前から集まっている講堂に入った時の印象も——私はこのエルサレムの安ホテルで二十数年ぶりで思いだす。うす暗い講堂のなかで最初に受けた印象は、たしか、誰もかれもが年とった人ばかりだと言うことだった。どの患者も頭の毛が短く、年寄りのような顔をして眼だけ光らせながら私たちの動きをじっと眺めていた。だがまもなく、その雰囲気に馴れると、毛を短く切った患者たちのなかに、銘仙《めいせん》やモンペを着た坊主頭の若い女たちがまじっていることに気がついた。女たちは両手を膝にじっと坐っていた。担架にのせられ、白い布で顔を覆った重

症患者たちも運ばれてきた。(14)

ここで描かれているのは復生病院への慰問の際、主人公の「私」が「見たもの」と「見なかったもの」である。「私」は当初、もっとも深刻な病状を抱える一群の人が目に入らない。「年とった人ばかり」のように思えたと書かれているが、そうではないことは直後に判明する。年老いた人たちだけでなく、そこには若い女性もいた。だが、「私」は最初、そのことに気がつかない。

あまりに苛烈な、存在の基盤そのものを揺るがすような経験に立ち会ったとき、人は崩れおちそうになる自分を守る。それは自然な行いであり、その働き故に人は生き続けることができるとも言える。「私」にもそれは分かっている。現実から一瞬目をそらした自分を責める必要がないことを、彼は頭では理解している。一方、彼の心は、そう自分を納得させることでこの出来事を終わりにしてはならないとも感じている。

悲惨である、そう感じたら、一瞬目をそらしても構わない。だが、そこで目撃した事実をなかったことにしてはならない。見た者がどんなに強く打ち消そうとも病を背負った人々の苦しみは続くのである、「私」の内心では、そんな声がうごめいたのではなかったか。

復生病院には、設立来の歴史を物語る記念館があって、そこには岩下の遺品がある。岩下が皇室に献上するために作成した当時の復生病院の日常を記録した映像も残っている。復生病院は岩下の時代から皇室からの支援を受けて来た。近年も天皇皇后が訪れている。

岩下は幼少のころ関節炎を患い、右足に不自由がある。足を引きずって歩くのが常だった。だが、映像には足にハンディキャップを抱えながら、実に快活に動く岩下の姿が幾度も出てくる。岩下は運動が好きだった。彼は復生病院の人々にも体を動かすことを推奨した。運動会は園内の大きなイベントだった。居住者は日常的に野球を楽しんだ。岩下も打席に立ち、ヒットを打つと、足をすりながら一塁へ急ぐ姿も映っている。遠藤たち学生が慰問するときも野球をすることがあった。その光景が『死海のほとり』にも描かれている。

「私」の打順が回って来た。思い切ってバットを振ると、重い手応えと共に白球は遠くへ飛んだ。彼は一塁を蹴り、二塁へ向かう。外野からボールが帰って来る。彼は塁間で挟まれる。ボールを持った、二塁を守る患者に触れられるかと思うと身がすくみ、「足をとめて怯えた眼でその患者を見あげた」。すると患者は言う、「おいきなさい……触れませんから……」[15]。

このとき、野球をするとは隣人と交わることである。「私」にもそれは分かっている。彼は慰問をやめることもできた。小説中にはやめるどころか、積極的に交わろうとする戸田の姿も描かれている。当時、それを提言したのはおそらく遠藤周作自身だろう。だが、「私」は、「おいきなさい……触れませんから……」という「あの静かな声は二十数年ぶりで頭の奥で聞えてくる」[16]と述懐する。

記憶は、作家のなかで薄れるどころか、時の流れに逆行するかのように鮮明になっていったのではなかったか。この出来事は作家遠藤周作の誕生と無関係ではないだろう。ここに引いた光景は作家である彼の内心の告白として読んだとしても、大きな過ちをおかすとは思えない。

隣人と交わるとは、同伴者として生きることである。たとえ、それがどんなに短い時間であったとしても、その行いに込められた意味は変わらない。遠藤の文学が、同伴者たることの失敗から始まっていることは注目してよい。それは岩下、吉満も変わらない。近代日本カトリック文学だけでなくカトリックの哲学もまた、大きな躓きと絶望から誕生しているのである。

一九三四(昭和九)年、吉満にとって最初の著作となった『カトリシスム・トマス・ニューマン』が刊行される。フランスから帰って、四年の歳月が流れていた。それ以前に彼はカール・アダムの『カトリシスムの本質』(17)を翻訳している。

先に見たように吉満は、留学直前にジャック・マリタンの『スコラ哲学序論』を訳出し、フランス留学中もマリタンの自宅近くに居住し、師事した。だが、処女著作においてはマリタンよりも、カール・アダム、さらには、ドイツ人のイエズス会士であり神学者、中世哲学の権威であるエーリヒ・プシュワラの影響が色濃く表われている。吉満は、マリタンのエピゴーネンであると理解することは思想的事実の上からも不可能なのである。吉満はプシュワラと文通をしていた。実際に面会したかどうかは定かではない。だが、それも二次的な問題に過ぎない。吉満がプシュワラの著作を食い入るように読んだことは、その論考からも十分に伝わってくる。その熱意は、マリタンの著作に向き合うときに勝るともけっして劣らない。

日本ではエーリヒ・プシュワラを知る人は少ないかもしれない。現代の英米でも状況は変わらないようで、近年刊行されたプシュワラ論[18]でも著者は、今日英語圏でほとんど顧みられないという現状は、この人物がもつ歴史的意義を適切に反映していない、とプシュワラの復権を訴えている。

プシュワラは一八八九年、岩下壮一と同じ年に生まれた。プシュワラが没したのは一九七二年である。岩下は一九四〇年に亡くなる。もしプシュワラと同じ期間、岩下が活動することができたら、日本のカトリック界はもちろん、思想界も今とは大きく違っていただろう。年代だけでなく、プシュワラと岩下の間には思想的な共鳴もある。二人は、トマス・アクィナスに深い敬意を抱いていたが、いわゆる狭義の「トミスト(トマス主義者)」ではなかった。

プシュワラと岩下に共通し、また、吉満が強く影響されたのは、アウグスティヌスとトマス・アクィナスをめぐる視座である。カトリック内部でも、未だにアウグスティヌスとトマス・アクィナスを対立において捉える風潮がある。トマスの哲学は精緻だが論理で塗りつぶされていて、想念や感情の入る余地がない、その一方、『告白』を書いたアウグスティヌスは論理の人である前に熱情の人であり、その神学は理性にのみ訴えるのではなく、強く感性に訴える、というのである。

だが、これらの意見は俗説に過ぎない。トマスは熱情の人であり、また、もっとも正統なるアウグスティヌスの後継者である。『神学大全』の言葉は、読む者の胸に火を灯す。形は違ってもアウグスティヌスの論理が精緻であることはトマスにまったく劣らない。彼に内包されている時間論をはじめとする哲学的主題は今日にも読む者に新鮮に響く。

中世哲学を決定した二人の巨人を対立の地点で捉えるのではなく、高次の意味における一人格として認識するという視座を獲得すること、そこから吉満義彦の哲学は語られ始める。「謙虚と従順の人アウグスティヌスと、その論理的形而上学的成熟にほかならぬトマスとを同時に肯定せねばならない(19)」と吉満は書いている。アウグスティヌスとトマスの霊性の融合点に立ち、それを日本語で明示すること、それは哲学者としての吉満が自らに課した大きな主題のひとつだった。だが、彼はそれを完成させることができないまま逝かねばならなかった。しかし、彼の確信は、この若き日の一節にはっきりと示されている。

次に引くのは鈴木大拙の『日本的霊性』の一節である。大拙は、霊性の歴史において見るとき法然とその弟子親鸞は二人の別個な人間でありながら、人格としては一なる存在だというのである。法然をアウグスティヌスに、親鸞をトマスに置き換えて読んでいただきたい。

法然と親鸞とを二つの人格として見るよりも、一人だというあんばいに見る方がよいと思う。法然は親鸞において生まれ変わって出たのである。ここに法然の生涯に何か生きたもののあったことに気づく(20)。

同じことをアランが、ソクラテスとプラトンをめぐって書いている。法然と親鸞、ソクラテスとプラトンは文字通りの師弟であって、それはトマスとアウグスティヌスには当てはまらないという意見もあるかもしれない。だが、人格の統合を考えるとき、同時代者であるかどうかは一義的な問題ではない。吉満のいう「対面」とは、魂と魂が出会うこと、非時間的世界での遭遇を指す。

優れた思想家にとって「読む」とは、その書き手の魂と直接面会することにほかならない。トマス・アクィナスは、もっとも真摯にアウグスティヌスを読んだ人物のひとりである。思想家同士の邂逅は、いつも時間の制限の彼方で起こる共時的な出来事である。人が共時的に出会うのは、過去に生きた人ばかりではない。同時代人において共時的遭遇を経験するとき、人は同時に非時間的次元、叡知界と呼ばれる世界へと導かれる。吉満と岩下、あるいはプシュワラとの出会いはそうした世界の深層で生起している。

また、プシュワラに喚起され、吉満が問うのは「汎神論」と「神汎論」の問題である。すべてが神であるとするのが「汎神論」、後者は、畢竟存在するのは「神」のみであると主張する。吉満はどちらも超越と世界の関係を正当に表現しているとは考えていない。すべてが神だといえば、一者の絶対性を見失ってしまう。また、神のみが存するといえば、被造物である万物は、超越に隷属することになり、かえってその存在意義を失う。

世界は確かに存在する。そして、その一つ一つが超越者による絶対的営為である「愛」の顕われだと吉満は考える。万物は、神の「意志に基づく所造世界は、愛の所産以外のものではあり得ず、その世界過程は神の所造への愛の示現の過程にほかならない(21)」、と吉満は「愛」の存在論を展開している。

狭義な意味でのカトリックの領域に閉じ込めていては、吉満の全貌を窺い知ることすらできない。「愛」を存在の根源に布置する吉満の哲学は、「慈悲」を存在の働きの顕われであるとする十二世紀イスラーム神秘哲学の泰斗イブン・アラビーを思わせることすらある。彼は、スコラ哲学だけでは神学の真髄は語り得ない、それは真実の神秘哲学を随伴した「スコラ・ミスティク」でなくてはならない、「スコラ神学への根差しは其自体主体的面における深きミスティクへの神秘的観想への生命聯関においてのみ真にその生ける把握がなされる[22]」と信じていた。西洋と東洋の間、また中世と現代の間に立ち、超越と世界の媒介になること、それが吉満義彦における哲学者の使命だったのである。

(1) 岩波茂雄が代表をつとめていたころの岩波書店が、カトリックと無教会の書籍を積極的に出版し、昭和の日本キリスト教界に大きな影響を与えたことは注目してよい。岩波書店は、『内村鑑三全集』だけでなく、矢内原忠雄、藤井武の全集も刊行している。
(2) 小林珍雄『岩下神父の生涯』、二四七頁。
(3) 全集第四巻、垣花秀武による解説「詩人哲学者　吉満義彦とその時代」、四七六頁。
(4) 小林珍雄、前掲、二〇七―二〇八頁。
(5) 同書、二三五頁。
(6) 同書、二三三頁。
(7) 全集第四巻、三三〇―三三一頁。
(8) 「復生病院について」『岩下壮一全集』第八巻、中央出版社、一九六二年二月、二一六頁。
(9) 「祖国の血を浄化せよ」同書、二五三頁。
(10) 「ある患者の死」同書、二〇三頁。
(11) 「恩師永遠の面影」モニック・原山編著『キリストに倣いて』、一〇四頁。

(12)「岩下先生の使徒的生涯」『哲学者の神』みすず書房、一九四七年七月、二〇一頁。
(13)遠藤周作『死海のほとり』新潮文庫、一九八三年六月、二五頁。
(14)同書、二七頁。
(15)同書、三〇―三一頁。
(16)同書、三一頁。
(17)岩波書店、一九三二年七月。
(18)Thomas F. O'Meara O.P., *Erich Przywara, S.J.: His Theology and His World*, University of Notre Dame Press, 1st edition, 2002.
(19)全集第四巻、三〇七頁。
(20)鈴木大拙『日本的霊性』岩波文庫、一九七二年一〇月、一〇三頁。
(21)全集第四巻、二九六頁。
(22)吉満義彦「基督教思想家としての岩下壮一師」『カトリック研究』第二一巻第二号、一四五―一四六頁。

第6章

中世と近代

書き手はしばしば、他者を語りながら、知らずと自己の未来を予知するような文章を残しているものである。書かれた言葉とその後の人生が、余りに鮮明な一致を見せるとき、読者は文字の向こうに畏るべき何者かの働きを感じ、戦慄を覚える。

今日ほど「哲学者」の顔をした偽者が、思想界に跋扈している時代はない。こうした迷妄の世で人は、真理を体現する者との邂逅を希いながら、その者を見出すことが難しいだろう、と吉満はいう。なぜなら、その人物はおそらく私たちが思うような姿をして顕われることはないだろうからであると述べている。次に引くのは、吉満がジョン・ヘンリー・ニューマン枢機卿を語った講演の一節である。「彼」とはニューマンを指す。

彼はその問題提起において、常に生ける、常に追究し発展してゆく思索家として永遠の若々しさをもって、よく自らと時代の魂への徹底的批判と深遠なる洞察をなせしが故に、はるかに時代に先んじ、同時代の人々より十分に理解されずあるいは誤解されさまざまに曲解され、また他方後代のある人々によっては、彼のまさにこの心理的内在的具体的思惟が一面的に利用され乱用された。（「ニューマンの大学論と現代の哲学」(1)）

今日から見るとほとんど吉満自身の生涯を語った文章に思えてくる。ニューマンは、英国国教会からカトリックに改宗し、十九世紀カトリックの改革を先導した人物である。宗教の危機とはその関心が現象世界に閉じ込められるときに訪れる。宗教は実在から目を離すことがあってはならない。「天使はわれらの間にある(Angels are among us)これを看過して一切を自然法則をもって説かんとするは罪である」(2)というニューマンの言葉を吉満は引いている。

この一節はニューマンだけでなく、それを引いた吉満の宗教的世界観をよく表わしている。ここでの「罪」は裁きに結びつくものではない。新約聖書が書かれたギリシア語「ハマルティア」の原意に忠実に「的をはずした」状態を意味している。天使が不在であるかのように世界を語ることは、神に顔をそむけているに等しいというのである。

さらに、吉満も「天使」と題した小品でこう書いている。「天使を黙想したことのない人は形而上学者とは言えない」(3)。

エーリヒ・プシュワラはニューマンを評して、透徹したトマス・アクィナスの叡知をアウグスティヌスのように魂に火を灯す言葉で語る者だと語った(4)。改宗者であること、時代が彼を改革者として用いたこと、さらにトマス哲学の精髄を、アウグスティヌスを思わせる熱情をもって示したこと、そうしたニューマンの姿はそのまま、吉満義彦に重なり合う。吉満は日本における最初期のニューマンの紹介者として記憶されてよい。吉満もまた、「はるかに時代に先んじ」たがゆえに、時代に充分に受け入れられないというニューマンと同じ境涯を生きねばならなかった。

今のためだけでなく、未来のために書くともニューマンは語った。先に見た講演は一九三三年、上智大学におけるニューマン記念講演会で行われた。このとき吉満はまだ二十九歳である。このときはまだ、自らの哲学が、自分が発した言葉通りになるとは予想もしていなかっただろう。

だが、"I write for the future"「余は未来のために書く(5)」というニューマンの言葉をしばしば引いているのを見ると、吉満もすでにニューマンと同質の感慨を抱きながら言葉を紡いでいたのかもしれない。

以下に引くのは、佐藤泰正との対談『人生の同伴者』で遠藤周作が吉満を語ったときの発言である。後続する同時代人がどのような主体的関心をもって、吉満の著作を読んだかを窺い知ることができる。学生時代遠藤が、岩下壮一が創設した学生寮聖フィリッポ寮に暮らしていて、吉満がそこの舎監をつとめ、学生を指導していたころのことである。以下の言葉には、著作の読後感だけでなく、謦咳《けいがい》に接した者ならではの実感がある。

吉満先生は東大の哲学の講師で、非常に文学も好きな方です。この人はフランスのジャック・マリタンという哲学者の弟子で、近代における神を離れた人間の問題をしきりにパスカルとかデカルトを引き合いに出して書いておられて、いまも私は新鮮味は失われていないとおもっています。〔中略〕マリタンも吉満先生ももういっぺん神によって充足されてた中世というものに戻ろうじゃないか、中世以後、神を失って人間中心の世界になるにつれて、こういう神々におけるルネサンスが生まれてきたということを語っておられた。そのときに私がマリタンや先生に反発したのは、西洋には中世というキリスト教で充足した時代があったかもしれないけれども、しかし日本にはそういう中世に戻ろうにもそんな中世がないじゃないか、じゃあ、その中世に代わるものというのはいったい何かということが、学生時代のいちばんのテーマだったのです。(6)

先の章にも「中世」をめぐって、この対談にある別の一節を引いた。われわれは「中世」に戻るのではない、つくるのだと吉満が言い、聞いた遠藤が、それはほとんど不可能ではないのかと当惑する、というものだった。だが、ここにあるのはもっとはっきりとした遠藤の感慨である。この一節を、老成した作家による青春の追憶として読み過ごしてはならない。彼は吉満の言葉にはっきりと「反発」を感じたと明言し、かつその先に自分の根本問題を見つけたと発言している。そこに横たわっているのは、哲学者吉満義彦の思想的態度の根幹にふれる問題であり、作家遠藤周作の原点に直接通じる問いでもある。また、彼らを高く評価するしないにかかわらず、吉満、遠藤の軌跡を無視して近代日本のカトリシズムを語ることはできない以上、ここには同時に今日のカトリシズムが抱える課題を見ることになるだろう。

ジャック・マリタンを師とし、新トマス主義の影響を一身にあびたヨーロッパ・キリスト教の啓蒙者、ローマンカトリックの絶対性を説く論客、吉満義彦はこれまでそう理解されてきたのではないだろうか。同質の論調で吉満を語る文章が彼の追悼号にも寄せられているのを見ると、先の遠藤の見解も彼個人というよりも、同時代に生きた人々に散見できる認識だったと思われる。そればかりか、吉満をめぐる認識は今も変わっていないのかもしれない。

もちろん、生涯吉満への敬意を失わなかった遠藤の認識は、単に吉満の風評を傍観する者とは異なる。いかに深く吉満の声が遠藤に響いていたかは、先の発言中のいくつかの術語にも現われている。「近代」、「充足」、「中世」あるいは「神を離れた人間」、これらは皆、吉満の哲学を読み解く重要な鍵言語《キーターム》である。遠藤がどれほど意識しているかは別に、言葉として吉満の思想が、どれほど遠藤に深く浸透していたかを示している。

人々は吉満を、新思潮の紹介者だとみなしたが、実際に吉満に会った遠藤は、新しさが、こと思想においては、真偽に直接的には関係がないばかりか、むしろ危うさを意味することを肌で感じている。しかし、優れた肌感覚ゆえに遠藤は、吉満の言説に躓《つまず》き、「反発」しなくてはならなかった。それは吉満が語る言葉が、単なる思想論ではなく、キリスト者として、いかに生きるかという問題に直結していたからである。そうでなければ遠藤は、吉満の言葉を聞き流していただろう。
影響は必ずしも、そのまま受容されることで伝わるとは限らない。反発はもっとも深刻な応答だともいえる。見方を変えれば、躓いたからこそ、吉満は遠藤にとって生涯の師であり得た。師の前で転んだ者は立ち上がろうとするとき、眼前にいつも師を見つめ続けなくてはならない。

まず遠藤は、哲学者である吉満が優れた文学的感性の持ち主だったと指摘する。遠藤に文学的才能を見出したのも吉満だった。吉満は、詩と詩人を愛した。彼自身も誰に見せるためでもなく詩を書いているが、そもそも彼にとって哲学の論考を書くとは形を変えた詩的営為にほかならなかった。吉満はプロティノスにふれ、彼の観想すら「詩的」であると語ったことがある。[7]

詩と哲学は根源的に一体であり、不可分である、おそらくこのことを吉満は、誰に教わるでもなく肉感していた。私たちはそれを、ときに難解だが誰の模倣でもない、まったく独自の文体に貫かれている彼の作品群から感じとることができるだろう。

「詩的精神」に吉満は、「ポエジー」とルビをふる。現代においてポエジーは、形式としての詩よりも、真理を追究する哲学にいっそう鮮明に現われると吉満には感じられていた。ポエジーとは、文章に現われる詩的傾向ではない。むしろ、「ポエジー」が主格となって、作品が形成される。「ポエジーはその作品の内在的生命として作品そのものをロゴス的に規定せしめるもの」(「ポエジーについて」[8])と書くように、言葉を通じて語る主体は「ポエジー」であり、「人間」はそれに用いられる者である、と彼は信じている。さらに「ポエジーの究極においてわれらもはや沈黙のほかなきに至るとも、そは言葉の溢れによってであって言葉の貧困によってではない[9]」とも記した。

ポエジーが真に現われるとき、人間は全身に真理の充溢を感じながらもそれを表現する術を持たない。これらの言葉は、概念をなぞっている者からはけっして聴くことはできない。それは文字通りの「ポエジー」によって生かされ、その日々の実践を魂の糧とした者によってのみ、書かれ得る。

彼が体感していた詩と哲学の一致を、哲学的論理によって明瞭に語った人物こそ、ジャック・マリタンだった。彼もまた詩人哲学者と呼ばれるにふさわしい、ポエジーに用いられた人だった。その意味において、吉満はマリタンの弟子である。

しかし、二人の師弟関係が新トマス主義という思想的パラダイムにおいて論じられるとき、それは簡単に是認できなくなる。吉満がマリタンから継承したのは、新トマス主義という出来上がった思想信条ではなく、自らもまたトマスと直接向き合うことであり、その営みを通じて現実世界の変革に深く参与することだった。むしろ、それは新トマス主義を創造的に解体することだったといってもよい。先に遠藤は、吉満が「パスカルとかデカルトを引き合いに出して書いて」いたと言ったが、吉満のパスカル観、ことにデカルトに対する見解は、ある時期を境に鮮明なまでに師マリタンの認識を乗り越えていくのである。

新トマス主義（ネオトミスム）とは、二十世紀フランスを中心に起こった、十三世紀の神学者であり哲学者トマス・アクィナスの「形而上的哲学的叡智を現代的に意義づける現代の哲学としてのトマス哲学ないしより広くはスコラ哲学一般を意味する[10]」と吉満は書いている。マリタンはその中心的存在だった。吉満が渡仏した一九二八年当時、その運動がもっとも熱を帯びていた時期でもあった。

傍点が付されているように、ネオトミスムは復古の哲学ではなく、徹頭徹尾「現代の哲学」でなくてはならないとマリタンは信じた。だが、世人はそれをトマスが生きた歴史的中世の価値観を現代に復活させること、また、中世時代のキリスト教を現代に復元することであると受け取った。ここにネオトミスムをみまった不幸な曲解がある。

新トマス主義は、ある時期は強い関心を引きながら、急速に忘れられていく。古びた思想に現代を合わせることなど、所詮不可能なことだからである。次に見るのは、吉満がマリタンに見た「ネオトミスムの哲学」の実相とその今日的意義である。

カトリック的哲学理念の現代的価値獲得はただに個々の哲学者や探究者の努力のみではなく、全体的全教会的精神協同としてしかも単に現代の横の協同のみならず、世紀を通じ教父、中世スコラに続く全歴史的協同としてある意味における「久遠の哲学」(Philosophia perennis)の意識であり、さらになお単に個々の学領域の各自律的発展であるのみならず、神学より始めて形而上学、倫理学、教育学、社会学、法律学、政治学、経済学、生物学、医学、心理学、さらに実験的探究と実践的具体的技術より芸術制作に至るまでの一切に統一一貫せる世界観的連関を有していることである。

(「カトリック的宗教復興の現象と理念」[11])

「哲学」は、「諸学の学」であり、万学に接点を有する。それゆえに「哲学」は個人によって主張される、いわゆる「主義」とは根源的に異なる。真実の意味における「哲学」は永遠に古びることはない「久遠の哲学」(Philosophia perennis)と呼ぶべきものである。

また、「哲学」は、「実験的探究と実践的具体的技術より芸術制作に至るまで」すべての地点で問われなくてはならない。それを生きようとしたマリタンの態度は、おのずから自説を披瀝することを本願とする「著書による哲学者」とはまったく異なる。

「哲学」を明示するためには同時代人との領域をまたいだ「横」の連携はもとより、時代を超えた「全歴史的協同」を欠くことはできないと彼は考えた。マリタンだけでなく吉満にとっても「哲学」とは一個の人間では完成し得ない営みだった。吉満はマリタンを「一個の哲学的血族を形成する哲学的生命関連のうちに生ける哲学者[12]」と呼ぶ。「哲学」に与する個人の偉大さは、個性の現われによってはかられるのではなく、いかに大いなるものの一部になり得るかにあるとマリタンは考えたと、いうのである。

吉満はまたマリタンの哲学の在り方にふれ、「理性と真理への断念や懐疑から由来する一切の近代的イデオロギーとは根本的に性格を異に[13]」し、今日的意味における一種の「主義」とはまったく異質なものであることを強調する。マリタンの前に現われた「哲学」――吉満にも同様だが――とは、考えを主張する方法ではなく、真理へと向かう一条の「道」だったのである。

次に引く一節にある「実証主義」とは、いわゆる合理主義や科学主義を意味しない。それは哲学本来の目的が形而上的世界の探求にはじまることを忘れ、三次元的世界を説明、実証するための手段に堕した今日的意味における「哲学」に近い。

実証主義はまさにそれが現実の指摘であらんとするかぎりにおいて真理を語り、実在の説明であらんとするときに盲目であるか、あるいは掘り出だされた古き死せる神々の叫びに入れ代えられたのであった。

（「文化倫理における神学的問題」[14]）

ここで「実在」と「真理」は同義である。「実在」は「説明」し得ない。しかし、それは体感し得る。吉満の眼に映るマリタンは、あくなき「実在」の追究者である。それを成し得た人物であるというよりも、「実在」にでき得る限り接近しようと果敢に挑戦する者だった。また、当時の先鋭的現代思想であった新トマス主義の旗手であるよりも、まず、「「魂の漁り人」(pêcheur d'âme)として魂によって魂を捉える霊魂の使徒」[15]だった。「天啓は神学においてすべてのすべてであり使徒はその唯一の保管者」だと吉満は記している。

また、マリタン夫妻の生活を回想し、吉満は「マリタンとその友その子弟を強く支配する根本衝動は、この「神観想の優位」(primauté de la contemplation)の生活に発源する」[16]といい、さらに晩年の彼は「彼の敬虔なる魂の知的生活がいかに修道者的な黙想のうちに、その半身なる終生の伴侶ライサ夫人との祈禱の共同において営まれていることか」[17]と記している。木村太郎によれば、吉満はマリタンの境涯を「聖者的」[18]とすら語っていたという。

ムードンの日々に吉満は、マリタンという稀代の哲学者の謦咳に接しながら、いわゆる「マリタン的なるもの」とマリタン自身の哲学を峻別しようとした。書物を通じて知ったマリタンの哲学を深めるのではなく、その彼方を希求する日々でもあった。したがってマリタンの思想が本格的に日本に紹介されたのは、吉満がフランスから帰国して以後だと考えなくてはならない。

これまでに見たように渡仏前すでに、吉満が訳したマリタンの『スコラ哲学序論』はあった。だが、先に見たように誤訳も多く、三谷隆正のように反応する人物もいたが一つの思潮を成すには遠かった。帰国後吉満は、マリタン論を複数書いている。訳書の誤りをただすという意味合いも強くあったと思われる。晩年にも長文の序文と共に、マリタンの『宗教と文化』[19]を翻訳している。また、生涯を通じ吉満は、マリタンへ敬意を表すことに躊躇することはなかった。

確かに彼はマリタンに師事し、影響を受けた。周囲が彼をマリタンの弟子だとみなしたとしても当然である。だが、当時の日本の思想界が理解したマリタンの哲学は、吉満がふれたものとは大きく異なるものだったのである。ここに吉満義彦をめぐる誤認の始まりがある。

直接、あるいは間接的に吉満がマリタンやトマスを論じるようになり、人々もまた、盛んにそれらの説を口にするようになった。彼らは吉満を通じ、トマス主義に関する知識を得ただろうが、それを生きてみようとする者は少なかった。だが、遠藤は違う。彼は「哲学」とは、生きて証されるものであることを感じていたからこそ、自らの内心に忠実であるために、「反発」せずにはいられなかった。

本章のはじめに引いた遠藤の言葉に戻ろう。「もういっぺん神によって充足されてた中世というものに戻ろうじゃないか」、それが吉満の考えだった、と遠藤は発言していた。「充足されてた中世」と遠藤は無意識的につなげているが、問題はここにも潜んでいる。吉満は「中世」だけが充足された時代だとはけっして言わなかったはずである。むしろ、彼は現代にもたらされている恩寵は中世時代に比べて「はるかにはるかに」深いと感じていたのである。

今日われわれは原始使徒たちとほとんど同じく確実に歴史的キリストの奇蹟的超自然的現実に対面しているのである。否な否なわれわれはさらに二千年の「キリストの体」の超自然的なキリストの生命そのものの延長を、然りその継続的奇蹟(パスカル)を目撃しつつ原始使徒たちよりはるかにはるかに容易にキリストの神性を超自然性を信ずるに容易なるべき事情におかれてあるのである。[20]

この一節は「今日われわれはいかなる理由をもってキリスト教徒たり得るか?」と題された小論にある。題名からも分かるように吉満は、内村鑑三の自伝『余は如何にして基督信徒となりし乎』をふまえて書いている。吉満は、この一文が無教会の人々に読まれることも想定していただろう。

このとき内村鑑三は、すでにこの世にはいない。だが、もし内村が読むことがあっても、彼は吉満を批判しないばかりか、自分と同じ経験を闡明する若者の声に強く感じることがあっただろう。同質の信仰告白を繰り返すことを恐れず、語り続けた人物こそ、内村自身だったからである。

現代に生きる自分たちもまた、原始キリスト教団の一員である。なぜなら自分たちもまた「確実に」彼らが見た「歴史的キリストの奇蹟的超自然的現実に対面している」からである、それが吉満義彦の信仰である。

永遠のキリストは過去にもいたが、今もいる。それればかりか、「否な否な」、あるいは「はるかにはるかに容易に」と熱をもって強調するように、キリストが十字架上で死んでから二千年後に生まれた自分たちの方が、より鮮明にイエスを「キリスト」として信じ得る状況にある。なぜなら、後世の私たちには先人たちがキリストを目撃したときに残した無数の証があるからだ。そう信じる彼に過去に何かを求める必然はどこにもなかった。

この哲学的信仰告白ともいうべき一文を吉満が書いたのは一九三五年、遠藤が吉満に会う以前である。この年、遠藤は十二歳、夙川教会で洗礼を受けている。彼が吉満を知るのは八年後、彼が二十歳になったときである。その年に書いた吉満の文章には日本とキリスト教、あるいは日本人とキリスト教をめぐる態度がいっそうはっきりと示されている。

過去一千年余の日本精神文化における仏教のなした意味を聖徳太子や弘法大師、その他鎌倉時代前後の日本精神史上に永久に輝く幾多の偉大な宗教的天才の例についてここに思いあわせてみても、来たるべき世紀におけるキリスト教的霊魂の大いなる開花結実をまさに超自然的飛躍において考え見ることは私たち日本人にとって限りない希望の夢であり、神の摂理の今後の世界史的展開が過去の二千年間のそれに決してその奇蹟的讃美においてまさるともおとることなかるべきを思うものであります。その点で私たちは私たちとして、日本文化特にその魂の生命文化のために特別にも、キリストの愛にかられた祖国と同胞への愛の今日における今後における緊急なる使命を思うのであります。(21)

この一節は「マリタン先生への手紙」と題された書簡体の作品にある。彼は師マリタンに自らの霊性の故郷がどこにあるかを明言するつもりでこの一文を書いている。日本人である自分は、日本的霊性の伝統に十分な畏敬を払いつつ、キリストへの道を準備しなくてはならない、師マリタンの哲学を真に学べば、ここ以外に帰結するところはない、というのである。また、ここで弘法大師空海に言及しているのも興味深い。この頃、空海は必ずしも広くまた、積極的に評価されていたとは言いがたいからである。

この一節は内村鑑三の『代表的日本人』を思わせる。この著作を内村は英語で書いている。彼は敬愛する五人の日本人、西郷隆盛、二宮尊徳、中江藤樹、日蓮、上杉鷹山の小伝を書き、日本にキリスト教が開花する土壌は、輸入されたキリスト教思想によってではなく、その五人や法然、親鸞をはじめとした鎌倉仏教の宗祖たちによって準備されてきたと語る。海外の宣教師をはじめ、欧米諸国の人々に向かって、日本にキリスト教を運んだ大きな流れは、古くから日本にあると語ったのだった。

自分にとってのキリスト教は、根源的には内発的な出来事だったというのである。吉満にも同質の実感がある。

もしも遠藤が先の吉満の一節を読み、その地点をいかに掘り下げるかを吉満と論議することがあったら、と想像してみる。若き遠藤はどんな言葉を吉満に投げ掛けたのだろう。

だがそれ以前に吉満は、遠藤のなかに、かたちが定まらないながらも同様の問いがあることを感じとっていたのだろう。

ある日、吉満は、遠藤を自室に呼び、哲学ではなく文学に進んではどうかと話す。彼は遠藤を友人だった堀辰雄に紹介する。その当時の堀は、内面世界と外界との共振を描く注目の小説家に留まらない。『大和路』などに見られるように折口信夫の著作を手に取り衝撃を覚え、ひとり奈良を歩き、日本的信仰の根源をさぐりあてようとしていた霊性の旅人と呼ぶべき書き手だった。

「充足されてた」と遠藤が述べる、その言葉の後ろには、マリタンを読み説くとき吉満がしばしば言及した「充足的ヒューマニズム」がある。「充足的ヒューマニズム」を吉満は、「充足的人間学」とも書いている。今日の読者には「人間学」と訳された方が、この一語に含意された内実をつかみやすいだろう。「ヒューマニズム」という言葉はすでに、吉満が用いていた意味を有していない。彼が言う「ヒューマニズム」は、「近代ヒューマニズム」、いわゆる人間主義ではない。むしろ、その真逆にあるものである。「ヒューマニズム」とマリタンが書くときそれは人間中心の世界観を指すのではなく、むしろ、何ものかによって照らし出される場所を意味した。吉満はそれを「神中心的な人間性回復と人間文化再建の立場」と表現する。

所造的人間的価値を真実にその高き生命価値において生かすためには、ただこれをその本来の超自然的生命根源につなぎ、もって人格性と自由との真実の源泉たる人格神への愛と認識の生命的内面的従属関係を打ち立てねばならない。マリタンは自らこの神中心的な人間性回復と人間文化再建の立場を「充足的ヒューマニズム」(humanisme intégral)と称して、神よりしたがって人間性の根源より分離された非人間的な宿命に帰する近代ヒューマニズムに対せしめるのである

(「ジャック・マリタンの文化哲学について」[22])

マリタンが見る「人間」は、超越者によって造られた者、「所造」的存在である。人間は造られた者であるがゆえに、究極的には自らを充たすことはできない、「自らの不充足性とより完きものへの純粋従属性を意識」することを余儀なくされる。

また、人は超越者によって充たされることによって、はじめて存在し得る。自らを「所造」であることを忘れ、自らの手で充足をはかろうとしながらも達成することができず、そこに虚しさを感じ続ける現代人には「人間的所造的価値の回復(réhabilitation de la créature)」こそが急務だとマリタンは指摘する。

生きるとは、超越との関係を回復することであり、そこにおいて人間がまず内心に呼び起こすべき

は、真摯なる敬虔であることを、吉満はマリタンから学んだ。敬虔の心は人に「充足」されるべき場所があり、そこを埋めるものがあることを教える。

ここで問題は「中世」の一語に帰ってくる。果たしてマリタンと吉満は、遠藤が指摘するように「中世」に戻れと言ったのだろうか。「中世」は遠藤が理解したように「充足されてた」時代だったのか、また、吉満の本意は、遠藤に理解されたのだろうか。キリスト教国ではない日本に、ヨーロッパ中世の精神を移植することが吉満の悲願だったのだろうか。もし、そうでなかったとしたら、遠藤周作の吉満理解は誤認に過ぎなくなるのか。

「ジャック・マリタンの文化哲学」と題された論考で、マリタンの「中世主義」にふれ、吉満はこう書いている。

マリタンはかく「霊性の優位」、実践人間学の神学性を主張して単純に「中世主義《メディイエヴァリスム》」を唱え過去の中世ヨーロッパを讃美せんとするのではなく、まさに反対に霊性と神性の超越性の故に時間と歴史における実現の具体的適応性を最も現実的に有効に追求することをもって、実践理性の任務なりとなしたのである。(23)

この一節は、マリタンの哲学の中核と誤解され易さの問題、両面を的確に示している。マリタンは「中世ヨーロッパを讃美」する頑迷な伝統主義者ではない。彼が注視し、現代に顕わそうとしていたのは時間的過去の世界ではなく、永遠なる世界である。彼がその境域に接近する営みを「久遠の哲学」と呼ぶのはそのためである。

したがって彼がいう「中世」もまた、数百年前のある期間を示す言葉ではない。むしろ、超越者と人間が強く結びついている状態を示す。吉満の考えに従えば、私たちはもう中世に戻ることはできない、だが「中世」への門は現代においても開かれている、とも言える。吉満が希求したのは、「新しい中世」ではない。「永遠に新しい中世」[24]である。「永遠の今」の現在への顕現である。

「中世」と吉満が言う、それを聞く遠藤はそこに「ヨーロッパ」という言葉を無意識に加えている。吉満が「中世」に戻るのではない、つくるのだというとき、それを聞いたものは、日本にヨーロッパ中世の理想を実現することだと理解した。伝統主義、あるいは西洋主義は吉満をめぐって散見する誤認であり、それは今日まで続いている。

ヨーロッパのキリスト教を日本人がそのまま信じることはできない。人間は徹底的に「コトバ」的存在である以上、魂に響く「コトバ」に遭遇することなく、信仰という出来事は始まらない。「神」を信じるとは、観念の出来事ではなく、全身全霊をもって生きることである以上、人は、宗教に出会い、それを信じるには、祈り、歌、聖典などにそれぞれの母語、母なる「コトバ」を通じて直接ふれる経験を欠くことはできない。

ここでの「コトバ」とは、哲学者井筒俊彦がいうように[25]、必ずしも言語に限らない。コトバとは言語の姿を超えた意味そのものである。それは光であり、色、音、香り、あるいは想念でもあり得る。

中世へ帰れ、と吉満がいったように感じた遠藤が、強く反発したのは当然である。現代日本とヨーロッパ「中世」には時間的不可逆性だけでなく、そこには、容易に埋めがたい「コトバ」、あるいは「文化」的な差異がある。吉満がいう「文化」は、井筒の「コトバ」と共鳴する。井筒にとって「コトバ」がそうであるように、「文化」は、吉満義彦の鍵言語の一つである。「文化」を吉満はこう定義する。

とにかく「文化」はそれが人間的展開なるものとして取られるかぎり、人間的行動の対象領域一般にわたるものであり、そこに最も自然的なる生の営みの物質的領域より最も霊的なる精神活動の示現に至るまで各々人間生活の全体関連において制約しあい秩序づけあう関係において成立するものであらねばならない(26)。

「文化」とは、感覚世界で人間によって造られた現象の総称ではない。むしろ、それは「霊的」世界に淵源する。ひとは「文化」から自由になることができないばかりか、「文化」によって導かれている。「文化」は無数に存在する。なかに一つとして軽視されるべきものはない。すべての「文化」は根源者につながっているからである。だが、人間は、それぞれの母語をもつように、その根源を求めるときも、それぞれの道を進まなくてはならない。それが、吉満の「文化」観の根本である。

さらに吉満は、自身の信じるカトリシズムをこう端的に表現する。「カトリシズムは決して西欧中世のキリスト教型態に過ぎないものではないのである」[27]。

日本のカトリックは、真摯に西洋に学ぶことがあったとしても、そこに終わることがあってはならない、さらに「いかなる民族いかなる国民も神の摂理計画において無意味なるものはなく、神の救済と永遠化聖化にあずかり得ないものとてはない。否な否な一切の民族一切の国民は各々それぞれ独自の個性と歴史とをもって、ただ一回かぎりの他にかけがえのなき使命を負うているとなすのはそもそもカトリシズムの根本主張である」[28]、これが吉満における信仰と哲学の基本軸だった。超越者である「神」は、それぞれの時代に咲いた「文化」という花を通じて、常に固有の出来事として顕われる、というのである。

今日の日本のキリスト教会は、吉満が感じていたように「文化」を重要な問題だと認識しているだろうか。キリスト教はキリストによる救済の普遍性を説くのであって、その際に文化的差異は大きな問題ではないと教会は考えていないだろうか。たとえ日本であっても、キリスト教を根付かせるには、キリスト教がもっとも勢力を広げたヨーロッパの形式に学べば大きく誤ることもないと盲信してはいないだろうか。

もちろん例外的な人物はいた。その典型が先に見た内村鑑三だった。彼の聖書研究は、西欧の宣教師経由のキリスト教ではけっして日本に福音は根付かないと感じたところからはじまっている。内村はキリスト教的なるものを日本化しようとしたのではない。自分にキリストとの邂逅が起こったように、真実のキリスト教は日本において新生すると信じた。それを世界に広めることが自らの使命であることを、彼は疑わなかった。彼には社会組織としての「教会」を日本化してみたところで、そこに魂が呼び覚まされる経験が生まれるとは、とうてい思えなかった。

ある時期、吉満が内村に接近したこと、また、内村への畏敬を生涯失わなかったことはすでに見た。「キリスト教は決して単に西欧のものでもなく、単に東洋のものでもない。それは神と神につける全人類のものである。一切の時間的地上的自然人間的なるものに超絶せるものである。まさにその故に、またいかなる国いかなる民族も彼にとって他人なるものではないのである」[29]、吉満の言葉だが、同じ言葉が内村から発せられたとしてもまったく違和感はない。

さらに、次の吉満の一節には、内村の登場によって照らし出された日本的霊性のいっそうはっきりとした影響が認められる。

われわれは純粋に日本人であって同時にカトリック者たり得るのであり、否な純粋に真正日本人たることとの内にカトリック者たらねばならない。カトリシズムはそが神のものであればあるほどわれわれ自らのものであり、決して西欧人のものとしてわれわれに対するものではない。日本的リズムの内に日本的個性の内に、日本的文化の善なるもの美なるものを超自然的永遠的価値へ高揚せんことにこそ日本におけるカトリシズムの固有の使命はあるのである。[30]

おそらく遠藤は、この一節を知らない。知っていれば、先に見たような発言が晩年になってから発せられることはなかっただろうからである。

ここに見られる吉満は、日本人がキリスト教を生きるとはいかなることかを、自らの生涯をもって証しようとする、一人の徒手空拳の男である。現象としての文化、知識としての哲学をいくらため込んでも真実の意味における「カトリック者」にも「哲学者」にもなれないことを痛感したところから吉満は出発している。「日本的リズムの内に日本的個性の内に、日本的文化の善なるもの美なるものを超自然的永遠的価値へ高揚せんこと」に自らの使命を定めたところに哲学者吉満義彦の原点がある。

直接吉満の言葉を聞き、遠藤はその言葉を誤解している。吉満に問題がなかったとはいわない。吉満はもっと慎重に言葉を選び、丁寧に伝えることもできたかもしれない。だが、二人がすでに逝った今日から見て、吉満がいう「日本におけるカトリシズムの固有の使命」をもっとも忠実に表現してみせたのが遠藤だったことは異論を俟たない。遠藤は吉満に反発したが、反発を探究の力に昇華した。

「中世」と現代をめぐる問題は、一なる神を見失った者が、いかに神々のなかに生き得るのかということでもあった。初期に「神々と神と」と題されたエッセイがあるように、この問題から遠藤は出発している。だが、それは作家遠藤周作の初期に限定されない。日本人であるキリスト者にとって、真に魂の故郷と呼べるものは何かと問うことは、彼の根本問題となって、その生涯を貫いた。晩年に行われた対談で彼が、幾度も吉満にふれ、また吉満やその周辺の人物に関する文章を同時期に書いたのはその表われだった。

ムードンにあったマリタンの住まいは、「セルクル・トミスト（トミストの集い）」と自称していた若者たちの拠点でもあった。そこで吉満は、さまざまな出会いを経験する。吉満は「十数年以前二ヵ年間この雰囲気において親しく懇篤なる指導を受けた[31]」と言いながら、マリタンが「若き詩人画家文人音楽家たちとの生ける思想的精神的接触を通じて[32]」、神学、哲学に留まらない芸術的領域まで親交の輪を広げていることに衝撃を受ける。そこに参加したのは「ベルジアエフのごときロシア哲学者から、カール・シュミットのごときドイツ政治学者、シャガールやセヴェリニのごとき近代画家に及び、特にフランス的カトリックの先輩並びに同友の神学者哲学者文学者に及んで一つの大いなる知識的精神的運動の交流し発出するシンポジオン[33]」、すなわち知の饗宴を形成していた。

先に見たように「哲学」は、単なる学問の一分野ではない。すべての分野に内在している普遍へと通じる「道」である。あらゆる分野に「哲学」は存在する。そこにマリタンが狭義の神学、哲学の領域を超えて文学、絵画、音楽、あるいは政治、経済の専門家とも交流を広げ、また、協同を深めなくてはならなかった必然がある。総合誌を主幹したのもその一つである。

思惟は行動によって深化し、その真偽が試されるというマリタンの真理究明の態度は、そのまま吉満に流れ込む。それは初期に書かれた吉満のマリタン論が、現在の政治をふまえた政治哲学論だったことにも現われているが、それをもっとも顕著に確認できるのは、一九三四（昭和九）年に創刊された雑誌「創造」とその精神を発展させた「現代カトリック文芸叢書」の刊行である。

同人たちはその雑誌を「カトリック総合文芸誌」と呼んだ。ここで彼らがいう「文芸」は、狭義の

「文学」と「芸術」のみを意味しない。それは、マリタンがいう「諸学」に近い。事実、この叢書に収められたのは小説や戯曲などの文学作品だけでなく、哲学歴史に関するものにまで及んだ。科学も例外ではない。戦争がなければ雑誌の刊行は続き、領域は経済、自然科学へと広がって行っただろう。師岩下壮一が神山復生病院の院長として活躍するのを見ながら、三浦岱栄が訳したオカンツィークの『医学の倫理』[34]に序文として「充足的人間観について」を寄せた吉満にとって、医学もまた関心の外にあるはずはなかった。

だが、戦争が終わって数ヶ月すると、吉満が逝き、日本におけるカトリック・ルネサンスの流れは一時停滞する。その伝統にふたたび火をつけたのは遠藤だった。彼の周りには信仰を同じくする作家や芸術家たちが集まった。彼もまたキリスト教の遺産とその今日性を問う、さまざまな出版に労力を注いだ。批評家武田友寿と共に季刊文芸誌「創造」を創刊したとき、彼が吉満たちの同名の雑誌を思い出さなかったはずはない。

さらに遠藤は、遠山一行らと「日本キリスト教芸術センター」と銘打った場所を準備し、文化活動をはじめる。そこでの「月曜会」ではキリスト教に限定されず、仏教、深層心理学などの研究家を招いた。彼は活動の場を医療にも広げ、身体的治療に留まらず人間の心にも光を当てることを提唱する「心あたたかな医療」運動を展開する。

吉満と遠藤の関係を考えるとき、哲学あるいは芸術の伝承に潜む秘儀を感じる。遠藤は吉満の作品を誤読し、その発言を誤認する。だが、誤読が全身を賭して行われた営みであるとき、人は表層的語意を超える何か、言葉の奥に隠された祈りともいうべきものに逢着するのである。

（1）全集第四巻、四一四頁。
（2）同書、四六四頁。
（3）全集第五巻、二四六頁。
（4）全集第四巻、四五五頁。
（5）同書、四一六頁。
（6）遠藤周作、佐藤泰正、『人生の同伴者』春秋社、一九九一年一一月、九九—一〇〇頁。
（7）全集第四巻、七〇頁。
（8）全集第五巻、四五七頁。
（9）同書、四五八頁。
（10）全集第一巻、三一七頁。
（11）同書、二八六頁。
（12）同書、三八四頁。
（13）同書、三八〇頁。
（14）同書、二二三頁。
（15）同書、三八五頁。
（16）同書、三二六頁。
（17）同書、三八五頁。
（18）木村太郎『詩と信仰』公教社、一九四九年二月、二五一頁。

(19) 甲鳥書林、一九四四年。
(20) 全集第一巻、二九九頁。
(21) 全集第五巻、一四五頁。
(22) 全集第一巻、三九五頁。
(23) 同書、三五二頁。
(24) 全集第三巻、一九八四年一一月、四〇九頁。
(25) とくに「コトバ」論である『意識と本質』(岩波文庫)第X章を参照。
(26) 全集第一巻、二一八頁。
(27) 同書、三〇九頁。
(28) 同書、二九六頁。
(29) 同書、二九五頁。
(30) 同書、二九六頁。
(31) 同書、三八六頁。
(32) 同書、三八五頁。
(33) 同書、三八六頁。
(34) ヨゼフ・オカンツィーク『医学の倫理』(三浦岱栄訳)理想社出版部、一九四〇年。

第7章

霊性と実在するもの

一九四四(昭和十九)年十二月、鈴木大拙の『日本的霊性』が刊行された。この本を契機に「霊性」という言葉が広く江湖に知られることになる。霊性は精神ではない。ことに、日本精神というような言葉とはまったく関係がないと大拙は言った。戦争が激化し、「精神」という表現が、国民を扇動する道具になっていくのを見据えながら大拙は、人々の前に「霊性」の文字を突きつけることで、自省と省察を強く促したのである。

霊性は倫理を超える。だが、それは否定を意味しない。包含し、変容する何ものかだと大拙は書いている。「霊性を宗教意識と云ってよい。ただ宗教と言うと、普通一般には誤解を生じ易いのである」[1]、さらに「霊性に目覚めることによって初めて宗教がわかる」とも述べている。

『日本的霊性』が出版される以前から、「霊性(spirituality)」という術語を積極的に用いたのはキリスト教界だった。明治プロテスタントに大きな影響力をもった植村正久の著書『霊性之危機』が出たのは一九〇一(明治三十四)年、さらにそれよりも以前に書かれた内村鑑三の著述にも、「霊性」の文字はしばしば見ることができる。

それよりも古く霊性の文字を用いていたのはカトリックである。彼らは、アッシジのフランシスコの霊性、あるいはドミニコ修道会の、あるいは中世スペイン・カトリックの霊性というように、聖人に代表される特異な個人、信仰共同体、文化における求道性を意味する言葉として「霊性」を用いた。だが『日本的霊性』で大拙は、自分が意味する「霊性」は、「加特力(カトリック)教の教団型」のそれ、すなわち修道会的「霊性」とは質を異にすると記している。

そう書くことで彼が強調したかったのは、おそらくキリスト教と仏教という差異ではない。そこに目を奪われると、この著作がもつ今日性が失われてしまう。問われているのは宗旨の差異ではなく、信仰の在り方である。この一冊がおよそ七十年を経てもなお重要なのは、「霊性」が集団にではなく、個々の人間に宿ることが、著者自身の経験に裏打ちされた言葉で示されているからである。

だが、別々に散った個々人にそれぞれの霊性がある、という認識もまた、大拙の本意とは異なる。あくまでも個でありながら、久遠の伝統に根を張りながら、しかし、集団に没することなく霊性が開花すること、その道を現代によみがえらせることが大拙の眼目だった。霊性そのものは超個己底であるが、それは「個己の上に直覚せられるとき、本当に絶対なのである」(2)とも大拙は言う。次の一節も同書にある。

霊性はいつも一人であり、覿《てき》面であり、赤裸々であるから、古着の世界に起臥することを嫌う。個霊は超個霊と直截的に交渉を開始する。いかなる場合でも媒介者を容れぬ。(3)

「古着の世界」とは、教条で身動きできなくなった宗派的宗教である。「個霊」とは個々人、「超個霊」とは絶対的超越者であり、「覿面」とは、目の当たりにすることである。

霊性の出現においては、必ずしも組織を必要としない。霊性とは、一個の人間が、何の条件も、あるいは妨げもなく、自らを超える者を希求する、本能的衝動にほかならない。

大拙にとって、もっとも重要な問題は「霊」の実在である。「超個霊」との言葉からも感じとることができるように、「霊」の究極態は絶対者である。したがって「霊」の実相を直接認識することは、人間にはできない。だが、「霊性」の働きを感じることは可能である。どういうかたちであれ、「霊性」にふれることができれば、その根源態である「霊」の実在を完全にではなかったとしても強く感じ得るはずではないだろうか、と大拙は問うのである。

「個霊」に目を移してみる。「霊性」の働きの源泉である「霊」は、たとえ肉体が滅んだとしても、けっしてそれに同調しない。「霊」が肉体を活かしているのであって、肉体が「霊」の存続する条件ではない。さらにいえば「死」という言葉が、身体が滅することによる、存在の終焉を意味するのであれば、人はけっして「死ぬ」ことはない。「死」ののちも「霊」は変わらず存在し続ける。大拙にとっての霊性論は、霊の存在論でもあった。ここに、戦争末期だった一九四四年、人々が次々と「死にゆく」ときにこの本が発刊されなくてはならなかった理由がある。霊性論を通じて、大拙が私たちに投じた「個と多」、そして霊の不滅の問題は、現代に生きる私たちにとっても避けて通ることのできない根源的な問いであり続けている。前者は宗教の存在意義を問い質《ただ》し、後者は「死者論」の出現を喚起している。

およそ二年の留学生活を終えて、吉満義彦がフランス留学から帰ったのは、一九三〇年の春である。その翌年の三一年の春から彼は、上智大学と神父の養成校である東京公教神学校で哲学を講じることになった。このころから彼は一冊の本を訳し始める。カール・アダムの『カトリシスムの本質』である。著者カール・アダムは、二十世紀前半カトリック界を牽引した神学者で、この本は、第二ヴァティカン公会議を経た後でも、カトリシズム論の古典であり続けている。その訳書の序文に吉満は、いつの時代においてもカトリシズムの真実は、集団においてより、「ひとり生ける使徒的継承におけるカトリシスムの内に見出される」(4)と書いた。吉満がいう「ひとり生ける使徒的継承」こそ、宗教的事実としての「霊性」にほかならない。

もし、吉満義彦が鈴木大拙の『日本的霊性』を読むことがあったら、と思わずにいられない。キリスト教と仏教のそれぞれの伝統を背景にした、「霊性学」と呼ぶべき新しい叡知の地平を招来する道程が準備されたのではなかったか。

『日本的霊性』が世に出た頃、吉満は病に伏せっていた。亡くなるのは翌年だが、一九四四年の夏には既に著しく体調を損ね、重篤な状態に及んでいた。死すら予期した医師が関係者に集まるようにと声を掛けたほどだった。

『吉満義彦全集』に収録されている論考の中で、彼が「霊性」の文字を初めて用いたのは、『日本的霊性』が出る十二年前、一九三二年に書かれた「ネオトミスムの哲学」においてである。彼はそこで、フランスでの師ジャック・マリタンの「霊性の優位」に言及している。

一切現世的文化においてはまず「霊性の優位」(primauté du spirituel)が支配し、絶対なる愛が秩序づけ、「愛の絶対主義」が確立されてのみ(文化の)積極的建設はあり得る。しかもさらにわれらの文化一切、芸術と思索と実践一切を挙げて、ついに絶対者自身、造られたるものにあらざる愛自身なるものへの愛が、真実のミスティクが、所造なるわれらの最高の活動《タート》である。(5)

「霊性の優位」とは、人間が「神」によって造られた者として生きることの「優位」、すなわち絶対性を意味する。

「人間」とは何かの考察をはぶいて「人間性」を論究することはできないように、「霊」が何であるかを考えることなく、「霊性」を論じても無駄である。マリタンはときに人間における「霊」の顕われを「人格《ペルソナ》」と書く。人間は「人格」を有することにおいて、人間たり得る。「霊」が「人格」と化したとき、人間は真実の意味で生まれ出ると言った方がよいのかもしれない。

また、「人格」は、人と人を結びつける働きでもある。それは「愛」となって世界に顕現する。ここにおいて「霊性の優位」が「愛の絶対主義」と直線的に結ばれる。

「霊性」は愛を生み、愛の働きを促す。愛の働きとは、「造られたるものにあらざる愛自身なるもの」、すなわち超越者である「神」へと帰ろうとすることである。その道程に、神秘の業としての「文化」が開花する、と吉満はいう。彼にとって「文化」とは、単に文明が作り出した技術や現象ではなく、超越者である「神」の呼びかけを前に、被造物である人間が真摯に応答した果実を意味する。

また、「文化」は、人間が自然に、あるいは人間が人間に対して行う営みであるだけでなく、「人間全体の人格的根源者への関連の意識として示現される宗教現象において、つまり社会経済国家民族的倫理性および宗教[6]」として示現する。「人間全体の人格的根源者への関連の意識として示現される宗教現象」とは、大拙の言葉でいえば「個霊」が「超個霊」へと帰趨する自ずからなる働きである。人間の内なる「霊」は根源的衝動性をもって、自らをもたらしたものを求める、それが「霊性」である。吉満において「文化」と「霊性」は不可分の関係にある。「文化」が本当の意味で「文化」たりえるとき、そこには自ずから「霊性の優位」が実現されている。別な言い方をすれば、「霊性」なき「文化」は存在することすらできない。

「霊性の優位」は、マリタンの哲学を理解するとき、見過ごすことのできない鍵文句《キーフレーズ》である。文字通り、万事において「霊性」が優先することを意味する。だがこの一語も、その意味の深みが探究される前に乱雑に用いられ、しばらくすると古びた標語のように捨て置かれた。マリタンにとって「霊性」は哲学的概念ではない。むしろ、万物の存在を司る実在である。

この言葉をマリタンが発したのは、フランス右翼であるアクシオン・フランセーズを率いたシャルル・モーラスが「政治第一」(politique d'abord)、すなわち政治が万事に優先すると発言し、運動を激化させたときだった。(7)

超越からの引力は、どんな状況下においても生きていて、それが人間を突き動かしている。もっとも重要な約束は人と人、人と時代ではなく、人間と超越者との間に交わされている。そうであるなら、いかなるときも最優先されるべきは、その時々の政治的価値ではない。超越と向き合うときに決せられる人間の態度、すなわち「霊性」ではないのか。たとえ政治を考えるにおいても、「霊性」が優位にあることを忘れてはならない。その高次な実践を、インドで独立運動を行うガンディーに見ることができるとマリタンは言った。政治的現象においてだけでなく、知性、理性に対してもマリタンは「霊性」の優位を説く。それはマリタンもその弟子である吉満も変わらない。

だが、その真意を理解しようとするとき、私たちはまず、彼らの人間認識の原点を見定めておく必要がある。次に引く一文も、先に引いた一節と同じ一九三二年に書かれている。「霊性」の一語が吉満のなかで哲学の言葉として、比較的早い時期から定着していたことが分かる。人間の魂は「他の先在する何物よりも造られ得ず神より直接に無より(ex nihilo)創造される」としながら吉満はこう続けた。

この真に人間的常識的な人格的統一的人間理解を深めてわれわれはキリスト教的人格価値観念に論理〔的〕必然的に導かれるのである。而してこの霊性この理性的本体形相の中に、先にわれわれの指摘せるごとく純霊界においては最下級に位するとしても、すでに全き霊なる神への人間の類似があるとすればわれわれはさらにまた「人間は神の姿に典って造られてあり」という根本キリスト教的人間観念にも至るのである。(S. th. I, q. 93)

(「聖トマスにおける人間概念の形而上的構成について」)[8]

ここでも吉満は「人格」と「霊性」をほとんど同義的に用いている。魂は、神によって無から創造される。それは神の姿にかたどって創造される。そこに付与されるのは「人格」であり「霊性」である。したがって、そこには「すでに全き霊なる神への人間の類似がある」と吉満は言う。

先の一文の終わりにあったS. th. とは“Summa theologica”すなわちトマス・アクィナスの『神学大全』に拠ることを示している。吉満だけでなく、マリタンにとってもトマスが説く「存在の類比」は、その哲学における根本的命題であり、また、哲学的信仰の核心でもあった。完全者であり超越者である「神」と人間との間にある「類似」、あるいは、その在り方である「類比」的関係、それがトマス・アクィナスの哲学の根本命題「存在の類比」(analogia entis)である。

(存在の)類比は単に類似のみを強調せんとするものではなく、あくまでも神の超絶性と人間の有限的被造性のいや深き意識を伴うもの、すなわちラテラン公会議の用語をもってすればより大いなる非類似性(major dissimilitudo)をもって記憶せらるべき「所造性」の告白でなければならないのである。
(「文化倫理における神学的問題」(9))

人間が造られた者であることは、不完全であることを示すが、同時に尊厳の証《あかし》でもある。なぜなら、造った者は「神」である以上、人は「神」と同質になることはできない。だがその事実とまったく矛盾しないかたちで、「神」の働きは等しく万人に降り注がれている。その働きの実体が「霊」である。人間に内在する「霊」は、「存在の類比」を証する、もっとも強固な実在でもある。

また、人は、超越者から「霊」を分有された存在だと言える。人は「霊」すなわち「人格」において根源的平等性に立つ。国家、あるいは民族、階級、思想、信仰による条件的差異は、「人格」すなわち「霊性の優位」をけっして脅かすことはない。また、無限者でもある「神」の働きの「類比」は「大いなる非類似性」によって逆説的に証されるというのである。

ドイツ語で書かれた『カトリシスムの本質』の原題は、“Das Wesen des Katholizismus”である。その英訳では“The Spirit of Catholicism”と題されている。ドイツ語の Wesen は日本語で、本質あるいは神髄と訳すこともできる言葉だが、英訳者が選んだように The Spirit すなわち、根源的精神、霊性へと発展的解釈を促す言葉でもある。もちろん、そのことは吉満にも了解されていただろう。彼は書名にこそ「霊性」とは記さなかったが、本文中には訳語として「霊性」の文字を用いている。

この訳文は『吉満義彦全集』には収録されていない。先に全集収録された文章の中でもっとも早く「霊性」という言葉が用いられたとした「ネオトミスムの哲学」の一節を引いた。だが、この訳書が出たのはその三ヶ月前である。この本を吉満に訳すように促したのは岩下だった。岩下はこの本に長文の序文を寄せ、そこでこの本の主題である信仰論に言及し、「信仰はこの「現在《イエット》」と「この場所《ヒーヤ》」と「われ《イヒ》」とを超越的運命の措定と観ずる処に始まる(10)」と書く。

「超越的運命の措定」とは、人間が窺い知ることのできない、神からもたらされた働きを意味する。それが今、ここに顕われること、それが信仰の起源だと岩下は考える。

信仰とは人間の努力に起源があるのではない。人間にとっては、それすらも与えられたものだというのである。さらにいえば、それゆえに失われることもまたない。神はそれを与えることをやめることはけっしてないからである。さらに岩下はこう続けた。


従つて信仰は神と人間主観との排他的関係ではなく両者間の普遍的交渉である。であるからそれは又人間主観相互間の排他的関係の打破でもある。神の内部の直観を有する霊は即ちキリストであり、凡ての主観を統一するものである。(11)

神と人間との不断の交わり、真実の意味における人間相互の融和、魂と肉体のすべての働きを統一する霊なる働き、それが岩下の考える「霊性」である。

また、岩下は人間の根源を決定している何かを「霊」と呼び、その信仰の態度は、「キリスト」であるともいう。彼が「霊」と「キリスト」を直線的に結んでいることにも注目してよい。ここに岩下の血肉化した、また、伝統的なカトリックのキリスト論がある。それは新約聖書のパウロが書いた「ガラテア信徒への手紙」の一節を想起させる。「わたしはもはや生きていない。キリストがわたしの中に生きておられる[12]」(塚本虎二訳)。内なる「キリスト」を見出す道行き、それがカトリシズムにおける生の意味であり、霊性の真実ではないだろうか。

カール・アダムが活躍していた頃、同じドイツ語圏で、プロテスタントを代表する神学者として一身に注目を集めていたのがカール・バルトだった。その業績の質と量、影響力においてバルトが、新旧両教会を射程においても、二十世紀キリスト教界最大級の神学者であることは異論を俟たない。

また、バルトは、プシュワラとアダムを好敵手とみなしていた。エーリヒ・プシュワラが、吉満が留学中もっとも影響を受けたもう一人の師であることはすでに見た。バルトとアダム、そしてプシュワラの間にはトマス・アクィナスの存在論、存在の類比をめぐる神学的応酬があった。先に見たように、カトリックでは、人間と神は、「霊」において単なる表面的類似を超えた、「類比」の関係にあると説く。バルトの信仰は違った。

一九三五年、NHKのラジオで話された「現代の倫理学における神学的問題」のなかで吉満は、バルト神学における人間存在を次のように語っている。

神のみがわれわれの生命の可能性であり、神われらに「然り」Ja をいう故に、われらは根本的《ラディカル》に「否な」Nein の中に立たねばならず、人間行為は根本的に原罪によって無効にされてあるというのであります。罪の赦しと神の恩寵の認識においてはじめて、「われら何を為すべきや？」の倫理的根本問題は真剣にとられるわけであります。かかるバルトの主張にルター＝カルヴァン的な原罪説が、すなわち人間は人祖の罪によって本質的に倫理的能力を破壊されていると考える思想が新しく強調されて甦っていることはすでに明白であります。[13]

人間は本性的に善である、とバルトは考えない。人間の理性をどれほど深めたとしても、倫理の根源を発見することはできない。人間において倫理の源泉を見出そうとする試みは、むしろ「人間性の根源的罪悪性の故に一切の文化と人間倫理の空しくして疑問符に終[14]」わらざるを得ない。原罪の烙印を捺されている人間は、単独者としては人間それ自体では不完全に過ぎない、とバルトには思われた。

ここでの「倫理」は、狭義の教条的な社会規範でない。人間がこの世で、真実の意味で人が善く生きることの起源を意味する。それを探そうとして、どれほど神を無視して人間に何かを見出そうとしても空しい、とバルトは言う。それが彼の思索的帰結であるよりも、彼の信仰体験の事実だった。「倫理」は「啓示」によって神からもたらされるときはじめて、人間に開示される、と彼はいうのである。

「倫理」観において吉満とバルトとが容易に一致しないのは、これまで見てきた霊性の認識からも明らかである。

しかし、人間には「霊」が託されているように、「倫理」もまた伏在している。人間の使命は、それを「神」の助けを仰ぎながら発見することにある、という霊と倫理の存在論において二人は、強く共振する。

戦後日本において、バルト研究は加速度的に進展した。井上良雄の『和解論』の訳業をはじめ、翻訳もすすみ、今日では主著である『教会教義学』はもちろん、主要な著作はほとんど日本語で読むことができる。それほど日本プロテスタント界にバルトがもたらした影響は大きい。

日本とバルト神学の直接的な接触は、哲学者でありキリスト者でもあった瀧澤克己が、師である西田幾多郎の勧めで、カール・バルトに学んだ一九三四年にさかのぼる。しかし、その前年、一九三三年に書かれた「カトリック世界観の根本理念」ですでに吉満義彦はバルトの著書“Das Wort Gottes und die Theologie”(『神の言葉と神学』)に言及している。

さらに、その一年前、先に見た『カトリシスムの本質』に寄せた序文で岩下が、この本がいかにバルト神学と積極的な意味における対決を成し得るかを論じている。

もちろん、吉満はこの岩下が書いた一文を熟読しただろう。さらにいえば、この序文は一九三〇年秋に彼が東大カトリック研究会で行った三回の講演をまとめたものである。おそらく吉満はそれを直接聞いている。時期もちょうど、吉満が留学から帰ってきたころに重なっている。もし、吉満が講演会に参加していなかったとしても、本書の翻訳を決めたとき、岩下と吉満がバルトをめぐって熱意をもって語り合ったことは疑いを入れない。

後年になるほど吉満のバルトに関する発言は積極性を増す。一九四二年の論考では現代人の信仰にふれ、「われわれはカール・バルトの鋭い洞察のうちに、今日福音の信仰の困難はその実践的可能の問題にあり、信仰の困難は倫理の困難にあることの指摘があったことを思い出す(15)」と、高次な意味における倫理――教条的戒律ではない――もまた、信仰の実践が軽視されるなかで、根なし草のようになっていることに論及している。吉満はバルトの言葉に強く啓発され、また、真摯な対決を感じていた。吉満はバルトと本格的に接触した最初期の日本人としても注目してよい。

彼にとってバルトとの対決は、バルトを否定するためのものではなかった。それは空しい営みである。そこにあるのは、理論としての神学の争いに過ぎず、苦しむ信徒が入る余地はない。そうした神学のための神学を遠ざけた点においても二人は接近する。それはすでにキリストの道とはかけ離れた何かになっている。

「教会」をめぐって吉満は次のように述べている。ここでの態度はそのまま彼の神学への態度でもあった。

教会は所詮世紀を貫いて十字架をになってキリストに従うものである。教会は自らの人間的躓きを通じまた自らの信仰の同胞の分裂の苦悩を通じて、結局涙の祈りと愛の苦悩を献げつつ贖い出さるる神の約束の実現さるる主体である。

（「カトリシズムの理解のために」[16]）

「涙の祈りと愛の苦悩を献げつつ贖い出さるる神の約束の実現さるる主体」それが教会である。また吉満は「大衆と共に永遠の教会を築きつつ、民族と国家の霊的力の源泉とならんこと」が真実の「教会」の役割であり、また同時に「われわれは真実の民衆の救いの所在を明瞭にかかげねばならぬと共に、宗教的生命の地盤が常に民衆自体であることを自覚せねばならない[17]」とも書いている。これは吉満の思想的帰結であるよりも、彼が生き、肌で感じた使命だったように思われる。

『カトリシズムの本質』を刊行後、プロテスタント諸派から受けた批判に応えた「カトリシズムの歴史と論理」と題された文章がある。その最後でも吉満はバルトにふれている。そこで吉満は、新旧二つの教会の「対立が永久の対立に終わらざらんことを祈りつつ」、彼の悲願である教会の一致を呼びかける。

誤解を恐れずに言えば、ここでの「一致」とは、聖書の訳文を共同で作る作業とは異なる営みである。「一致」とは、差異を無くすることではなく、むしろ相互の視座から見た「大いなる非類似性」の発見であり、その是認にほかならない。

一九三三年二月、吉満は結婚する。妻となった人は小林輝子という。彼女の思い出を吉満雪が書いている。吉満義彦の弟は義敏といい、その妻が雪である。妻となった輝子との出会いは十代にさかのぼる。鹿児島高校に進学することになった吉満は生地徳之島から鹿児島へと居を移す。そのときの大家の娘が輝子である。結婚したとき、吉満は二十九歳だった。同じ年の五月、輝子は亡くなる。

結婚を決めたとき、残されている時間が長くないかもしれないことは、二人にも分かっていた。それを知って彼らは結婚したのである。二人にとって結婚は互いの約束であるより、神から与えられる秘蹟だった。カトリックにおいて結婚が秘蹟であるのは、それを受ける二人が、互いにとって自己よりも近い他者に変貌するからである。

輝子と義彦をめぐって、遠藤周作がエッセイを書いている。

先生の机には若い、うつくしい女性の写真がおかれてあった。それは先生の若い頃、亡くなられた婚約者の写真だと寮生の一人が教えてくれた。この婚約者の女性は結核で早く亡くなられたが、臨終の時、先生は司祭をよんで二人だけの結婚式をあげられ、以来、先生は独身を守られたのである。いや、独身という言葉は間違っている。ある日、先生が一度、

「私は結婚をして妻が死んだのです」

きっぱり言われたのを憶《おぼ》えているからだ。

（「吉満先生のこと」(18)）

「臨終の時、先生は司祭をよんで二人だけの結婚式をあげられ」という遠藤の記述は正確ではない。輝子が亡くなったのは結婚式から三ヶ月後のことである。彼女が病床から起きることはなかったが、

二人にはおよそ九十日の夫婦生活があった。

輝子こそ吉満義彦にもっとも真摯な影響を与え、死後も支え続けた人物だったのではないか。妻の生前の論考を読んでそう感じるのではない。むしろ、彼女の没後に書かれたすべての作品に彼女の働きを感じる。妻の死を経たあと、吉満の言葉は、それまでとは異なる次元からの働きかけをともなっているように感じられる。

たとえば、妻の死を経験した吉満にとってダンテの『神曲』の世界は、もう一つの現実となった。人はしばしば『神曲』の「地獄編」に強い関心を示すが、「煉獄編」「天国編」は必ずしも同じ熱意をもって読まれない。しかし、妻を失った自分にとって「煉獄編」「天国編」はかつては感じることができなかった現実感をもって迫ってくると書いている(19)。

若くして逝ったベアトリーチェは、ダンテにとって永遠の伴侶だった。「われわれは再びダンテのごとくヴェルギリウスを、しかり最も純正なるヒューマニズムを携えてベアトリーチェに恩寵のミューズに導かれて地獄を征服して、天使の歌をともに高く歌う気力をもってはならないのか(20)」、との記述も彼には、自身の身に起こるだろう出来事に感じられた。ダンテにとって天界のベアトリーチェが実在したように、天上界、あるいは天使もまた吉満義彦にとっては「実在するもの」だった。

輝子が亡くなった同じ年に書かれた「実在するもの――聖母被昇天前夜の感想――」と題する吉満のエッセイがある。彼が妻のことを直接語った、ほとんど唯一の文章であり、また、吉満の哲学と信仰を理解する上で、もっとも重要な一文でもある。そこで彼は、ニューマンの世界観をめぐって、生者と死者の関係にふれる。

ニューマンにとっては見えざる世界が彼の関心事であり彼の心を占領したので、そは彼の真の故郷であった。ニューマンと同じあるいは彼よりすぐれたる徳をもてる他のキリスト者が努力なしには傾倒できなかったろうものが、彼にとってはむしろ傾向性であり、天使を考え、見えざる霊を考えることは「知的歓び」に充たさるることであり、彼においてはそのイデアルな実在への執着において詩と信仰とは合致していたのである。彼にとっては見えざる霊界こそ唯一の実在であり、見ゆる感覚的世界は過ぎゆく「影と写し」にすぎない(21)。

不可視な世界の出来事がニューマンの心を領していた。そこが真の故郷であることを彼が知っていたからだと吉満はいう。妻の死を経た吉満にとっても、彼岸は遠くにある場所ではなく、むしろ現実界における距離とはまったく別な意味で、彼の日常に隣接したものになった。「見えざる霊界こそ唯一の実在であり、見ゆる感覚的世界は過ぎゆく「影と写しにすぎない」」それはニューマンを語る言葉であると共に、吉満の信仰告白だと考えてよい。

この作品で吉満が「実在するもの」と呼ぶのは肉体の死のあとにも存在する死者、いわゆる「生ける死者」である。彼にとって、「死者」はすでに信じる対象ではなく、その「実在」をまざまざと感じる不可視な隣人である。さらに彼は、信仰生活における「実在」の感覚の変貌にも言及する。

かくして私は聖母の思いより諸聖人の通功に、而してニューマンの「見えざるものの実在感」の敬虔に思いをつなぎ、かくてまたカトリック人間の呼吸する世界、カトリック世界において「実在するもの」の意味を考えた。(22)

「実在するもの」に人は、呼吸するようにふれているのである、と吉満はいう。このとき吉満の信仰世界は大きく次元が変化している。かつて彼にとって「実在」は感じ得るものではあったが、息を吸い込むようにその働きを全身にみなぎらせるものではなかった。「呼吸」を語りながら彼は、息吹を意味するギリシア語「プネウマ」が同時に、聖霊を意味することを思い出していたのかもしれない。

妻の死を契機に「実在するもの」の意味を考えるにあたって彼は、聖母であるマリア、そして「諸聖人の通功」(今日でいう「聖徒の交わり」)、そしてニューマンに助力を仰ぐ。ここに一切の比喩はない。マリアも諸聖人もニューマンもまた、吉満にとっては「生ける死者」だった。このエッセイの終わりに吉満は次のように記している。

私は自ら親しき者を失って、この者が永久に消去されたとはいかにしても考え得られなかった。否な、その者ひとたび見えざる世界にうつされて以来、私には見えざる世界の実在がいよいよ具体的に確証されたごとく感ずる。最も抽象的観念的に思われたであろうものが最も具体的に最も実在的に思われてきた。見えざる実在の秩序を信ずることとその存在を具体的に感ずることとは自ら別である。私は親しき者を失いし多くの人々とともに、失われしものによって最も多くを与えられる所以を今感謝の念をもって告白し、このまとまらぬ感想をとどめたいと思う。(23)

「見えざる実在の秩序を信ずることとその存在を具体的に感ずることとは自ら別である」、この一節が言葉になったとき、吉満本人もまた驚いたのではなかったか。「実在」を信じることと、それを感じることはまったく別なことである。私たちが求めるべきは信じることよりも、それを感じることではないのか、と吉満は言うのである。

妻を喪って、彼はその存在は永遠に失われたとはとうてい思えなかった。それどころか、彼女が不可視な世界に移ってから、自分はその世界をいっそうはっきり感じると吉満は書く。また、かってはもっとも抽象的であると思われてきたものが、じつはもっとも「実在的」であることも今は歴然たる事実として経験されていると言う。

たとえ、それを感じることができなくても、私たちは信じなくてはならない、宗派的宗教はこれまで、そうした無理を人々に強いて来なかっただろうか。信じられないという者に、信仰が浅いと言ってはこなかっただろうか。吉満が立っているのはまったく異なる地平である。彼は「私は親しき者を失いし多くの人々とともに、失われしものによって最も多くを与えられる所以を今感謝の念をもって告白」するとすら言った。「死者」こそが、私たちを真実の「実在」の深奥に導くというのである。

あるとき、岩下は吉満に、魂を語ろうとしない哲学の現状を前に嘆息したが、[24]ここで吉満は死者を語ることを忌諱《きき》する近代を嘆いてもいる。宗教者にとって概念となってしまった死者を、どうしたら哲学によって「実在」たらしめることができるか。妻の死を経て死者を論じることは彼の重要な主題になった。また、妻の死は哲学だけでなく、彼の信仰の態度にも決定的な影響を与えた。

「死者を最もよく葬る道は死者の霊を生けるこの自らの胸に抱くことである」[25]と吉満は書いている。こうした言葉も妻の死と新生を深く実感した経験からしか生まれまい。亡くなってから輝子は、いっそう強い影響を吉満に与え続けたのではなかったか。

(1) 鈴木大拙『日本的霊性』、一七頁。
(2) 同書、一二七頁。
(3) 同書、一三七頁。
(4) カール・アダム『改訂カトリシスムの本質』(吉満義彦訳)吉満義彦による「改訂再版訳序」岩波書店、一九三四年一二月、二九頁。
(5) 全集第一巻、三二六頁。
(6) 同書、二一八頁。
(7) 同書、三八一頁。
(8) 全集第二巻、一九八四年一〇月、二九一頁。
(9) 全集第一巻、二三一頁。
(10) カール・アダム、前掲、岩下壮一による「邦訳の読者のために」、二一頁。

(11) 同書、二一一頁。
(12) 「ガラテヤ人へ」塚本虎二訳新約聖書刊行会編『塚本虎二訳　新約聖書』新教出版社、二〇一一年九月、五九二頁。
(13) 全集第一巻、三六七頁。
(14) 同書、三六六―三六七頁。
(15) 同書、一七三頁。
(16) 同書、三一四頁。
(17) 同書、三〇六頁。
(18) 遠藤周作「吉満先生のこと」『心の夜想曲《ノクターン》』文春文庫、一九八九年二月、一三八頁。
(19) 全集第四巻、四六三頁。
(20) 全集第五巻、一七頁。
(21) 全集第四巻、四六三―四六四頁。
(22) 同書、四六六頁。
(23) 同書、四六六頁。
(24) 全集第二巻、三一二頁。
(25) 全集第五巻、三八五頁。

第8章
聖母と諸聖人

妻の生前は、豊かであるがゆえに理知に傾きがちだった吉満の文章も、輝子の死後は、血で書くような無私の告白の色彩を帯びてくる。その端的な表現であるエッセイ「実在するもの――聖母被昇天前夜の感想――」を彼は、次のようにはじめている。

> 天使の御告を深く胸中に秘めて思いめぐらされていた幽しく深き天主の聖母故に、この「母」について、われわれ信徒の魂の敬愛と祈りを、われわれ一人々々の最内奥に属する過去のまた現在のさまざまの愛の秘密を敢えて告白する術を知らない。それにはただ詩と祈りとのみが賛歌と黙想のみが〔相〕応わしい(1)。

主イエスを身籠ったとき、天使からの告知をマリアは無音の声として聞いた。ゆえにこの「母」に向かってする愛の秘密の告白もまた、容易に言葉になろうとはしない。それは詩と祈り、あるいは讃歌と黙想のみがふさわしい、と吉満は言う。

ここで彼は輝子の名前を出してはいない。だが、「私は自ら親しき者を失って、この者が永久に消去されたとはいかにしても考え得られなかった」との記述からも、「さまざまの愛の秘密」の中心に輝子への思いがあることは明らかだ。

だが、ここで吉満が試みているのは単なる個人の表白ではない。彼は自身に起こった、まったく個的な出来事でありながら、それがかえって普遍の世界へと彼を導くという人生の不思議を、自らの信仰の伝統に寄り添いながら綴ろうとする。吉満は、死者に対する自らの思いを、直接イエスにではなく、あえて聖母に向かって沈黙のうちに打ち明ける。先の一節に続けて吉満は、カトリシズムにおけるマリアの位置を、次のように語る。

カトリック教理においては聖母は神の母、真正叡智の座としてのみでなく、「諸聖人の通功」の教理につながり、天使の元后、殉教者証聖者の元后、信者の慰め助けとして「力ある」「忠信なる」童貞である。(2)

マリアは、信徒にとって永遠の「母」であると共に、真正なる叡知の具象、天使界に君臨する女王であり、殉教者や聖者の世界をも治めている。それだけでなく、マリアは助けを乞い、慰めを希求する一人ひとりの信徒をけっして見棄てることのない、力強き同伴者でもある。

この世にあるときイエスは、人間としての苦難を背負って生きたが、人間ではない。イエスは、この世の罪を贖う者、救い主《キリスト》であり、「神」である。霊肉の相克と調和を同時に生きなくてはならない不完全な存在である人間にとって、ときにキリストへの道は険しい。一方、私たちと同じ立場にありながら、神の威光の表現者であり、カトリック信徒にとって慈愛の象徴であるのが、イエスの母、聖母マリアである。

「神」は、高次の意味における「霊」そのものである。万物は「霊」からその本質を分け与えられることで誕生する。したがって人間もまた、霊的存在だといえる。その人間における個霊が存在の根源である大霊ともいうべき超越者を希求する、それが霊性である。人間はいつも大霊を求める。

しかし、霊と共に肉体を持つ私たちにとって、この世において純粋に霊的であることはできない。さらにいえば、そうであることを求められてもいない。肉体は神聖なる「霊」の器である。カトリックは肉体を軽んじない。肉体があるゆえに甘受しなくてはならない困難、あるいはそれゆえにある希望、そこに意味を見出すこと、それ自体が生きることの意義でもあるからだ。

かつては「使徒信経」と、現代では「使徒信条」と呼ばれる信仰告白にも、「からだの復活」が謳われる。信徒はミサに参加するとき、かならずこの言葉を唱える。今でも日曜日にはさまざまな言語によってではあれ、数十億人によって唱和されている。

天地の創造主、全能の父である神を信じます。
父のひとり子、わたしたちの主イエス・キリストを信じます。
主は聖霊によってやどり、おとめマリアから生まれ、
ポンティオ・ピラトのもとで苦しみを受け、
十字架につけられて死に、葬られ、
陰府《よみ》に下り、三日目に死者のうちから復活し、
天に昇って、全能の父である神の右の座に着き、
生者と死者を裁くために来られます。
聖霊を信じ、聖なる普遍の教会、聖徒の交わり、
罪のゆるし、からだの復活、永遠のいのちを信じます。アーメン。(3)

第二ヴァティカン公会議以前、かつて「使徒信経」と呼ばれた時代には、次のように記されていた。文語体であるだけでなく、そこに刻まれた律動はいっそうなまなましく祈りの実相を浮かび上がらせる。吉満が口にしていたのも次の言葉である。

われは、天地の創造主、全能の父なる天主を信じ、

またその御独《ひと》り子、われらの主イエズス・キリスト、
すなわち、聖霊によりて宿り、童貞マリアより生まれ、
ポンシオ・ピラトの管下にて苦しみを受け、
十字架に付けられ、死して葬られ、
古聖所に降《くだ》りて三日目に死者のうちよりよみがえり、
天に昇りて全能の父なる天主の右に坐し、
かしこより生ける人と死せる人とを裁かんために来り給う主を信じ奉る。
われは聖霊、聖なる公教会、諸聖人の通功、
罪の赦し、肉身のよみがえり、
終りなき命を信じ奉る。アーメン。(4)

ここには、万人がいつか新しき「からだ」で再びまみえることが宣言されている。死とは何かの終焉ではなく、新しく生まれることであることが明示されている。

生は、肉体の霊化を経て「からだの復活」あるいは「肉身のよみがえり」に至る。ただ、そのよみがえりが、物的再生のように行われるとカトリシズムは考えていない。よみがえる「からだ」とは、物理的な肉体ではない。むしろ、完全なる「からだ」、霊に充たされた「からだ」である。だが、その神秘は私たちの肉体もまた、この世で「霊」によって包まれていることを否定しない。マリアもま

た、私たちと同じ、肉体を有するがゆえの艱難を経験しなくてはならなかった。彼女の生涯は肉体の霊的開花のもっとも美しい軌跡でもあった。肉体が滅したあともマリアは、実在している。それはカトリックの中軸をなす信仰となっている。その事実は、万人に死者としての「生」が開かれていることを体現している。

また、マリアの存在は「「諸聖人の通功」の教理につなが」る、と吉満は書く。「諸聖人の通功」は、先に見た「使徒信経」にも、聖霊、公教会、罪の赦し、肉身のよみがえりと共に、キリスト教における信仰の根幹にある重要な教理としてあげられている。現代ではそれを「聖徒の交わり」と記す。

「諸聖人の通功」は、ラテン語で communio sanctorum と書く。sanctorum は「諸聖人」、communio は「通功」、すなわち「交わり」を意味する。communio は、英語のコミュニオン communion の原語に当たる。日常生活での交わりを指す言葉にはコミュニケーション communication があるが、communion にはそれを超えゆく語感がある。コミュニケーションが、生者間の意思疎通を意味するのに対し、コミュニオンは、歴代の死者との交わりを意味する。

マリアもまた、聖人の一人である。先の一文で吉満が「殉教者証聖者の元后」と記していたように、マリアは殉教者、聖人の世界においてもその頂きにある。「聖人」は、カトリック教会(あるいは正教会)が認める聖性の体現者への呼称だが、例外なく彼らは「死者」でもある。死を経ることなく、聖人になることはできない。生前から聖人のごとく仰がれる人物はいるが、彼らは未だ「聖人」としては認められていない。死の門をくぐることで、その道は完成する。

聖人への信仰は、カトリックとプロテスタントを分ける。プロテスタントは聖人を認めない。一方、カトリックは、聖人たちがいつも生者と共に働く、すなわち「通功」していると信じている。次の一節にあるように吉満は、マリアと歴代の「諸聖人の通功」、すなわち聖人との霊的交わりを経て「実在するもの」とは何か、あるいはその道程におけるカトリックの使命とは何かを考えようとする。

私の今日の感想はむしろこの第二の「諸聖人の通功」の教理につながる点に関してである。実に聖母を頭とする霊的一切の所造の、天使聖人一切の魂をつなぐ見えざる霊の王国、見えざる天上と見ゆる地上を凱旋勝利の栄光の教会と、浄罪苦悩の教会をつなぐ「愛」の大交響楽、これは実にカトリックの本来の世界である。(5)

聖母、天使、聖人、そして生者を包含する「霊の王国」がある。その見えざる天上界と見える地上をつなぐ「教会」の復権、そして罪への真摯なる対峙とその浄めの出来事、それらが生起する場所こそが、「実にカトリックの本来の世界である」と吉満はいう。そう彼が書くとき、カトリック信徒にのみ、その恩寵がもたらされるというのではない。むしろ、可視的世界と不可視な世界との融合を実現し、そこに「愛」を顕現させることによって、贖罪の恩寵をあまねく告げ知らせること、それが現代に生きるカトリックの責務だというのである。

その実現のために生者はどうしても死者の助けを借りなくてはならない。死者と協同することによってはじめて、それが実現される。「諸聖人の通功」は、その道が開かれていることを教える。

さかのぼれば吉満は、「私の改宗」で自らの改宗の理由の一つに、カトリックに「諸聖人の通功」の教理があることを挙げていた。また、彼が同時代の思想書でもっとも影響を受けた一冊であり、自ら訳したカール・アダムの『カトリシスムの本質』をめぐっても彼は、その中核は死者論でもある「諸聖人の通功」を論じた章にある、と語った。カール・アダムは「諸聖人の通功」における二つの側面を論じる。一つは聖人と交わりにおいて霊的に生き、かつ、「善功の共同」を実践すること、善き行いを諸聖人の助力のもとに行うことである。そしてもう一つは、次のように述べられている。


世を去れる一切の魂との、即ち祝福されたる者として既に光耀の状態においてその神を観想す可き魂にせよ浄化の状態において此の観想を待つ可き魂にせよ、すべて此等の魂との生き生ける交りをも意味するものである。(6)


「通功」とは、聖人のように「既に光耀の状態」にある者に限らず、罪を悔い改め「浄化の状態」にいるすべての「死者」たちとの交わりを意味する。

聖人ほどに大きな権能を託されてはいないとしても、すべての死者にとって生者と共に在ることは、避けがたく定められた神聖なる義務となる。

先に見た「使徒信条」の引用にあるように、「諸聖人の通功」では分かりにくいとされ、今日ではカトリック、プロテスタント共に「聖徒の交わり」と記すことになった。平易をねらった言い換えは、しばしば本当の意味を喪失するが、この一語も例外ではない。「諸聖人の通功」は、「聖徒の交わり」と改められ、その原意から遠く離れてしまったように思われる。

「聖人」を認めないプロテスタントにおいて「聖徒」は、死者から離れ、生者であるキリスト教信者を意味する、と理解されている。カトリックにおいて「聖人」への敬愛と信頼は生きているが、その存在は果たしてアダムが指摘したように「死者」への扉となっているかどうかは容易に判断できない。

今日、死者を実在として語ることをほとんど止めてしまったかに見える点では、プロテスタントとカトリックの差異はほとんど判別が難しい。本来的には死者の宗教でもあるカトリックにおいても、「コミュニオン」は次第に「コミュニケーション」化して、死者の居場所はどんどん小さくなっている。さらにいえば死者は生者が祈る対象ではあるが、協同する同伴者としては次第に認識されていなくなりつつあるように思われる。

だが、それは今日にはじまったことではないのだろう。吉満の時代からすでにその兆しはあった。そうでなければ先にも見たように吉満も「実にカトリックの本来の世界である」と強調する必要もない。彼のエッセイは死者の実在に沈黙を守ろうとする宗教界への異議申し立てにもなっている。

プロテスタントから、ことに無教会からカトリックへの改宗の遍歴を語った吉満の「私の改宗」は、岩下の求めに応じて書かれたことはすでに見た。当時、内村鑑三が率いる無教会からカトリックへの改宗者が断続的に現われた。先の吉満に原稿を依頼する岩下の手紙にも「帝大の研究会〔東京大学のカトリック研究会のこと〕の中堅は、ex-protestant〔プロテスタントからの改宗者〕ばかりになってしまった」(7)との記述がある。だが、改宗した一方で吉満は、生涯にわたって内村への畏敬を抱き続けてもいた。ときにはプロテスタントに対して苛烈なまでの言葉を差し向けた彼だったが、信仰者内村鑑三には宗派を超えた親近感を抱いていた。その理由の一つに内村が死者との交わりを公言することに躊躇しなかったことがあるように思えてならない。吉満がキリスト教に接近したのも近親者の死を経験したことが契機だった。

次に引くのは内村が愛娘ルツ子を十八歳で喪った一九一二年、親友宮部金吾の求めに応じて、母校があった札幌に赴いたときに行った講演の記録である。ここで内村は死者を語る。このとき内村は、一日も惜しいという多忙のなか多日を費やして旅をし、到着後休む間もなく数日間に十三回の講演を行った。「十三回の集まりをこれという失錯もなく、少しも力も抜けずになし終りましたのは不思議な位であります」と言い、内村はそこに死者の助けを感じざるを得ないと続ける。さらに彼はこう語った。

私は死者の存在を信ずる者であります、こんな仕事をする時に、私共と心を同じうし世を去りて天にある人が助けて呉れると云ふ事を信じます。そんな事を云ふのはプロテスタントではない、天主教〔カトリック〕だと云ふならば、私は天主教で良いのであります。

私はクラーク先生に助すけて下さる様にいのりました、シリー先生に今度は私を助けて下さる様にと祈りました、此の人、あの人、私の死んだ娘にまでも御前のお父さんを助けて呉れといのりました、キリストが助けて下さつたのみならず、私の愛する人々、私の娘までも慥に私を助けて呉れたと思ひます。

（『内村鑑三講演集』(8)）

「私は死者の存在を信ずる者であります」と高らかに言い、いつも死者に助力を乞う者であると告げる、その言葉のうしろには、日常もまた、死者によって支えられているという内村の死者に対する強い信頼がある。

死者は、単なる援助者であるよりも、協同者として臨在する。また、死者は、生者の真摯なる願いにいつも「心を同じうし」、「助けて呉れる」、そう感じる彼にとって死者の国は、生者が暮らす世界の遠くにあるのではない。吉満にとって「霊の王国」がそうだったように、むしろ、死者の国が生者の国を包む。

娘ルツ子の死は、吉満にとっての輝子のそれと同じく、内村における魂の分水嶺になった。このとき内村はキリストの復活の真意を体験し、その出来事はのちのキリストがこの世に再び顕現することを説く、彼の再臨運動の中核的経験になってゆく。

ここで内村は、クラーク、シーリーの名前を挙げている。クラークは内村がキリスト教と出会った札幌農学校を介しての「師」である。シーリーは、内村が出会ったプロテスタントのキリスト者で、アメリカのアマースト大学の学長をつとめた人物だった。
この講演のほかでも内村は、しばしばシーリーにふれる。彼がシーリーと出会ったのは一八八五年、二十五歳のときである。シーリーは内村がその生涯で出会った人物のなかでもっとも強い痕跡と影響を残した人物のひとりだといってよい。邂逅から二十年後、一九〇五年に書かれた『キリスト教問答』で内村は来世に言及しながら、かつて恩師から受けた衝撃をなまなましく語る。
当時アマースト大学の聴講生だった内村は悩みを抱えて学長室にシーリーを訪ねる。読書中だったがシーリーは内村を歓迎し、静かに内村の話に耳を傾けた。そして、彼は部屋に飾ってあった一枚の油絵を指差し、「小児のような余念なき口調」で言った。

「内村君よ、あれは私の妻であります。彼女は二年前に私どもを逝《さ》りまして、今は天国にありて私どもを待っております」と。言い終わって先生の温顔《おんがん》を仰ぎ見ますれば、眼鏡の中なる先生の大なる眼球はいっぱいに涙をもってひたされたのを見ました。私はじつにその時ほど明白に来世の実在を証明されたことはありません。先生の大知識をもってして、かくもありありと、墓のかなたにうるわしき国のあるのを認められしのを見まして、私は自己の小なる頭脳《あたま》をもって、たびたびその存在について疑いをいだいたことを深く心に恥じました。(9)

歳月を経たあとも、その瞬間がまざまざと思い出されていることからも明らかな通り、この出来事は内村の信仰に決定的な影響をもたらした。

亡妻との再会を疑わないとシーリーが言うそのとき、内村は死者を窓として、活けるキリスト教にふれる。このとき彼にとって「キリスト教」は社会現象としての一宗派ではない。死から復活したキリスト自身との遭遇という出来事だった。

ここでキリストは「人」でありながら、永遠の救済という「こと」としても顕現している。「人」であり「こと」であるとは奇妙に聞こえるかもしれないが、むしろ、「人」が、ただちに「こと」であることが矛盾しない次元、そこがキリストの世界であるといった方がよいのかもしれない。キリストでなくても死者と出会ったとき、私たちはそこに「人」の臨在をまざまざと感じると同時に、それは人生におけるかけがえのない「こと」であることも感じている。キリストは生者のみならず、「生ける死者」の王でもある。「キリスト彼自身であるというのが、キリスト教の根本的真理である」(「現代思想とキリスト教」[10])と内村は書いている。キリスト教とは教理の集積ではなく、キリスト自身との邂逅をいうと内村は信じている。

死者との協同を告白するとき、内村は一切の教理、教学から自由なところで発言する。既成の教説から出発せず、内心の真実を語る。そこにはいつも人間ゆえの不完全性と堕落の危機が随伴するが、真なる信仰の言葉は、これ以外の場所には顕われようとしない。

新旧両教会のドグマから独立し、生涯教会に属さない一信徒の立場を貫いた内村が、死者をめぐって、同時代のどのキリスト者よりも直接的な発言を残していることは、近代日本のキリスト教精神史を考える上でも改めて注目してよい。この事実は、このときすでに既存のキリスト教会がおもむろに死者に対して口を閉ざしていたことを傍証してもいる。「死者の神学」ともいうべき霊性の顕われは、内村以降、その後継者である矢内原忠雄や藤井武、藤本正高にも受け継がれ、無教会的霊性の伝統の一翼となっていく。

ここで内村と吉満の経験を挙げ、表層的な類似を指摘したいのではない。むしろ、それぞれの経験の絶対性を確認したいのである。「真実なるものは一つそれだけで見るよりも比較せられるときに本当にその絶対専制的支配権を行使するもののごとく思える」(11)と吉満が書いている。吉満も、「諸聖人の通功」という教理で自己の喪失感を埋めようとしていたのではない。むしろ、これまで無数の人々が経験した「死者の誕生」ともいうべき出来事の証人として、彼もまた、静かに自らの告白をその信仰の伝統の新生という出来事の前に捧げようとしているのである。

カトリックにおいて、死者がいかに固有の役割を果たしているか、吉満はミサにふれながら論及する。ミサは、カトリック教会でイエスの最後の晩餐を記念して行われる祭儀である。ミサは単なる儀礼ではない。司祭と信徒、そして死者と天使の協同による場の創造であり、永遠の今の招来である。ミサは吉満にとって「哲学」の始原を今によみがえらせる行いでもあった。彼にとって「哲学」は、「単なる理論と推理、予想と希望」ではない。むしろ、日々生活のなかで緊迫した瞬間として、また、「無限の高揚と荘美と深遠の実在として」信徒によって新たに経験される恩寵の表現である。ミサは、その事実が今に生きていることを鮮やかに告げる。

それ〔カトリック哲学〕が単なる理論と推理、予想と希望のみでなく、日々に新たなる体験として、最も緊張せる生活現実として、無限の高揚と荘美と深遠の実在として具体的にカトリック者には生きられている。そはキリスト教の全内容の妙しき総括としてのミサ聖祭と、そこより出づる全生活内容、意識内容以外のなにものでもない。われわれはここに見えざるものの最も実在せることを意識し、諸天使・諸聖人・殉教者而してわれらの心を注いでそのために祈るものの霊とともにあるのである。ミサ聖祭においてわれらは「神とわれ」とのみ対しているのではなく、かかる見えざる主につける者の群団とともに三・一なる神に対し真実の十字架贖罪の業《わざ》に面しているのである。(12)

「キリスト教の全内容の妙しき総括としてのミサ聖祭」と吉満がいうとき、そこにあるのは単なる祭式ではない。それは、絶対者の顕現体である叡知と、それに応える人間の営みである祈りの交わりにほかならない。「妙しき」と吉満が書かずにはいられなかったように、ミサは、理性的世界の彼方において生起する。そこで信徒は、神と一対一で向き合うのではない。そこには天使、聖人、殉教者たちがいつも臨在する。むしろ不可視な存在の群れと共に罪の贖いを身に受けること、そこにミサの中核がある。

カトリックの信徒はミサで、イエスの「からだ」として聖別された種無しパンである聖体を「拝領」する。「聖体」はキリストのからだとなっている。それは単なる象徴ではない。そこには聖変化と呼ぶべき出来事が生起している。それがカトリックの信仰である。そのとき信徒は永遠なるイエス、「復活のキリスト」と直面する。そのとき人は、今ここに生きることが、同時に永遠とつながっていることを全身で知る。ここに「カトリック哲学」が胚胎する。人間は「聖体」を「拝領」することでイエスの死による贖罪を今の出来事として経験する。

英語で聖体拝領をCommunionという。それは、死者との交わりであるcommunionを大文字表記することで、聖体拝領が、死者の王でもあるキリストとの交わりであることを示す。

エッセイ「実在するもの」で、二つのコミュニオンとその異同は言及されていないが、もちろん吉満には深く理解されている。死者を語りながら彼は、キリスト教は本源的に生者と死者の間にある事を明示しようとする。キリスト教、あるいはカトリシズムとは、生者の信仰にとどまらず、すべての死者そして、天使までも含んだ共同体の信仰への呼称であることに注意を促す。彼にとって信仰とは、生者によってのみ育まれるのではない。それは死者、聖人そして天使たちとの協同の営みだった。ミサの本義を論じることで吉満は、communion(死者との交わり)の玄義を見失ったキリスト教が、どうしてCommunion(聖体拝領)の深奥にふれ得ようかと問うのである。

「見えざるもの」との関係の回復、そしてそれらとの協同、それは近代カトリシズムが直面していた最大の問題だった。このとき革新運動の先頭に立ち、改革を断行したのが枢機卿であり、同時代を代表する思想家でもあったジョン・ヘンリー・ニューマンである。「実在するもの」は、吉満が、どのようにニューマンを読んだか、さらにニューマンが試みた霊性の改革の中軸がどこにあったのかを物語る。

かく見えざるもの、不朽なるもの、実在と持続、見ゆるものと見えざるもの、愛の交易の共同体において、唯一の中心に注ぎゆく生命の動きこそカトリシスムではないのか。ニューマンならば言うであろう。「それは真ならざるべくあまりに美しい幻である」と。

しかり一切の人類の魂の憧憬が産み出した宗教的神話と夢は、唯一の実在せるもの、一切の実在を実在たらしむる最も自らなる実在の親しく自ら示現し保証せる真理としてカトリシスムにおいて最も純粋なる真正なる実在性を与えられたのである。(13)

「一切の人類の魂の憧憬が産み出した宗教的神話と夢」とは、「使徒信条」の最後の一節にあるように「罪のゆるし、からだの復活、永遠のいのち」にほかならない。ニューマンは、それがたとえ真実でないとしても「あまりに美しい」その姿に聖性を感じざるを得ないという。また、カトリシズムとは、「見ゆるものと見えざるもの、愛の交易の共同体」であると吉満は言う。カトリシズムでは「教会」を多層的に捉えている。この世にある教会と、死者たちによる「教会」である。

それは二千年続くカトリックの伝統の根幹ではなかっただろうか。今も、それは個々の信仰者のうちに生きているに違いない。

教会は、聖堂のなかで、また、個々の祈りのなかで死者との交わりを実現するだけでは不十分である。それがあることを世に明示すること、生きるとは死者と共に生きることであることを、はっきりと世に告げ知らせることが教会の役割ではないだろうか。愛する者との離別を経験した者にとって、死者が今も「生きている」だけでなく、かつてよりも深く生者と共に働いている事実を知ること以上の慰めはないだろうからである。教会をめぐる次の吉満の言葉は、今も新しく、また鮮やかに私たちに語りかける。「ミュステリオン」とは「見ゆるものと見えざるもの」による協同、すなわち死者たちと共にある霊なる密儀を意味する。

教会の合同とか教会の改革など人間くさきことをいう前に今一度「教会とは何ぞや」と問うて見るべきではなかろうか。教会とは大いなる「ミュステリオン」である。

（「カトリシズムの理解のために」[14]）

フランス留学から帰った吉満は、ニューマンの紹介に深い熱情をもって臨む。先に輝子の死に臨んで書かれたエッセイ「実在するもの」でも彼はニューマンにふれた。このエッセイこそ、彼が「ミュステリオン」である教会に生きていた証でもある。また、妻の死という人生の岐路に立つ吉満にとって、「死者」ニューマンが臨在していたことを窺わせる。

死と死者との交わりを、ニューマンがどのように捉えていたかを語る吉満の言葉はそのまま、彼が死者であるニューマンとどう交わっていたかを示していると思ってよい。また、それらの言葉は彼自身がニューマンとの間に経験した「諸聖人の通功」の記録ともなっている。

そして(ニューマンは)死せるものの霊の世界を見ゆる現世と平行して劣らずリアルなるものとして取り、「死するとは見ゆる世界を去るということ、換言すればわれわれの感覚の仲介によって交わることをやめること」にすぎないとされ、死者とわれらとの間には交通の手段が変じたにすぎないとされた。(15)

死は、生者と死者の関係を切り裂くことがないばかりか、むしろ、それを育む。「諸聖人の通功」は、生者が死者に向かって祈ることの重要性を示す教理であるより、むしろ、生者は死者の助けなくしては一日たりとも生きられないという切実な経験の持続なのである。

輝子の死は、吉満の書く言葉だけではなく、行動にも現われる。輝子が亡くなった翌年、一九三四年に吉満は、有志たちと雑誌を創刊する。それがカトリック総合文芸誌『創造』である。その趣意を伝える「一つの宣言」と題する一文に吉満はこう書いている。

今日の文学は既に一つの実践である。実践は一つの存在的立場を自ら持たざるを得ない。かゝる時アンチモデルヌたる事がもつともウルトラモデルヌたる事を知るものは、死する事によつて生くる術を知るものである。我々の文学的行動はそれ故に単に我々のものではなく、我々を贖ふものへの奉仕であり、又あらんとする。かくして我々の文学的同志は単に個性や趣味の類似によつて成立するのではなく、個性と時間と然り歴史すらをも超へて「永遠なるものの今」において海の内外をつなぐ精神的血族として成立する。それ故にこそ我々の「創造」は「新らしき秩序」の志向に於ける共々なる創造であらんとする。(16)

これが全文である。「「創造」同人」の名前で記されているが、文体から吉満が書いたことは一目瞭然である。「死する事によつて生くる術を知るもの」あるいは「個性と時間と然り歴史すらをも超へて「永遠なるものの今」において海の内外をつなぐ精神的血族」との力強い表現に見られるように、このとき彼にとって永遠は、けっして知的な概念ではなく確固たる実在として感じられている。ここに「実在するもの」にある次の一節を重ね合わせてみる。彼の思いがいっそう明らかになるだろう。

見えざるものの実在感こそは常にわれらをして自然とわれらの背後にまたかたわらに天使と霊の伴侶を実感せしめ、これは所詮、神とキリストの実在に直接に導きゆくものである。見えざる国にうつされし霊に常に思いをつなぎ追憶を常に現実に保持し意識することは、実にカトリック的敬虔の本質に属する。(17)

「見えざるものの実在感」は、私たちの背後にいつも天使と「霊の伴侶」がいることを教える。「見えざるもの」は生者を助けるだけではなく、彼らを「神とキリストの実在に直接に導きゆく」。生者にとって死者は、永遠への窓となる。さらに、死者の経験は、生者が個に閉ざされていることを拒む。悲しみが他者と真の交わりを持ち得る場所への扉になるというのである。生者が経験しなくてはならなかった悲しみを経ることによって、永遠も他者も、また、「神」も「キリスト」も「実在」となる。

また、見えざる国にある死者と「常に思いをつなぎ追憶を常に現実に保持し意識すること」は、カトリックにおける「敬虔の本質」を知ることだと吉満は続ける。ここでの「敬虔」は、「信仰の深み」と置き換えてよい。信仰の深化は常に「敬虔」へと変化するという世界観も、今日では忘れられた、カトリックに流れる伝統ではなかったか。聖母マリアがイエスの亡骸を抱くミケランジェロの造形によって知られるようになった「ピエタ」、ピエタ pietas とはもともと敬虔を意味するラテン語である。現代はあの像に、息子を神に捧げるマリアの「敬虔」を見出し得ているだろうか。

『創造』の創刊号の巻頭を飾った作品が吉満義彦の「文学者と哲学者と聖者」だった。創刊号から最終号まで、吉満は休むことなく寄稿した。この題名は、彼の関心の領域を示すに留まらない。むしろ、人は誰もがうちに文学者、哲学者そして聖者を秘めており、彼にとって生きるとは、その使命の実現を意味した。吉満にとって文学者とは、超越者による真実の創造の輪郭を縁取り、その存在を世に告げ知らせる者であり、また聖者は、自らの生をもって、世に聖性が遍在していることを表現する者だった。彼は同時期に書かれた一文で、「私は一個の小さな哲学者《フイロゾーフ》にすぎない」(「詩とロゴス」)[18]と書いている。彼にとっての「哲学」とは何であるか。吉満はこう綴っている。

この哲学〔カトリックの哲学〕は見ゆる世界にいかに多くの存在の段階のあるかを説き、この時空的世界と不可見の実在との限界線上に立つ人間の位置を知らしめ、また霊魂の肉体に依存せざる存在を推理せしめ、やがて純粋の霊体の無数の段階の実在を設定する。〔中略〕かくまた一切の偶然的存在なる所造の「あらされてあるもの」の竟極の根源に、実在の実在「ありてある者」(ipsum esse)に導き至らしめる哲学である。こは人類の魂の幻を可能ならしめ、天啓を素直に肯定せしめる、よってもって人間の「生くるに堪える」哲学である。(「実在するもの」)[19]

彼の信じる「哲学」は、この世界に「いかに多くの存在の段階」があるのかを明示する。そこで生者の世界は存在界の一角を占めるに過ぎない。死者の世界、天使の世界、聖者の世界、さらにその彼方にも地平が広がることを照らし出す。哲学は、人間をこの世から立ち上がらせ、不可視なる世界の門に立つことを促す。また、哲学は、霊魂が肉体の滅びに殉じないことを教え、霊なる「からだ」も「無数の段階」を経て変貌することを説く。そしてついに万物の根源である「ありてある者」へと導く。

さらに「人類の魂の幻を可能ならしめ、天啓を素直に肯定せしめる」ものであるとの言葉にあるように、彼にとっての「哲学」とは、世界を論理の枠に納めることではなく、むしろ、論理の力を用いて、人を超越に向かって開いてゆく営みにほかならなかった。彼にとって「哲学」とは、すでに単に学ぶ対象ではない。生きて証《あかし》しなくてはならない一すじの道にほかならなかったのである。

(1) 全集第四巻、四六二頁。
(2) 同書、四六三頁。
(3) 「使徒信条」
(4) 「使徒信経」『公教会祈禱書』中央出版社、一九四八年七月、三頁。
(5) 全集第四巻、四六三頁。
(6) カール・アダム『改訂カトリシスムの本質』、一三〇頁。
(7) 小林珍雄『岩下神父の生涯』、二四七頁。
(8) 基督教青年会編纂『内村先生講演集』警醒社書店・富貴堂書房、一九一三年一〇月、一三四—一三五頁。この講演の記録は初出では「ハレルヤ」と題してあったが、『内村鑑三信仰著作全集』では「歴代志上16：23以下」となっており、第一七巻に収録されている。
(9) 内村鑑三「キリスト教問答」『内村鑑三信仰著作全集』第三巻、一九六二年一〇月、九二頁。
(10) 内村鑑三「現代思想とキリスト教」前掲、第十五巻、一八四頁。
(11) 全集第五巻、三〇三頁。
(12) 全集第四巻「実在するもの——聖母被昇天前夜の感想」四六六頁。
(13) 全集第四巻、四六四—四六五頁。
(14) 全集第一巻、三一三—三一四頁。

(15) 全集第四巻、四六四頁。
(16)「一つの宣言」『創造』第四号、三才社、一九三五年七月、五頁。
(17) 全集第四巻、四六四頁。
(18) 全集第五巻、三七九頁。
(19) 全集第四巻、四六五—四六六頁。

第9章
犠牲の形而上学

正宗白鳥が『文壇的自叙伝』で、影響をめぐって興味深い言葉を残している。誰に影響を受けたかと尋ねられると人は、すぐ偉そうな人物の名前を挙げたがるが、内実はまったく違っていて、その人物が男であれば、長く連れ添った妻、もしくはそれと似た女性が想起されるべきではないかというのである。(1)虚飾をきらった白鳥らしい指摘だが、確かに真実の一面を言い当てている。また、白鳥の言葉は、他者の生涯を考えるときだけでなく、自己の境涯を顧みる際の死角を照らし出してもいる。

近くに暮らす者の挙動は、心身の奥深くに浸透する。ときにはまなざし一つでも、千言を費やしても語り得ないことを伝え得る。不可視なるもの、たとえば信頼や祈りは、受けとる者の自覚しないところで相手の精神に寄り添っている。吉満も例外ではない。彼の精神の一角、それも根柢により近い場所を形作ったのは、家族との交わりだった。

妻輝子の没後もなお、その助力をいっそうはっきりと感じながら義彦が、思索と執筆に邁進したことは先章に見た。輝子に関して知られていることはほとんどない。吉満の友人だったデュモリン神父が弔文に「天使のやうなあなたの奥様」[2]と言葉を寄せたことや、義彦の義妹雪が美しい女性だったと書き残しているのをわずかに見ることができるだけである。

輝子が亡くなったあと、岩下は吉満を日光へと誘う。悲嘆の日常から吉満を脱出させようとしたのだろう。その道中、二人が話し合い、学生寮フィリッポ寮の計画が決まる。吉満は、この寮の舎監となり、後日、学生だった遠藤周作が入寮したことはこれまでもふれた。遠藤の文章を読む限り、輝子の死と学生寮建設の機縁は知らされていなかったように思われる。それにもかかわらず、遠藤がエッセイで、輝子と吉満の短い結婚生活にふれているのを読むと、そこに何ものかが働きかけているように感じられ、輝子が遠藤と吉満の邂逅を準備したのである、とさえ言いたくなる。

死は訣別ではない。それは関係の深化である。むしろ、出会いの意味が完成へと向かう避けがたい道程である。死とは、それを経験した者にとっては、新生であり、残された生者にとっては、死者となった者と新たに出会い直すことを意味する。「「死」こそ生の最も生けるモメントである」[3]、と吉満は書いている。死者との協同は、彼には日常の経験だった。それは、吉満の個的な経験に留まらない。古くからカトリシズムを太く流れていた霊性でもあった。パウロの書簡は、生ける死者の言葉で満ちている。

だが、キリスト教はいつからか、実在としての死者をあまり語らなくなった。聖書に死者論を見出すことに異和を感じる者があるとすれば、その分だけ、現代のカトリシズム、ことに日本のカトリシズムにおける問題の深さを反証している。

輝子の死だけでなく、吉満は、妹栄子の死も経験しなくてはならなかった。一九四四年、義彦は、一時危篤に陥ったほど病に苦しんだ。このとき、文字通り兄の看病に、身をやつしたのが栄子だった。彼女の献身的な看護のためもあって、どうにか一命を取り留めたが、逆に栄子が病に斃れてしまう。彼女の死は、吉満の霊性に決定的な影響を及ぼすことになる。

生前の栄子の様子を、垣花秀武が書き遺している。若き科学者だった垣花は、信仰と科学の問題に行きづまり、折にふれて吉満のもとを訪れ、率直に問いをぶつけた。訪問は、「一九四〇年(昭和十五年)秋に始まり、断続しながら、吉満義彦の死の直前一九四五年(昭和二十年)秋まで」続いた。ある日、垣花は、吉満の自宅に呼ばれた。

こちらも独りであったが、対手も常に独りであった。私宅を訪れると若い婦人が茶菓を供するために現れたが、すぐに去り、対話に加わることもほとんどなかった。婦人は吉満義彦に似て小柄ではあったが、眼が大きく、晴れ晴れとした美しい女性という記憶しかない。

(「詩人哲学者、吉満義彦とその時代(4)」)

この一節に彼は、こう続けている。「記憶しかないと私は書きながら、この単純でしかも明確な記憶をことのほか大切なものと私は今も思っている」。お菓子を運んできた若い女性が栄子である。ここで垣花が、単に「若い婦人」と書くに留まり、二人の血縁に言及していないのは、彼女が吉満の妹であることを知らなかったからだ。垣花がそれを知らされるのは栄子の没後だった。

一九四五年三月、吉満が亡くなる半年ほど前、垣花が吉満を病室に訪問したときのことである。吉満は、「まるでまちかまえたように寝たままむかえて破顔一笑し、やおらベッドの上におきて」坐り直す。そして垣花に栄子の死を伝える。「あなたもよく知っている私の妹は亡くなりました。神の御旨でまことにやむをえません。……私はこの際病を完全になおして、司祭への道を志すことにしました(5)」と思いを語った。垣花のほかにも、彼の決意を聞いた者はいる。

司祭になることを吉満が考え始めたのは、妻輝子が亡くなったことがきっかけだった。自己の求道のためなら、思索者に留まることもできただろう。哲学も、吉満にとっては求道の一形態だった。だが、彼はそれ以上の促しを感じる。司祭になることは哲学者であることとは別な次元の決断だった。その思いは栄子の死でいっそう深まって行く。そのことを彼は没後に公開された手記に書いている(6)。

だが、最終的に決断した背景には、亡くなった栄子の志の継承があったようにも感じられる。栄子も聖職者になることを心に秘めていたのではなかったか。彼女はそれを兄に話したこともあったかもしれない。義彦にとって、司祭職へと踏み出すことは、この世で行われるはずだった栄子の求道を引き受け、それをも生きることの決意の表われでもあったのではないだろうか。精神の、あるいは霊性の伝統と継承は、こうした不可視な場所で、不可視な言葉を通じて行われる。書かれたものだけではけっして十全には明らかにされない魂の劇が、人間の境涯にはしばしば潜んでいる。

栄子が亡くなったときの様子を義彦の弟義敏が、兄の追悼文に書き記している。栄子が危篤だと聞くと、自宅で療養生活を続けていた義彦は、病軀をおして、彼女がいる病院へ向かおうとする。一九四五年一月四日、まだ、寒気が厳しい時節だった。杖にすがりながらでなくては一歩も歩けない彼は、周囲の忠告にも耳をかさず、自宅を後にした。

当時すでにアメリカ軍の東京への空襲がはじまっていて、この日も、空中から烈しく爆弾が投下されていた。爆音のなか、義彦はからだを引きずりながら数時間の道のりを行こうとする。彼が家を出て、しばらく歩き始めたころ、栄子が亡くなったとの連絡が入る。それでも義彦は、歩くことをやめようとはしない。周囲の必死の願いで彼は家に戻り、栄子の亡骸を待った。

兄は床の上に坐つて深くうなだれてゐた。私が室に入つて来ると痩せた顔を力なく擡げて暫らく無言で居たが痩せた顔に眼鏡丈けが大きく電灯の反射で時々ピカツと光つたりして何か私は射すくめられた様な気もしたのであつた、「済まない事をした」と一言云つたまゝ床に顔を埋めて嗚咽して居た、其の後は無言のまゝ翌早朝妹の亡骸が帰つて来る迄着物を正して端坐を続けて居た、愈々《いよいよ》妹の亡骸が帰つて来ると前の道路に出て来て長い黒い寝台車に喘ぐ様にすがつて妹の顔に被さつてゐた白い布を押しのけ冷い額にふるえる手を押し当ててゐたが「栄子」と云つたまゝ後は聞きとれない程の祈りの言葉を口ごもつてゐた。

（「兄のこと」(7)）

冬、寒い部屋で吉満は、正座したまま、夜を徹して亡き妹の帰宅を待つ。その様相を前に、家族や知人の誰も彼に声をかけることができない。すまないことをした、と泣き崩れる彼は、栄子の死によって自分が生かされているようにも感じられたのではなかったか。自分に命を移し替え、栄子は亡くなった、と思えたのかもしれない。

義彦にとっては友人であるだけでなく、もっとも信頼する司祭でもあったハインリヒ・デュモリンの追悼文には、次の義彦の「手記」にある言葉が引かれている。義敏が「手記」をデュモリン神父に託したのだった。そこには栄子の死に遭遇したときのことも記されていた。

> 私に取つて妹の死は、アブラムの捧げられた犠牲やヨブの試みられた試錬の如くに、神様が私から求められた辛い苦しい試錬の犠牲の意味にとられるのである。妹自らすらも意識しなかつたと言ふのもこの意味である。〔中略〕今度妹の葬式のミサを私の嘗つての書斎兼寝室を片づけて、そこであげて貰つた時、司祭の捧献の個所に来て高く捧げられたオスチアを仰いだ瞬間、可愛想な妹の犠牲を今イエズス様の御犠牲を共に併せ献げる思ひがして感動に思はず落涙させられたのであつた(8)

ここでの「犠牲」とは、今日私たちが犠牲者、というときとは意味が違う。むしろ真逆だといってもよい。それは、岩下が復生病院の人々の境涯にふれていったように、いつも高次な意味における献身である。「犠牲」は、もっとも高き愛の表現である。だが、それは必ずしも死を随伴しない。アブラハムは息子を捧げたが、神はそれを受けなかった。ヨブの肉体は極限までの試練にさらされたが、それゆえに彼は死んだのではなかった。だが、「犠牲」は常に行いであって、論理ではない。「犠牲」は語られることによっては顕われず、営みによって証《あかし》される。

「霊性の優位」というジャック・マリタンを引き受けながら吉満は、それを深化させ、「犠牲の優位」がなくてはならないという。とくに日本を含む東洋においては、マリタンのいう「霊性」の回復だけでは時代を刷新することは難しいと考える。次に引く一節は「支那哲学叡智とカトリシズム」と題する一文にある。

われわれはカトリシズムの哲学に立つものとして上来の根本の立場において、東洋と西洋とを通じて新しき人間の文明の再建の形而上的真理が、「霊性の優位」におけるロゴス的秩序樹立にあり、その真理の秩序の樹立において、実践の秩序における「犠牲の優位」というか、行動的愛の奉仕が目ざされ努力されねばならぬと信ずる。(9)

そこで吉満は、カトリシズムと孔子の時代から脈々と続く中国哲学との邂逅がはらむ創造的契機に言及する。吉満は、フランスの東洋学の先駆的存在だったシャヴァンヌの『孔子』にある一節を引く。

「孔子の教えは実際のところ思索ではなくて行動である。それは証明することなく主張する」[10]。東洋においては行為はあるとき、語ることよりもいっそう雄弁だというのである。

カトリシズムの信仰において、この世にもたらされた、もっとも大いなる「犠牲」は、イエスの誕生と受難である。イエスは自らの思想を文字で書き残さなかった。彼にとってすべてが行為だった。語ることは、言葉による「霊」の交感だった。霊は、愛が生まれる場所である。愛は行為のなかに顕現する。その極限がイエスの誕生であり受難だった。イエスの誕生は神がどれほど世界を深く思っているかの霊的表現であり、受難は万物への罪の許し、贖罪の実現を意味する。

ときに「犠牲」は、人間の眼には不条理なまでの悲惨に映る。しかし、その出来事には超越の秘儀が隠れている。「犠牲」をもってこの世の生を終える者は、悲しみと共に、神の栄光を体現しつつ、去るのである。

栄子の葬儀は、義彦の書斎で行われた。そこは、思索と著述にいそしむ義彦を、栄子が助けていた場所である。手記に義彦は、「親戚や、知人友人達も、総て申し合せた様に妹のかくれた清い献身的なる犠牲的生涯の美しさをたたへてくれてゐる」[11]とも記されている。

義彦は、ことに岩下壮一亡き後、カトリック界を代表する発言者の責務と使命を担わなくてはならなかった。この十字架はけっして軽くはなく、事実、吉満はそれに殉じた。その宿命の真義をよく理解し、全身で兄を支えたのが栄子だった。義彦と栄子を思うとき、新約聖書の「ルカによる福音書」にある、マルタとマリアの話が想い出される。

妹マリアは、家を訪れたイエスを迎え、彼の足を洗うなどして歓待する。姉マルタは、見えないところで立ち働いている。マリアは、イエスの語る言葉に熱心に耳を傾けているのだが、マルタは雑事に追われて、彼らのいる場所に行けない。マルタもまた、イエスの声が聴きたいと切望していたのである。マルタはとうとうイエスに向かって、マリアにも手伝うように言ってほしい、と訴える。

それを聞いたイエスはマルタをさとす。そう言ってはならない、二人はそれぞれできることをしたのである、互いに否定しあってはならないと、双方を是とする。イエスの眼は、それぞれに誠実の表現があることを見逃さない。真摯なる営みが実践されるとき、人の数だけ様式があってよいことをこの姉妹の物語は伝えている。姉妹は互いに、不可視なかたちで補い合ってもいる。

栄子はマルタのようにイエスに訴えることはなかっただろうが、自分の役割に誇りをもって臨んでいただろう。だが、やはり兄の苛烈な信仰を前に、畏敬と羨望の念は抱いていたのかもしれない。

先の一節にあった「妹自らすらも意識しなかつたと言ふのもこの意味である」との言葉は、妹は自らの生涯がどれほどの光を周囲にもたらしているかを知らなかっただろう、との義彦の思いの流出として読むべきなのだろう。光源は、どれほどの光を放っているかを知らない。それをよく認識するのは恩恵をこうむった者たちである。支える者の人格は、なかなか表面には出てこない。だが、その者こそ、世に活躍する者の土である。吉満義彦は、栄子あるいは早逝した輝子という土壌に実った果実だともいえる。

晩年に書かれた「手記」の文章を見ると、吉満の場合、私的な言葉を綴るときであっても文体にほ

とんど変化がなかったことが分かる。それは論文を書くとき、彼が独語のように書いたことを意味しない。むしろ、「手記」もまた、不可視な読者に読まれることを踏まえ書かれていると考えるべきなのだろう。読み手とは、栄子や輝子、あるいはニューマンといった死者たちであり、また彼を守護する天使でもあっただろう。「天使を黙想したことのない人は形而上学者とは言えない」[12]、と書くとき、吉満は神学的事実を述べているだけではない。その言葉は、彼の深き実感の吐露となっているのである。

没後四十年の時期に刊行された『吉満義彦全集』第四巻の巻頭には、上にある義彦、義敏、栄子が三人でいる写真がある。右が義彦で、左が義敏である。中央にいるのが栄子である。

義彦は義敏を深く信頼し、義敏はよく兄を支えた。歴史は、兄義彦の名前を伝えるのみだが、この弟がいなければ、兄の業績も姿を変えていただろう。兄弟は、信仰と精神において、分かちがたく結ばれていた。義敏は義彦の最初の、そしてもっともよき理解者だった。義敏は詩を書き、雑誌『創造』にも深く関わった。誌面に同じ苗字が並ぶことを避けたのか、彼は「吉水敏」の筆名を用いる。

「詩」は、義彦の思想を読み解く上でも重要な鍵言語である。ただ、彼は詩を読むとき、いつも言葉の奥に「詩的精神」、すなわちポエジーを見る。詩は、可視的な「言葉」で書かれることによって、不可視なポエジーが存在することを明示する。そこに私たちは「書く」ことの秘儀、詩人の聖なる責務を見ることができる。詩はいつも、可視と不可視な働きによって生じる。そして、詩は見えるものと見えないもの双方を有らしめている超越の実在を明らかにする。

義彦はしばしば、ポエジーを論じた。ポエジーが働くのは、必ずしも詩ばかりではない。それは小説、批評、戯曲にも働く。文学のみならず、哲学の礎を形成しているのもポエジーである[13]、という。むしろ、哲学がポエジーを失ったところに堕落が始まった、それは彼の哲学の底を流れている深い自覚だった。ポエジーは、言語的世界を超えて働く。絵画、音楽、彫刻、踊り、あるいは祈り、人の魂を真にふるえさせるものには、すべからくポエジーが遍在している。不可視なポエジーにかたちを付与すること、それが人間に託された意味における「創造」であると吉満は考える。それは無から有を作り出すことではない。不可視な存在、隠れたる存在を顕わにすることを意味する。

さらに義彦は、「行動」もまた、「大いなる詩」であるという。

「行動」はそれ自ら大いなる詩であるであろう。もとより作品なる限りにおいての詩は行動ではないであろう。しかも詩はなおより真なる実在の嗅出しであり、実在の縁に付着せる最も軟らかく最も薄き表皮を剝ぎ取ることによって、この表皮の内にこの新しく現れた縁の上に、より真なるより霊的なる(何処より来たり、何処へ行くかを知らぬ自由なる息吹！)レアリテを放射せしめることではないか。

（「時間の変貌」[14]）

「詩」は、感情の吐露ではなく、真実在の「嗅出し」だと吉満は言う。この肉感的表現が、詩をめぐる彼の経験の確かさを物語っている。真理、あるいは実在そのものにはふれ得ない。しかし、辺縁、すなわちその片鱗、輪郭のみであれば、ふれることはできるかもしれないという熱情が、この一節にはあふれている。

「詩」は、私たちを真理の輪郭へと導くものであり、霊的現実《レアリテ》を世界に放射させる働きを担っている。霊的現実の根源、それは聖霊である。霊の語源「プネウマ」は創造の「息吹」であり、存在の「風」でもある。聖霊は「何処より来たり、何処へ行くかを知ら」ない。

義敏の詩集『海』が刊行されたのは彼の没後だった。一九八二年、詩集は、義敏の没後一年を記念して編まれた。『創造』の最終号から四十年以上、兄の死から三十七年の歳月が流れていた。

開戦と、それによる雑誌『創造』の廃刊、戦争の激化、さらに兄義彦の死が続き、義敏の詩作は、ある時期まで止まってしまう。雪は、義兄である義彦が亡くなって以降、夫義敏の落胆振りは一様ではなかったと詩集の後記に書いている。

文字通りの意味で半身を失ったかのように思われたのだろう。義敏の詩集に寄せられた友人による跋文にも、義敏が自身の詩作と義彦の関係を語った言葉が紹介されている。「兄は私を支える一つの〝巌〟の存在であり、私の詩はいつもこのような兄の存在の中に生きていた(15)」と義敏はいった。兄義彦は、彼にとって、守護者であると共に詩的霊感の源泉だった。

旺盛に詩を作りながらも、詩人として生きることは最初から義敏の選択肢になかっただろう。彼は、郵政省に勤務し、定年まで勤め上げた。その文才は、『郵政事業史』『(郵政)百年史』『五十年史』『神奈川県史』といった郵政および県政史の編纂に生かされた。義敏の境涯は、詩人ポール・クローデルを想起させる。クローデルが若き文学者ジャック・リヴィエールに書き送った書簡がある。リヴィエールは内心の不安の疑問を率直にクローデルに書き送る。このときクローデルはすでに大家だったが、無名の若者の問いに丁寧に応えてゆく。書簡は次第に信仰の問題へと展開、変貌していく。クローデルは何も強いない。しかし、導師であることも止めない。この往復書簡が契機となってリヴィエールはカトリックに入信する。

書簡でクローデルは、働くことと創作はけっして阻害し合うことがないばかりか、労働は文学の精神を豊かにするとリヴィエールに書き送っている。平日、詩作に費やせるのは、わずか三十分ほどに過ぎないとも記している。クローデルは『創造』の同人にとってフランス・カトリック文学の象徴的存在だった。カトリック教会内に留まらない。クローデルは、二十世紀フランスを代表する詩人であり、劇作家だったが、生涯を通じて外交官として働いた。ある時期、彼は、駐日大使をつとめたこともある。抄訳だったが、この往復書簡を日本で最初に訳したのは義彦である。義敏もまた、この書簡集を読んだことはおそらく間違いない。

この書簡集は、のちに『創造』の同人木村太郎によって翻訳され、公刊される。この一冊が日本のカトリック文学に与えた影響は小さくない。作家高橋たか子は、遠藤周作に薦められ、この本を読む。それが受洗に至る大きな契機となった。カトリックの劇作家である矢代静一も、この書簡集から決定的な影響を受けている。その衝撃が著しく深いことは、矢代本人から直接聞いたことがある。

義彦がクローデルの書簡を翻訳したのは『創造』ではなかった。その前身となる雑誌『海洋の巨匠に花束を』においてである。発行人は義敏の妻雪だが、実質的な編集は義敏だろう。彼は、そこに詩を寄せていることから編集人としては名前を伏せたのだと思われる。

この雑誌は、一号を出しただけで終わった。不評だったのではない。むしろ、宗教と芸術に高次な接点を求める者たちによって、発展的存続が求められたのである。この試みが「カトリック総合文芸誌」と同人たちが呼ぶ『創造』へと生まれ変わる。

『海洋の巨匠に花束を』は、四十頁ほどの冊子だった。ここに散文詩を二編(「星花派」と「公園」)とエッセイを一つ寄稿し、『創造』の誕生を見ないまま亡くなった同人がいる。筆名は旗里己という。はた・さとみ、と読むのだろうか。義敏の友だったことをのぞいては、この人物に関する情報はない。

『創造』の創刊号で義敏は、この詩人を追悼する「旗里己」と題する散文詩を捧げている。この作品が雑誌の一角を飾っているのを見ると、旗もまた『創造』の見えざる同人であり続けている、という義敏の思いが伝わって来る。

旗里己と私は人々のするような会話は交さなかった。夕暮、隅田川をはさんで呼び合うように近寄り、堤の柳の根に腰をおろした。私が黙って歩き出すと旗里己も黙って後についてきた。そんな時、いつも、痩せた長身の旗里己は、唇を尖らせて天を眩しそうに見上げ、細く澄みきった音の口笛を吹いた。私は、この時の旗里己の横顔に少年を見た。屈んで歩く私の後姿にどうしてこんな唐突なことをしたのであろう。一向に楽しそうには見えなかった旗里己は、私から何を探ろうとしたのであろう。河の面は青白かった、散歩道も、散歩している人々もすっかり青白かった。しかし、旗里己はゆっくりした口調で「今朝起きたら枕元に桜の花弁が一つ落ちていました、鏡に向うと額にもぴたっと一つついていました」と言って、幻想の世界に入り込んでいったことを静かに語った。後に旗里己は、このことを「公園」と題して詩に書いた(16)。

詩では、続けて、義敏が葬儀へ行く様子が描かれる。旗の家族は義敏を知らない。なぜ、旗が亡くなったのか、いつ、死因は何であったのかも語ろうとしない。だが、しばらく彼の顔を見つめた後、小さな声で、彼の詩稿は残らず納棺したと言う。

素朴な友情の来歴を語っているだけだが、友を悼む魂の律動は伝わって来る。「悼む」とは、今日では残された生者が亡くなった人を思い、悲しみ、嘆くことを意味するが、もともとは、不可視な何ものかにふれ、魂が動く様を意味した。それは行為を顕わす言葉ではなく、むしろ、出来事を、状態を示す言葉だった。悼むとは、死者を異界に送り出すことではなく、むしろ、近くに感じることだった。この作品を彼は、次の一節で終えている。

或る詩人、は生前は名もなかったが、死後燦然と輝き、遍く知られて高名になった。旗里己は、生前二つの詩を発表しただけで、死後も旗里己の名を口にする人はいない。(17)

少し長くなるが、義敏が詩中でふれていた旗里己の作品「公園」を引いておきたい。義敏は、誰も「旗里己の名を口にする人はいない」と書きながら、それが覆されることを希ったのである。作品中、「噴上」と記されているのは、噴水を意味している。以下が全文である。

星のない晩。僕の前方二米の所に地上に影を幻燈のように落しながら古風な釣鐘マントの男が独言を口に称へながらおどけた身振りで歩いてゐた、眼を揃へて鑑定すると男の手にはピカピカと光を発する三角形の物を持つてゐるのを見る事が出来た。やがて彼の姿が花園の中央にある噴上の前に来るとピツタリ歩くのをやめ、勿論独言もいつしか幕をとじたらしく親しそうに噴上と会話を試みてゐた、見るともなしに僕はその光景を見てしまつたのです、ヤ、しばらくその会話は続いてゐた、しかし残念な事には僕の耳のマイクロホンにはその会話が入らないのですが次に起つた世にもまれなそして不思議な出来事には呆然として声も無かつたのです、男は「エイ」とかけ声もろとも空間にとび上つた、男の足の下では噴上はたあいもなく四散した、それは銀箔の星のやうに。飛沫は花粉のように周囲を黄色に匂はせて、男はなほも噴上の上で龍頭《りゅうず》をキリキリ回転させると肢体は落葉のように空間へステップでも踏むように軽く軽く舞ひ上つた、一米。二米。十米。黒い男の姿はいつしか夜の保護色の中に同化した、しばらくして僕はこのあつけない大団円に拍手をする事に気付いたのです。(18)

これは、単なる幻影を描き出した抒情詩ではない。魂の告白である叙事詩である。詩人が出会った「男」は噴水と「会話」する。水と対話することができる。また、「男」は、「噴上の上で龍頭をキリキリ回転させると肢体は落葉のように空間へステップでも踏むように軽く軽く舞ひ上が」る。高く、高く、十メートルの高さまで飛翔する。

旗里己の詩を読んでいると、天使をめぐって吉満が言った言葉が思い出される。「恩寵のミューズに導かれて地獄を征服して、天使の歌をともに高く歌う気力をもってはならないのか。われわれはいかにかして再びこの歓喜を愛の歓喜を人格的宇宙の霊性の秩序を回復せねばならない(19)」。天使は形而上の世界を本籍とする。天使を感じるとき、私たちはそのまま形而上的境域に足を踏み入れている。天使は実在する。それは意識が作り出す幻想としてのイメージではない。

こうした表現も一種の比喩かと思われることをおそれたのだろうか。吉満はさらに次の言葉を続ける。「しかり単なる思いの中においてではなくわれわれの日常性にまでわれわれの肉にまでこの恩寵の光栄のリズムが支配することを希望せねばならない[20]」。

旗里己が逝き、近代日本はマイナー・ポエットをひとり喪っただけでなく、なまなましいまでに、「われわれの日常性に」おいて、「われわれの肉にまで」天使を感じ、謳い得た詩人を喪ったのである。ここに描かれているのは、おそらく、旗が遭遇した出来事そのままではない。彼がもし、それを試みたなら、私たちはさらに常ならぬ光景を眼にすることになっただろう。

「今日文学の問題が現実の倫理性の捕捉の問題であり、実存的実践の分析であり告白であろうとするならば、それは文学すること自らが一つの実践することであることを意味[21]」する、と義彦は、『創造』に寄せた作品に書いている。文学は、それが真実の意味で「文学」と呼ぶべき姿をしているとき、ついには「自らが一つの実践」に至る、というのである。

こうした吉満の一節を読むだけでも、彼の書く言葉と私たち今日の日本人が用いている言語との意味の異同に改めて驚く。それを意味の時代的変遷として片づけてはならない。それは、ある事柄を示していた言葉が、ある時期から別な事象を指すようになった、という性質のものではない。

たとえば、「分析」。この言葉はかつて、「析分」と書かれたりもしたが原意は同じで、大いなるものから「分かたれた」何ものかを前にして、さらにその実相を知るべく枝葉を「折る／析る」ことを意味した。だが現代では背後にある大いなるものを忘れ、その表層的な行為だけが示される言葉になっている。ここでも吉満は、「分析」を原意に限りなく接近して用いている。彼の視野にはいつも「分かたれる」以前の一者が想起されている。さらに「倫理」においては問題は根深い。

『文化倫理の根本問題』『文学と倫理』と、二度、著作名に付していることからも明らかなように「倫理」は、吉満義彦を読む、最重要な鍵言語の一つである。一九三五年、『創造』が創刊された年に吉満は、和辻哲郎の招きで東京帝国大学文学部の倫理学の講師になる。自身の思うままに講義して欲しいという和辻の求めに吉満は大きく喜んだ、とのちに司祭小松茂が書いている[22]。

現代において「倫理」は、人間によって定められる人間が生きて行く道徳的規準を意味しているが、吉満の理解は違う。近代は言葉としての「倫理」の原意を見失っただけでなく、「倫理」の由来を問うことも忘れていると、吉満は、時代が抱える危機的状況を訴える。「困難なものは倫理それ自身である」とのカール・バルトの言葉を引きながら吉満はこう続けた。「倫理的現実の宿命的「不可能」の壁に抜け出づる途もなく対面している[23]」。

倫理がないところで世界は存在し得ない。しかし、人間が倫理を策定することも、またできない。それを吉満は宿命的不可能性と呼ぶ。人間は倫理の発見を何ものかに仰がなくてはならない。しかし、近代はその源泉を封鎖することで人間の倫理を語り始めたのだった。

人間の作り出した倫理は無数にある。それはあるとき時代を支配し、多くの人々を苦しめることもある。共産主義の世界には共産主義の「倫理」があり、ファシズムの下にも「倫理」はあり得る。民主主義下でも「倫理」は、無数に産み出されては否定され、また、新たな「倫理」が生まれる。それらはいつも一種の「偶像」ではなかったか、と吉満は問う。「偶像の再生は霊魂の悲劇である。倫理の復興はただ神の告白であるときにのみ真実である」[24]というのである。彼にとって「倫理」は、造られるものではなく、発見されるべきものであり、復興するべきものであった。

それ故真理はわれわれの世界内在の今の「永遠の今」にかかわり、歴史の時間の今に対していわば「雲の柱」となり、「火の柱」となって見る眼あるものに予言者的指標となり動力となるものでなければならない。

（「政治と真理」[25]）

この一節では術語としての「倫理」は用いられていない。しかし、ほとんどヴィジョンと呼んでよい彼の「現実」がそのまま語られている、その奥からは、まざまざと「倫理」がその姿を顕わしてくる。ただ、その様相が、超越を見失った現代人にとって畏怖にも似た異和を覚えさせるのである。「雲の柱」、「火の柱」と記されているのが、吉満にとっての「倫理」である。それは、この世界に向けられた「真理」の自己顕現、示現(manifestation)にほかならない。

（1）正宗白鳥「文壇的自叙伝」『日本人の自伝　正宗白鳥・広津和郎』平凡社、一九八一年一月、四三頁。
（2）ハインリヒ・デュモリン「吉満教授の霊的姿について」『カトリック思想』第二六巻第二号、四五頁。
（3）全集第五巻、三八一頁。

(4) 全集第四巻、四八五頁。
(5) 同書、五二〇頁。
(6) 「哲学的・宗教的断想録(覚書き)」『カトリック思想』前掲、一五頁。
(7) 吉満義敏「兄のこと」、同誌、一四一頁。
(8) ハインリヒ・デュモリン「吉満教授の霊的姿について」、同誌、五四頁。
(9) 全集第四巻、二七一頁。
(10) 同書、二五七頁。
(11) 「哲学的・宗教的断想録(覚書き)」『カトリック思想』前掲、一五頁。デュモリンによる吉満追悼文にも引用がある。
(12) 全集第五巻、二四六頁。
(13) 同書、四五一頁。
(14) 同書、三五一頁。
(15) 吉水敏(吉満義敏)『海』草原社、一九八二年一一月、二〇七頁。
(16) 同書、一四八―一四九頁。
(17) 同書、一四九―一五〇頁。
(18) 『海洋の巨匠に花束を』第一冊、飾画社、四―五頁。
(19) 全集第五巻、一七頁。
(20) 同書、一七頁。
(21) 同書、三四二頁。
(22) 全集第二巻、小松茂による解説「吉満義彦と中世精神」、三五三頁。
(23) 全集第五巻、四〇三頁。

(24) 同書、三三五頁。
(25) 同書、三七三頁。

第10章

異教の詩人

義彦の弟義敏の詩集『海』の後記で妻雪は、夫との出会いにふれ、興味深い言葉を残している。雪の実家は、東京・中野で古書店を営んでいた。彼女はしばしば店番をしていたのだが、そこに客として来たのがのちに作家となる伊藤整や詩人中原中也だったというのである。

ことに中原は、毎日のように店に足を運んだ。こうした人々との交わりが雪の芸術的・文学的感性を開花させる。あるとき雪は、同郷であり、彼女の兄と交流のあった義敏を知り、次第に「文学に専心する彼を、尊敬する様に」なっていった。

義敏は、『創造』だけでなく、『四季』や『コギト』など同時代の文芸誌にも詩を寄せていた。『四季』は堀辰雄や三好達治、神西清らが中心となって発刊されていた同人誌で、『コギト』は保田與重郎や伊東静雄など日本浪曼派の中心にあった人々によって編まれていた。

『コギト』は、『四季』に先んじて創刊され、一九四四年まで続いた。二誌には人的交流もあった。中原は『四季』、『コギト』の双方に作品を発表している。保田、伊東もまた、『四季』に作品を寄せている。義敏は、中原だけでなく、保田、伊東とも言葉を交わしたことがあっただろう。ここで詳しく論じることはしないが、日本浪曼派と近代日本のカトリシズムの交わりは別稿をもって論じるべき主題である。この時代において、文学は確かに霊性の一端を担っていた。文学者にもその自覚は確かに強くあった。ここで特に注目したいのは、義敏と中原との接点である。

義敏が『コギト』や『四季』に寄稿した時期が、雪との結婚の後だったことを考え合わせると、雪を媒介に中原と義敏に何らかの交流があった可能性は十分にある、と本論が雑誌に掲載されていたときには書いていた。だが、そう思ってはいても、確かな証拠があるわけではなかった。

ある日、山口県にある中原中也記念館館長の中原豊氏が、雑誌掲載されたこの文章を見た、義敏と中原の関係を窺わせる証拠があると連絡をくれた。記念館には中原が義敏に署名入りで送った『ランボオ詩抄』が収蔵されている、というのである。中原氏はすぐに署名本の画像を送ってくれた。

義敏と義彦の信頼と協同の深さには、すでにふれた。義敏と中原の間に詩をめぐる何事かの現象が起きていたとしたら、義敏の魂を動かしただけでなく、疑いなく吉満義彦に飛び火しているだろう。

中原中也の詩にカトリシズムの世界が色濃く描き出されている、そればかりか、中原は日本を代表する宗教詩人の一人であると論じたのが河上徹太郎である。河上は代表作『日本のアウトサイダー』の第一章で中原を論じた。河上にとって中原こそ「アウトサイダー」の典型だった。そこで河上は、再三にわたって中原のカトリシズムへの薫染と憧憬を論じる。

薫染とは、おもに仏教で用いられる表現だが、薫りが染み込むように信仰が血肉化していくことを意味する。河上は、中原の祖父母が熱心なカトリックだったこと、それだけでなく、彼の生地がキリスト教と関係が深い場所であることに注目する。

一九〇七(明治四十)年、中原中也は、山口市に生まれた。山口は、宣教師フランシスコ・ザビエルと関係の深い場所で、今でもザビエルの来訪を記念して建てた公園、「聖サビエル記念公園」があり、その中心にはザビエルを顕彰する大きな石碑が立っている。この記念碑の建設に尽力したのが中原の祖父母で、彼らは共に熱心なカトリックだった。

二〇〇七年にその場所をたずねたことがある。ほとんど人影もなく、訪問者もまれな場所だったが、当地におけるザビエルへの顕彰の気持ちが、一様ではないことは容易に感じられた。そればかりか、この場所に立つと、今もときおり戦国時代の風が流れてくるのではないかとさえ思われる、特異な雰囲気があった。

ザビエルが鹿児島に上陸したのは、一五四九(天文十八)年である。彼はひとたび京都へ赴くが、政情が不安定だったので山口に戻った。ザビエルは、藩主大内義隆に布教の許可を願い出て許可される。義隆はザビエルに寛容だった。伝道を許容したばかりか住まいとして大道寺をも提供した。ここがキリスト教布教の始点となる。「聖サビエル記念公園」は大道寺の跡地にある。中原は、カトリシズムの歴史のなかに生まれ、そこで青春を生きた。「私は近時芸術の萎凋する理由を、時代が呼気的状勢にあるからだといふやうに考へる」との中原の言葉を受けて河上は、中原とカトリシズムの関係を次のように語る。

吸気という受動的状態において人間の生命の円満な具現を見たのは、彼の本質的な態度であって、或いはここに彼が生来浸っていたカトリックの恩寵の世界を擬らえることも出来るであろう。彼は人おのおのその静謐さのうちに己れを恃んで待っている状態が、最も美しく、創造的なものと考えていた。

（『日本のアウトサイダー』(1)）

「吸気的」であるとき、主体は「息」である。あるいは「風」といってもよい。新約聖書が書かれたギリシア語では、息も風も、そればかりか三位一体の一側面である聖霊も同じ言葉「プネウマ(pneuma)」と記される。詩人中原中也は、「呼気的」である近代に顕われた「吸気的」人間だというのである。

「呼気的状勢」とは、何かを表現しようと、体内から何かを絞り出そうとする態度を指している。一方、「吸気的」とは、自己を表現することを積極的に諦め、自己を超え出る者の通路となることを意味している。さらにいえば、「吸気的」人間にとって、何かを表現することは、無私になることとほとんど同義である。

詩に対する中原の態度は、吉満義彦の詩論と呼応する。『創造』に寄稿した作品を収録した、代表作『詩と愛と実存』で吉満は、詩とは、「霊の息吹」の顕現であると語る。

新しき詩と新しきモラルは新しき人間の発見に新しき人間の誕生にあるとして、それはいかなる立場においていかなるものとしていかなる様式において示現されるのか。問題は教説の問題ではなく創造の問題であり意識の問題である。われわれはこの常に新たなる「霊の息吹」と言わるべきものを人間の「実存《エキジステンツ》」性の意識として問題的に見いだす。(2)

ここでの「新しき」は、「古い」の対義語ではなく、むしろ、古びることのない、あるいは永遠の、と置き換えた方が吉満の真意に近い。詩は、人間が毎瞬、新たに創造されていることを顕わす。また、詩の言葉は、超越者の創造が行われていることを人間に伝える。瞬時の創造とは、毎瞬に経験される生死であり、新生である。

また、吉満における「実存」とは、実存主義者たちがいうような神無き世界に一人立つことではない。それは「あくまでも主体的に人格《ペルゾン》として常に神聖なるものの現前において、しかり「神の実存的現前」において「時間」の根源性において意識すること」(3)である。

さらに、ここで吉満がいう「意識」とは、深層心理学を知った私たちが用いる概念としての「意識」とは次元を異にする。「意識」は、「教説」のなかには留まらないと彼が断わっているように、狭義のキリスト教思想を超えてゆく力動性を秘めている。それはむしろ、仏教の唯識哲学がいう「アラヤ識」に近く、魂の奥ふかくにあって、現象を存在につなぎ止める根源的な働きを指す。

詩は、人間を超越へと導くが、その過程において、ときに作られた器としての「宗教」をはるかに超え行く。このことを近代においてもっとも鮮明に体現した詩人のひとりがランボーだった。小林秀雄のランボーへの傾倒はよく知られている。だが、中原のそれもけっして劣らない。ここに河上は、中原がカトリシズムと出会った原点を見る。中原もランボーの訳者だった。その詩集――中原が義敏に送った――の後記にこう記している。この一節は、河上が自著に引いている個所でもある。「いったいランボオの思想とは？――簡単に云はう。パイヤン(異教徒)の思想だ。彼はそれを確信してゐた。彼にとつて基督教とは、多分一牧歌としての価値を有つてゐた[4]」。

「異教徒」であることはランボーにおいて、非キリスト教であるより、むしろ、「キリスト教」以前の霊性に生きることだった。イエスはキリスト教徒ではない。さらにいえば、四つの福音書を記した人々ですら、今日でいう「キリスト教徒」ではない。「宗教」がかたちの定まった何かだとしたら、彼らは「キリスト教」と命名される以前の、未定型な「霊性」のうごめきのなかを生きていた。

詩人ポール・クローデルはランボーを「野性の神秘家」と呼んだ。どの教説も、唯物論者であると自認していた若きクローデルを、信仰へと動かすことはなかった。だが、雑誌でランボーの詩を読んだとき、突然回心が訪れた。この正統なる異端者が、彷徨するクローデルを照らす光となった。クローデルをカトリックに導いたのは「異教徒」であるランボーだった。

詩論である「ポエジーについて」と題するエッセイで吉満は、「詩人と言って特にポエジーの純粋なる苛酷なる苦行者とも言うべき悲劇的宿命の詩人たちを考えている」[5]といい、ヘルダーリン、リルケ、ボードレール、ポー、トムソンらの名前と共にランボーを挙げている。そればかりか、詩人は不可視なる存在を見る者、「見者」でなくてはならない、とランボーが友人に送った書簡、「見者(voyant)の手紙」を深い共感と共に引用している。ランボーが詩作を止めたのは二十代の前半である。以後、詩人ランボーは沈黙した。吉満はこのエッセイの終わりに、ランボーを思いながら書いたと思われる、次のような一節を書いている。

ポエジーは所詮は言い表すべからざるものの現実意識の喚起であり、絶対の瞬時のヴィジョンをもってわれわれのこの有限なる存在の渇きを深き精神の静かなる淵において医す甘しき生命の水のあらかじめなる味わいである。ポエジーの究極においてわれらもはや沈黙のほかなきに至るとも、それは言葉の溢れによってであって言葉の貧困によってではない。ポエジーの夜は輝かしき夜である。[6]

信仰者としてはどこまでもカトリック教会の伝統に従った吉満だったが、詩を語るとき彼は、しばしばランボーをも想起させる「異教徒」の声をもらす。少し長いが引いてみたい。「新しき歌」と題するこの作品は、エッセイの形式をとった彼の「告白」となっている。ここでの「歌」は、「詩」である。もっとも純粋なる「歌」としての「詩」を意味している。

いまだ新しき歌を心より偽りなく歌うことはできないと友らは言うか？　いまだ歌うときではないと諸君は言うか？　確かに！　しかし歌う気になれない、歌い得ないということから、歌は無い、歌は虚偽だと諸君が言おうとするのなら僕は抗議する、そして「歌を求めよ」と言う。忘れられた過去の歌ではない、新しき創造の歌である。「永遠の今」(nunc stans)なる瞬間に、今生まるべき歌である。生理的な記憶えた教えられた歌ではない。そんなものは忘れてしまいたまえ！　僕は祖先の歌などはもう沢山だ。墓場の臭いがする。祖先は一生懸命彼らの歌を歌った。否なそれも皆ではない。僕らは生まれたばかりの幼児の新鮮な片言まじりの歌でも、僕ら自身の歌を歌うのが祖先に対する義務ではないか。われらの存在が一回限りの絶対なものであるごとくわれらの歌も一回限りの瞬間を捉える飛躍でなければならない。芸術が生ける創造ならそんなことは分かりきったことであるべきだ。新しき歌！　新しき歌！　形式ではない、魂だ。本質ではない実存だ(7)。

ほとんど類例のない文体で書かれたこの吉満の一文を読んでいると、言語による絵画、あるいは言葉による音楽とでも言いたくなる。ときに言葉は、鮮やかな色彩をもって、また、あるときは旋律をともなって迫ってくる。言葉をもって言語的境域を突破し、頑迷な近代の迷妄を打ち破ろうとしているように感じられる。ここにあるのは、ほとんど、詩人の、あるいは天界の声を語る巫覡《ふげき》の言葉であるように思われる。

言語を口にするのは人間だが、言語を在らしめている根源的な働きは人間を超えたところからもたらされている。人にできるのは、それを吸い込むことだけで、内実は、言葉が人間を用いているのではないか、というのである。ただ、ここでの言葉は、日常的な言語ではない。むしろ、言語の姿を超えた、いわば高次な詩的なコトバである。

「歌を求めよ」と高らかに声を上げ、「忘れられた過去の歌ではない、新しき創造の歌である。「永遠の今」(nunc stans)なる瞬間に、今生まるべき歌である」と吉満はいう。さらに、「僕は祖先の歌などはもう沢山だ。墓場の臭いがする」と続ける。

このとき、「祖先」とは、単に吉満の祖先、あるいは日本人の祖先だけを指しているのではない。そこには歴代のキリスト者たち、すなわち信仰的、霊的な祖先をも含む。

かつて生者として生きた者も「新しき歌」を歌った。個々の魂が、それぞれに「新しき歌」を歌わねばならない。教えられた歌でもなく、いつの間にか覚えた歌でもない。形式は問わない、言語にしばられず、あらゆる「コトバ」を用いて歌わなくてはならない。それがたとえ「異教徒」の様相を帯びたとしても、と吉満はいうのである。

「パスカルは真のキリスト教徒たるためにはあまりにも異教徒でなさすぎた」(8)と書いたのはアランである。東京大学での吉満の教え子で、のちに批評家となった越知保夫が、クローデルを論じ、このアランの一節を引いている。アランはクローデルを愛読していた。フランス文学者の桑原武夫は、優れたアランの紹介者でもあったが、彼の記したアランの訪問記にも、彼の前でアランがクローデルを高く評価したというくだりがある。越知は、先のアランの言葉を受けて、「クローデルはキリスト教徒たるに充分異教徒であった」といえるのではないか、と書いている。さらにクローデルをめぐって越知は、次のように続ける。このとき彼の念頭を、師である吉満義彦の面影が横切ったのではなかったか。

> この異教徒という言葉は誤解を招きやすい危険な言葉である。これを反キリスト教という意味に解してはならぬ。それはむしろキリスト教以前の、未開の、裸のままの自然の直接性、或は本能の叫び、畏怖の叫びであって、しかもその叫びがクローデルにあっては絶えざるキリスト教への讃歌となって迸出しているのである。そしてこの本能の力の緊張がキリスト教信仰の生命力となっているのである。アランの考えでは、これがキリスト教というものの本来のあり方であるというのであろう。
>
> （「クローデルの『マリアへのお告げ』について」[9]）

原始キリスト教をも超え、イエスの時代にまでさかのぼろうとするとき、私たちは必然的に「異教徒」になる。キリスト教が存在しない以上、そこには「異教徒」しかいない。同質のことを河上は、中原中也において論じている。

『日本のアウトサイダー』の序文で河上は、西洋における「アウトサイダー」はもともと、異端者、異教徒、すなわち非キリスト教徒を意味したが、日本においてはむしろ、キリスト者であることが時代の異端者となると書いている。中原もまた、「キリスト教徒たるに充分異教徒」だったのである。
中原の息子文也が亡くなったのは、一九三六年十一月である。このとき、悲しみのあまり中原は精神に変調をきたし、入院を余儀なくされたばかりか、翌年には彼自身も、文字通り息子を追うように逝くことになる。次に引く「月の光」は、中原が退院し、鎌倉に住まいを移したころに書かれた作品である。

月の光が照つてゐた
月の光が照つてゐた

　お庭の隅の草叢《くさむら》に
　隠れてゐるのは死んだ児だ

月の光が照つてゐた
月の光が照つてゐた

　おや、チルシスとアマントが
　芝生の上に出て来てる(10)

ここに描き出されているのは、単なる幻想的世界ではない。中原の内的世界の描写だと思った方がよい。

月は「夜」を現出させる。「夜」は死者の国である。「夜」は隠れている。月は、隠れたるものを照らし出す。月光は、死者となった愛児を照らし出す。「チルシスとアマント」は、中原が影響を受けたフランスの詩人ヴェルレーヌの作品に登場する田園と牧歌を象徴する者だが、彼らもまた死者であり、また精霊でもある。

詩は、こう続く。

芝生のむかふは森でして
とても黒々してゐます

おゝチルシスとアマントが
こそこそ話してゐる間

森の中では死んだ子が
蛍のやうに蹲《しやが》んでる(11)

天界では精霊と死者は同胞である。また、詩的世界においてはしばしば、死者と精霊は超越界からの使者として描かれる。そのとき彼らは天使的使命を帯びる。天界の意思は天使によってもたらされる。また、詩は、天使的存在のコトバとして語られることもあり、また、天使的存在へと私たちを導く。天使は、自らの意思をもたない。透明な存在である。詩人を論じ吉満は、幾度となくその「透明性」に言及する。むしろ、詩人とは、人間が言葉に貫かれ、実在的に「透明」になった状態を表わすと考えた方が彼の実感に近いのかもしれない。

「作者の暗き精神の淵が、作品の暗き不可解性をわれと人との前に問いとして提示するものでなければならず、その透明さは実在の透明さであり、その不透入性(obscurité)は実在そのものの不可解性でなければならない[12]」と彼は書いている。

「不透入性」と吉満が書いているのは、精神の、あるいは霊魂の暗がり、暗夜のことである。詩人に訪れた霊魂の暗夜は、そのまま世界の闇となって、読む者の現実となる。詩は、詩人の内心の吐露で終わるようなことがあってはならない。それは詩人の二次的役割に過ぎない、というのである。

詩は、論理においてのみ解析されるものではない。それを照らし出すのは形而上の光である。詩の器となるものは、文学のみならず、現代においてはむしろ、神学であり、哲学なのではないかと吉満は書いている。したがって真に「神学」と呼ぶべきものは、単に超越を説明するものではなく、自ずと人に超越の存在をまざまざと感じさせるものとなる。神学は論理で語られる。しかし、そこに詩情を欠くことはできない。超越の論理においても「霊の息吹」を吹き込むのは、やはり詩情、ポエジーである。

だからこそ、文学も神学も、それをつなぐ哲学も、「この世に死して生くる「愛」の出来事としての根源的歴史性の行動でなければならない。それ故またそれは新しき高き実在の発見としてその栄光の「視」として天使の歓喜と祝福をかいまみる「詩」的創造の瞬間でなければならない。哲学者の言葉をもってすればこの実存的人格者の絶対的「超越」のアクトから起こらねばならない」(『詩と愛と実存』[13])と吉満は言う。

人間と超越、人間と世界、そして人間と人間を、根源につなぐものがあるとすれば、それは「愛」である、と吉満は考える。「愛」という概念が人間をつなぐのではない。「愛」とは何であるか、容易に知られ得ないとしても、個別の存在者を深くつなぎ、そこに不可視な意味を産み出すものがある。それこそが、これまで、さまざまな叡知の伝統が「愛」と呼んできたものではないのかと吉満は問う。キリスト教的な「愛」ではなく、教説の彼方なる「愛」である。

また、吉満にとって「愛」とは与えられるものであるより、すでに与えられている何かであり、人間にとっては、発見すべき何ものかとして存在する。「愛」の出来事はときに、天使を「視」するという「詩」的経験を通じて実現される。「視《し》」と「詩」、あるいは見ることと詩作は、一つの出来事の異なる側面だと吉満はいうのだろう。

大きな書店に行けばかならず中原中也の詩集は書棚にある。今日私たちは、中原の詩を手にすることに大きな労力はいらない。それは中原自身の作品の持つ力ゆえである、とも言えるが、優れた詩人の作品であっても忘れられているのが現代であることも事実である。詩人中原中也の作品の永続にきわめて大きな働きをした人物として、私たちは大岡昇平を忘れてはならない。大岡は、幾度も中原論を書き、彼の詩集を編み、また、優れた評伝を書いた。大岡は、時代を画した小説家だが、同時代のマイナー・ポエットの作品を正当に評価することにも大きな役割を果たした。富永太郎や中原中也の名前も、大岡がいなければ、今日の私たちは、たとえ彼らの名前は聞き及ぶことがあったとしても、作品に親しむということはなかったかもしれない。中原の精読者としての大岡の意見は傾聴に値する。大岡は、この詩人の宗教・霊性観において河上と意見を異にする。大岡は、中原に流れ込んでいたのはカトリシズムではなく、むしろ仏教だという。彼は、「現識」という『大乗起信論』に出てくる言葉を頼りに、中原への仏教の流入を論じたりもした。

そうしたことは河上にも承知されていた。その上で彼は、中原の精神をもっとも力強く支えているのはカトリシズムである、といって譲らない。そのほとんど確信にも似た筆致を追っていると、「中原」と書いているところには、河上が自身のことを重ね合わせているようにすら思えてくる。

「私にとって、ある所のものよりもあり得るものの方が興味があり、またそれが正しい批評というものだと思っている」(14)と書き、河上はこの著作の序文を終えている。一九八〇年に亡くなったとき、河上の葬儀はカトリック教会で行われた。彼は洗礼を受けなかったが、カトリックのミサによって送られることを希望していたのだった。

河上は、『創造』にも寄稿している。そのとき彼が書いたのもランボーにまつわるものだった。同じく『創造』の寄稿者で、批評家であり、優れた翻訳者だった辻野久憲が訳したジャック・リヴィエールの『ランボオ』をめぐる作品だった。そこで河上は、次のリヴィエールの一節を引く。「私はランボオを基督者だと看做す権利はないと思う〔中略〕彼は見るために生れた人間で、信ずるには適してゐなかつたのだ。然しながら、ランボオは基督教への傑れた誘導者である」[15]。近代以降の人間は宗教を信じる、という。しかし、古代の人々は違った。彼らにとって超越者はまず、「見る」ものであり、感じるものだったというのである。

吉満と河上との接点で特筆すべきは、一九四二年に行われた座談会『近代の超克』である。この座談会は、これまではしばしば批判というより、非難の標的になってきた。そこで発せられた言葉が、先の世界大戦を後押しした、とされたのだった。『近代の超克』論は、複数ある。だが、そこで行われている批判のほとんどが、座談会そのものに対してであるよりも、そこに参加していた京都学派を代表する幾人かの人物の発言に対してであることは注意してよい。

この座談会で吉満は、近代の超克において欠くことができない主題として霊性を論じた。鈴木大拙の『日本的霊性』が公刊されたのは二年後、一九四四年である。近代とは超越を見失った時代であると吉満は定義する。彼はそこで超越を「普遍的統一原理」と呼び、その回復を訴える。さらに超越の実在を背景にした「精神秩序の再建」、そして「再び神を見出し霊性の立場で文化を秩序づけて行」かなくてはならないと語る。そして次のように言葉を続けた。

ルネサンスが古代的人間性の文化価値の高揚乃至創造と言ふ方面丈けなら、中世の文化精神のロゴス面に継続展開されたものと本質的区別はない。たゞそのロゴス的人間性価値の意識が生ける真の宗教的霊性のものでなくなつた所に、文化と精神の「秩序の混乱」としてのルネサンス人間の原罪があると考へるのです。(16)

確かにルネサンスの時代には、キリスト教以前の人間の姿に回帰せよ、人間復興だと声高に叫ばれた。しかし、彼らにとっての「人間」とはどんな存在だったのか。ルネサンスが、膠着した「宗教」から離脱し、古代的霊性を取り戻そうとする衝動に基づくものであれば必然だったのだろうが、それが彼方なる世界と分断された人間の独立を訴えるものであるなら、あまりに貧しい、と吉満は語る。

宗教改革は時の必然で、起こるべくして起こった。だが、それは時代的カトリック教会への対抗であるだけでなく、カトリック教会に生きていた古き霊性をも顧みないことにつながっていったのではなかったか。岩下が生涯をルターの研究に捧げてもよい、と言い、その志を吉満が深い共感を持って語るとき、宗教者ルターに生きていた古代的霊性の復活が意図されていることは、他の岩下の論考からも明らかだ。岩下も吉満も、時代的に新しいことが正しいことなどとは思っていない。むしろ、彼らは永遠なるものはいつも「新しい」という。

ある者にとって人間とは、「神」と不可分な存在であり、またある者にとって人間とは、いつも「神」と対峙する存在だった。古代人は形式としての「宗教」を知らなかったとしても、超越と分離した自己など考えもしなかった。彼らは「神」と対峙したりはしない。「神」と交わるのだった。その世界観は中世までは生きていて、彼らにとっての世界とは、超越界と不可分なものだった。

前者を古代的人間、あるいは中世的人間と呼ぶなら、神と対峙する者こそ近代的人間である。近代の人間はいつからか超越との関係を見失った。自己が超越のなかにあるのではなく、超越と向き合うと考えるようになった。吉満にとって「近代の超克」とは、見失われた「神」とのつながりを見出すことだった。それを今の時代において鮮明に浮かび上がらせることにほかならなかったのである。

『創造』には、河上だけでなく、渡辺一夫や片山敏彦といった、カトリシズムに限りなく接近したが、洗礼は受けなかったという人々も寄稿している。時機があえば中原が執筆する可能性も充分にあった。中原にとってそうだったように、河上、渡辺、片山にとってもカトリシズムは、単なる文化あるいは教養ではけっしてない、霊性の源泉であり続けた。中原を論じながら、河上がいったように、彼らにとっての「カトリシズム」が、教会組織としての「カトリック」と必ずしも一致していなかったことは共通した認識だった。

渡辺一夫は、三人のなかで吉満と、もっとも個人的な親交が深かった人物で、渡辺には「吉満さん」と題する追悼文もある。渡辺は、現代日本におけるもっとも優れたフランス文学者の一人である。渡辺の業績でもっとも知られているのはフランソワ・ラブレー研究とラブレーの主著『ガルガンチュワとパンタグリュエル』の翻訳、あるいは『フランス・ルネサンスの人々』に代表される中世フランスにおけるユマニスム論だろう。

交友の事実が物語っているように、吉満のルネサンス論にも、渡辺の影響があったと考えなくてはならない。二人はともに東京帝国大学で教鞭をとっていた。吉満が、文学部倫理学科の講師になったのは一九三五(昭和十)年四月からである。

毎週水曜日、二人は講義が終わると、大学近くの喫茶店「白十字」にどちらが声をかけるわけでもなく「どちらかゞ先に行つてどちらかを待つてゐるやうなことにひとりでになつて」いた。「「白十字」での雑談が一番時間的にも内容的にも多量である」[17]と渡辺が書いている。互いの学生が一緒にいることも多かったとも、記されているから、学生のなかには、二人の近くにいた作家中村真一郎や批評家加藤周一、あるいは越知保夫も同席したことがあったかもしれない。また、渡辺は、これほど多くの時間を吉満と過ごしながら、一度も吉満から宗教観を語ることを強いられたこともなかったし「「回宗」を求められたこともなかつた」と述べている。

だが、あるとき、話の流れから信仰論に話が及んだ。そのときの様子を渡辺は、次のように記している。

何かの議論の最中に「神」とか「信仰」とかいふ問題に触れなければならなくなつたことがある。僕は僕のあやふやなデイスト〔deist〕的な信仰の限界を率直に述べ、「これから先は判りません。

かうした考へ方が正しいか正しくないかも僕には判らぬのです。我がためにいのり給へ。Priez pour moi!」と笑ひながらフランス語を混ぜて言ふと、吉満さんは、いつになく厳粛な顔をして、「えゝ、判りました。それでまあよいのでせう。」と答へられた。僕は少々淋しかつたし、申訳のないやうな気もしたが、今だにあの厳粛な顔は忘れられない。(18)

「デイスト」は、デイズム（理神論）の信奉者を指している。ここでの「理神」論とは、三位一体の「神」あるいはイエスに血肉化する「神」の対義語だと考えてよい。それは超越神を認めるが、イエスを神とは認めない立場を指す。先に見た『近代の超克』で吉満は、カール・アダムの『カトリシスムの本質』に寄り添いながら、近代が神を見失う三つの階梯に言及している。それは十六世紀における「教会よりの分離」にはじまり、十七、十八世紀の「基督よりの分離」（理神論）、そして十九世紀以降の「神よりの分離」に至るという。

おそらく渡辺は、吉満が訳した『カトリシスムの本質』を読んでいる。その上で自らを謙遜を込めて「デイスト」な、と語ったのである。渡辺にとって吉満は、イエスを信じることを告白する者だった。自分はそうではない、というのである。だが、冗談交じりではあったとしても「我がためにいのり給へ」と口に出し、また、そのときのことを改めて言葉にする渡辺は「信仰」を否定しない。だが、彼は吉満を前にして、超越を希求する、自らの霊的衝動を「信仰」と呼ぶのをためらうのである。

先の一節に続けて渡辺は、吉満が厳粛な態度を示したのは、「不信者に対する憐憫の情を感じたからではなく、僕の不信に対する僕自身の自信のなさを吉満さんがよく判つて下さつた」からに違いない、そう信じている、と書いている。[19]

以下に引くのは、一九四五年三月九日に書かれた渡辺一夫の日記である。この日も東京は空襲を受けた。三月十一日が「東京大空襲」で、東京は壊滅的に破壊され、十万人を超える人々が亡くなった。

思い出も夢も、すべては無惨に粉砕された。試練につぐ試練を耐えぬかねばならぬ。カルヴァリオの丘における「かの人」〔キリスト〕の絶望に、常に思いを致すこと。〔中略〕かの人の苦悩に比すれば、今の試練なぞ無に等しい。[20]

「かの人」とは、大工の子として生まれ、政治犯として逮捕され、侮蔑の言葉と共に両手、両足に太い釘を打ちこまれ、脇腹に剣を突き刺されて十字架上で死んだナザレのイエスと呼ばれた人物にほかならない。

ここにあるのは、憧憬で、いわゆる「信仰」ではない、という人もいるかもしれない。だが、ここには「信仰者」であると自負する者にも、容易には実践できない、沈黙の祈禱がある。この言葉は、祈るとは、願望の表白ではなく、人間を超えるものの声ならぬ「声」を聞くことであることを教えてくれる。渡辺は教会に連なることはなかった。だが、この言葉を見てなお、彼がイエスの霊性と深く結びついていることを、どうして疑うことができるだろうか。

（1）河上徹太郎『日本のアウトサイダー』中公文庫、一九七八年一二月、二〇頁。
（2）全集第五巻、一六頁。
（3）同書、一六頁。
（4）中原中也『中原中也全訳詩集』講談社文芸文庫、一九九〇年九月、二〇九頁。河上徹太郎、前掲書では三七頁に引用。
（5）全集第五巻、四五四頁。
（6）同書、四五七―四五八頁。
（7）同書、三八七―三八八頁。
（8）越知保夫、「クローデルの『マリアへのお告げ』について」『小林秀雄　越知保夫全作品』、二六〇頁。
（9）越知保夫、同書、二六一頁。
（10）中原中也「月の光　その一」『中原中也全詩歌集　下』講談社文芸文庫、一九九一年五月、一二二頁。
（11）中原中也「月の光　その二」、同書、一二五頁。
（12）全集第五巻、四五七頁。
（13）同書、一六―一七頁。
（14）河上徹太郎、前掲、一四頁。
（15）河上徹太郎「リヴィエールの「ランボオ」」『創造』第八号、三才社、一九三六年七月、五一頁。
（16）『近代の超克』前掲、一八二頁。
（17）渡辺一夫「吉満さん」『カトリック思想』第二六巻第二号、六二―六三頁。
（18）同誌、六三頁。

(19) 同誌、六三頁。
(20)『渡辺一夫』筑摩書房、ちくま日本文学全集、一九九三年七月、三八三頁。

第11章 詩人の神・哲学者の神

一九一二年以降、鷗外は、リルケの作品を複数翻訳している。彼がおよそ六年間のドイツ留学から帰ったのは一八八八(明治二十一)年、当時リルケはまだ十三歳、もちろん作品は書いていない。鷗外がリルケの作品を知ったのは、おそらく彼の翻訳が出た時期からそう離れてはいないと思われる。鷗外は一八六二年生まれで、リルケ(一八七五年生)よりも十三歳年長である。没年は鷗外が一九二二年、リルケは二六年だから二人は同時代人だと考えてよい。

その後、一九二七年に茅野蕭々訳の『リルケ詩抄』が出ているが、この詩人が本格的に日本において知られるには、一九三五年に編まれた雑誌『四季』のリルケ特集と一九三八年(雑誌での初出は三六年)に公刊された堀辰雄の『風立ちぬ』まで待たなくてはならなかった。『四季』は堀が中心となって営まれていた雑誌で、特集で堀は、詳細なリルケの年譜を作成し、作品の翻訳も試みている。

この雑誌を介して、堀と吉満は近しい関係にあった。二人は同年の生まれで、大学も同窓である。義彦の弟義敏が『四季』に詩を寄稿していたことは先章に見た。『四季』と吉満らの『創造』双方に寄稿している辻野久憲や片山敏彦のような人物もいる。

雑誌『創造』に吉満義彦が「リルケにおける詩人の悲劇性」を発表したのは、一九四〇(昭和十五)年だった。この作品とほとんど時期を同じくするように『マルテの手記』(大山定一訳)や『神様の話』(谷友幸訳)が公刊される。吉満が日本におけるリルケの初期受容者の一人だったことは注目してよい。それればかりか最新の邦訳リルケ全集の中心的人物だった塚越敏は『リルケの文学世界』で、「もっとも優れた理解者」として吉満義彦の名前を挙げ、特異の位置を与えている。

吉満にとってのリルケは『マルテの手記』の作者だった。この小説に強く動かされ吉満は、初期の詩集から晩年の『ドゥイノの悲歌』や『オルフォイスに捧げるソネット』を読む。だが彼は『マルテの手記』に還ってくる。吉満は『マルテの手記』で繰り返される「詩というものは感情ではなく……経験であり」との一節の前に立ち止まる。(1)

文学は、鑑賞する対象ではなく、それにふれることは一つの経験となる。読む者に経験であると感じさせるものが文学であると考えるべきなのかもしれない。詩作が経験であるなら、詩を読むこともまた経験でなければならない。どんな形であれ文学は、常に読まれることで完成される。作品は、「読み」によって満たされるのを待っている。

自分にとってリルケがかけがえない存在であるのは、その詩に表わされている芸術性に魅せられたからであるより「詩人的生態度に示現されている根本エトス」と「世界の実存的把握そのものにほかならない」(2)と吉満はいう。

『マルテの手記』では主人公を通じて、語っていないはずのリルケの生きる態度が鮮明に浮かび上がる。また、吉満が記しているように『マルテの手記』を読むと、のちに現われるリルケの詩作品の登場を予感させる言葉に出会う。次に見るのは、リルケが十年以上の歳月を傾けた『ドゥイノの悲歌』の一節である。リルケにとって詩作とは、死者たち、あるいは天使たちから託されるコトバを文字にし、世界に刻むことだった。

おまえも神の召す声に
堪えられようというのではない、いやけっして。しかし、風に似て吹きわたりくる声を聴け、
静寂《せいじゃく》からつくられる絶ゆることないあの音信《おとずれ》を。
あれこそあの若い死者たちから来るおまえへの呼びかけだ。
(手塚富雄訳(3))

ここに見る詩人は、詩を作る者であるより、事象に伏在する詩を見出す者である。「詩人とは人々がおよそ日常性に常識化されて驚きを忘れ、生存の憧憬と苦悩との根源性に盲目《めしい》となってしまっているときに、予言者のごとく眼を遠く神話的宇宙発生にまで終末的宿命限界にまで透視し注視し得る孤独者であり例外者であるのです(4)」と吉満はリルケ論に書いている。「詩」は、「視」であると吉満が

書いているのは先に見た。マルテもまた、しばしば死者を天使を、不可視なものを「見る」者だった。

詩人にとって不可視な隣人たちを「見る」ことは、彼らの呼びかけに応えることであり、また、沈黙のうちに語り合うことだった。リルケは彼らから言葉を託されたときにだけ詩を書いた。リルケにとって創作とは単なる自己の表出ではない。むしろ、言葉の到来を待つことだった。『マルテの手記』の主人公にとっても、世界との交わりはいつも「見る」ことから始まる。彼も世界からの語りかけを待つ。小説のはじめ、マルテはこう語る。

> 僕はまずここで見ることから学んでゆくつもりだ。なんのせいか知らぬが、すべてのものが僕の心の底に深く沈んでゆく。ふだんそこが行詰りになるところで決して止らぬのだ。僕には僕の知らない奥底がある。すべてのものが、いまその知らない奥底へ流れ落ちてゆく。
>
> (『マルテの手記』大山定一訳(5))

「見る」ことは、彼にとって現象を捉えることに留まらない。現象の奥に潜む実在にふれることだった。事象を見る、どこまでも見る。見ることによって世界を知る、とマルテはいわない。むしろ、見ることによって世界は深まって行く、意識の深まりに応じて存在が深化するとマルテはいう。「見る」ことによって内部世界に自分の「知らない奥底」が広がるのを感じるというのである。

外部を見ることが内部を知ることになる。外部で世界にふれることが内部世界を築き上げる。見る人だったのはマルテだけではない。リルケ自身もそうだった。吉満はリルケを「洞視者」と呼ぶ。「洞視者」の眼は、人間の日常的世界の壁を突き破る。

「リルケはもともと洞視者であり、ニーチェがその言うところの「耳の人」(Ohrenmensch)であるとすれば、リルケは「目の人」(Augenmensch)」であり、「リルケもまたランボーと同じく一個の voyant(透視者)」だった。[(6)]「洞視者」のまなざしは、人間が日常を過ごす現象界を越え、実在界にまで通じる。

「目の人」とリルケにとって、存在するものはすべて「直観」の対象だった。「この詩人がリアリティとして有つところのものは一個の空間的形象として具体的なる直観的対象」だったと吉満はいう。

現代ではいつからか直観は、直感とほとんど区別なく用いられるようになっている。だが内実は異なる。直観とは文字通り直に観ることである。存在するものの真実の姿を、その一端だとしてもかいま見ることである。「見る」働きは、必ずしも肉眼を通じて行われるとは限らない。見者にとって「見る」とは、いつも高次な意味における受動の営為だった。

見者は、何を見るのかを選ぶことはできない。拒絶すれば彼は見者ではなくなってしまう。また、リルケにとって「見る」ことは、現象の中に隠された意味を認識し、隠された世界を切り拓くことだった。ヴィジョンを受けとることによって世界に創造的に参与する、ここに詩人の使命がある。リルケの詩は読む者に、創造的受動の秘儀を開示する。

「詩人と宿命――リルケに因んで――」と題する小品で吉満は、詩人リルケの境涯を次のように語る。「いわば時間を超えた、つまり過ぎ去ったものと来たるべきものとに心わたらぬ、今有りつづけるものの根源的有り方において有らせようとする、われと世界とが共々に一つの世界《ヴェルト》・内面《インネン》・空間《ラウム》において一つの内面化をとげる(7)」。

「世界・内面・空間」は、リルケの造語ドイツ語 Weltinnenraum の訳語である。「世界内部空間」と訳されることもある。ここでの「内面」を、意識下と置き換えてはならない。リルケがこの言葉で表現しようと試みているのは意識現象ではけっしてない。ここでリルケが語る場所は、深層心理学の境域とは違う。リルケにとって「われと世界」はいつも不可分に存在する。意識を単独で語ることをリルケは強く否む。彼にとって意識の深まりは、同時に存在世界の深化だった。

「世界・内面・空間」に生きることは個でありながら、個の領域を越える。「見る」ことがそうだったように、「思う」ことも時空の障壁を突破する。「思い出だけならなんの足しにもなりはせぬ。追憶が僕らの血となり、目となり、表情となり、名まえのわからぬものとなり、もはや僕ら自身と区別することができなくなって、初めてふとした偶然に、一編の詩の最初の言葉は、それら思い出の真ん中に思い出の陰からぽっかり生れて来るのだ(8)」とマルテは言う。

ここで「思い出」は「追憶」と、ほとんど対義語に近い関係にある。「思い出」が個人の記憶であるのに対して、「追憶」は歴史からの呼びかけによって開かれる。「思い出」は個の枠を出ようとしないが、「追憶」は、前ぶれなく人間を「歴史」に連れ出す。教科書に語られているような、作られた「歴史」ではなく、いわば無記名の歴史ともいうべき地平へと招き出すのである。リルケにとって「追憶」は、過去の世界ではなかった。過去であると理性が認識している事柄が、まざまざと今によみがえる「時」の次元の現実だった。

過ぎ行かない「時」に生きようとする精神は、堀辰雄にも継承されている。『風立ちぬ』は、ポール・ヴァレリーの詩の一節「風立ちぬ、いざ生きめやも」の一節で始まり、次に見るリルケの詩「レクイエム」の引用で終わる。

帰っていらっしゃるな。そうしてもしお前に我慢できたら、
死者達の間に死んでお出《いで》。死者にもたんと仕事はある。
けれども私に助力はしておくれ、お前の気を散らさない程度で、
屢々《しばしば》遠くのものが私に助力をしてくれるように——私の裡《うち》で。(9)

この小説世界を貫くのが、生者と死者の交わりであることは、この詩からもはっきりと分かる。この一節に、作品の最後で出会うことで読者は、「風立ちぬ、いざ生きめやも」とあるときの「風」は、彼方なる世界から吹きよせていることに気が付かされる。

晩年、リルケはヴァレリーと親交を深めた。堀はもちろん二人の関係を知って、自身の作品にそれ

ぞれの言葉を引いている。リルケはヴァレリーの詩を翻訳しただけでなく、ヴァレリーの母語フランス語での詩作も試みている。同じ言葉を用いることでヴァレリーが見た光景を、自分もまた見ようと言うのである。ヴァレリーもまたリルケを敬愛した。

「神なき神秘家」とヴァレリーを呼んだのは作家キャスリン・マンスフィールドだとされる。この呼称をヴァレリーは好んだ。ここでの「神」が、キリストを意味するなら、その呼称はそのままリルケに当てはまる。次に引くのは一九一二年『ドゥイノの悲歌』を書き始めた頃、リルケが、詩人としての生活を守護してくれたある親しい女性に送った書簡である。

> ムハンマドをいつも身近に感じます。古き山を通って河が貫くように、彼は神への道を切り拓きます。人は毎朝この神と荘重な言葉を交わすことができるのです。その会話には、「もしもし、いらっしゃいますか」と声を掛けてもいっこうに返事のない「キリスト」という電話〔交換手〕など必要ないのです。
>
> （一九一二年十二月十七日　マリー・フォン・トゥルン・ウント・タクシス＝ホーエンローエ侯爵夫人宛　筆者訳）[10]

人間と神との直接的な関係においては、「キリスト」の存在すら不要であるとリルケはいう。リルケはこの態度を生涯貫いただけでなく、その確信を深めてゆく。ここでリルケが記す「キリスト」とはイエスと同じではない。ムハンマドに対するのと同様にリルケのイエスへの信頼は深い。しかし、作られた「キリスト」を、彼は認めることができなかった。リルケは何かについて語られるような概説的な言葉を信用しない。特定の思想を奉じない。彼は「物」の声を直に聴く。その沈黙の声に、ひたすら耳を傾ける。

「物」、とリルケが書くとき、それは単なる事物を意味しない。それは実在の顕われを意味する。現代は「物」が姿を潜め、「作りもの」が跋扈する、とリルケは謳う。

いまはかつてのいかなる時代より
物たちがくずれてゆく、真実の体験となりうる物たちがほろびてゆく。
そういう物たちに取ってかわっているのは、形象《ビルト》をもたない作りものだ、
殻だけの作りもの。その殻は、仕事の意図が変り、その限界が
変るやいなや、飛散してしまうのだ。

（『ドゥイノの悲歌』手塚富雄訳[11]）

ここでの「作りもの」には、文学や哲学だけでなく宗教も含まれる。「物」に向き合うとき、人は独りにならなくてはならない。真実の意味で「孤独者」であるとき、実在は「物」に託して、その者の前に、姿を顕わにする。「物」は一輪の薔薇のときもあれば、「風」として感じられることもある。言葉もまた、「物」が顕現する一つの様式である。「物」の声を聞くために人は、ときに孤独でなくてはならない。

やはりこれらの「孤独者」はただ魂より魂に、静かな純粋な声をもって、街の喧騒の底に微かに耳を澄ます者にのみ届く声をもって、書籍によってではなく生存の苦悩の共同体験を通じて語りかけるほかの語りかけをしないことは確かです。そしてその声を聞き得る人間がそんなに数多く千で算えられるものでないことだけは請け合えるように思います。

（吉満義彦「リルケにおける詩人の悲劇性」[12]）

「孤独者」は、他者と共にいることを拒まない。「孤独者」とは、誰といたとしても、自己がどこまでもかけがえのない唯一なる存在であることを知る者の謂いである。吉満にとってリルケは、あらゆる「作りもの」から身を引き離した孤独者だった。

孤独者の魂に呼応するのも孤独者である。孤独者は意見によって同調しない。彼らが出会うのはいつも経験においてである。孤独者の経験はいつも、個の境界を打ち破り、未知の他者につながる場所へと導く。

経験は個の深化を促しながら、個に閉じこもることを強く否む。そこに叡知の平原が拓かれる。堀も吉満もまた孤独者だった。吉満のリルケ論は文体からも感じられるように親しい友に送られる書簡の形式がとられている。これが堀辰雄に向けて書かれているという論拠はない。しかし、堀も読むことを吉満が、強く意識しながら書いていたことは容易に想像できる。

一九四四年に吉満の紹介で、はじめて堀に会うと遠藤は、遠く信州に暮らす堀を毎月のように訪ねるようになる。堀は、神西清に遠藤周作を紹介する。堀と神西は互いを深く信頼していた。一九四八年、二十四歳の遠藤が、神西の勧めに従って書いた最初の長編批評が「堀辰雄覚書」である。

そこで遠藤は、『風立ちぬ』が「見る」ことにおいて、『マルテの手記』の根本問題を継承していると指摘する。またここで遠藤は、吉満の詩論「詩人の友に与へる手紙」にもふれ、詩の精神とは「見る」ことであると共に「存在を覆《カバー》えるものを除《ディス》く事によって存在の根元に肉迫する事(13)」にほかならないと述べる。

真に影響と呼ぶべき現象は、意識しない形で働き、また顕在化する。リルケとその高次な受容者である堀を論じるとき遠藤が吉満の言葉を繰り返すことに終始する危険があることを強く認識しているのは、その筆致から伝わってくる。また、先師がリルケを語る地点に立ちながら、そこにまざまざと顕われてくる問題を、同時代の日本人作家において論究しようとする遠藤の文学的野心と呼ぶべき覚悟も、この作品からはっきりと感じることができる。

模倣と独創両面にわたる問題認識において遠藤は、おそらく間違ってはいなかった。堀辰雄をめぐって遠藤が論じた「神と神々」という主題は、その後作家となった彼の生涯を貫いている。遠藤が論じる堀辰雄は、卓越したリルケの読解者、冥界と死の相を見据えつつ、超越を求め、異教的生を生きる求道《ぐどう》者だった。

ここでの異教的とは、単に非キリスト教であることを意味するに留まらない。それは、道を求めれば求めるほどに既成の「宗教」から離れて行かざるを得ない境涯を指す。霊的地平における単独者であることを示す。遠藤の指摘は、作家堀辰雄においてだけでなく、近代日本における霊性の問題として今も古びない。だがそれは、遠藤が堀に見た精神的肖像であると共に、すでに吉満がリルケに見ていた姿そのものだった。吉満は、リルケがキリスト教に対して著しい反抗を感じていることに、積極的かつ重大な問いを見出しながらも、この詩人に強く魅せられていた。リルケの異教性をめぐって彼は次のように書いている。

リルケは仲保者としての、神との媒介者としてのキリストをすらも拒否し、専ら神に直接に至らんとする絶対的精神努力にとって妨害なるかのごとく考えているのですが、そこにリルケが所詮人間の倫理的実存性を、人間的実存条件を忘却している点と、またキリストの神自らの第二位としての神性の本質を、単に宗教的人間性の位置において理解していることが知られるわけです。

（「リルケにおける詩人の悲劇性」[14]）

この一節を見るだけでも吉満が、いかにカトリックの教理的束縛から自由だったかが分かる。吉満は、カトリシズムを生きるが、カトリシズムという眼鏡で世界を見ることはない。むしろ、彼にとっての宗教とはいかに眼鏡を外してゆくかという道程だったといってよい。

キリストは、神と人間との関係を築く者であり、それが永遠につながることを約束する「仲保者」である。キリストは神への扉であると共に、神それ自身である。さらにいえば、扉から舞い込む「風」も「神」の働き、そしてこの世でイエスとして生きたキリストの働きである。それが、キリスト教の三位一体の世界観である。

だが、リルケはそう考えない。イエスが神との関係がなんら媒介を必要としないように、私たちもまた、仲介者を要しないという。それればかりか、ときには眼前に咲く一輪の薔薇さえ超越へと人間を導く窓になる、とリルケは信じた。

さまざまなところで吉満は、神とは人間が愛する対象であるよりも「方向」であると書いている。そういったのはリルケだった。「哲学者の神」と題する作品で吉満は「神は愛の対象ではなく、愛の方向である(15)」とのリルケの言葉を引いている。

この詩人が宗教から離れることによってまざまざと「生ける神」を感じていることから吉満は眼を離さない。時代の闇を照らす者が、その時代によって異端の烙印を捺されることはけっして珍しいことではないことを吉満は熟知している。それればかりか新しき時代が、異端者によって樹《た》てられてきた歴史を強く想起している。

「人々はリルケにおいて中世ドイツ神秘主義以来哲学や詩文などの一つの精神源泉ないし地盤として生きている神秘瞑想の新しく生ける示現を見ることができるのでして、東方的 Theosophie との類縁関係もそこに根差している(16)」と吉満は書く。

「中世ドイツ神秘主義以来哲学や詩文」と記す彼の念頭にあるのはおそらく、マイスター・エックハルトにはじまる神秘主義の潮流である。エックハルトも時代に断罪された。だが、彼の影響は彼の名前を冠しない形でドイツばかりか東洋の世界まで飛び火する。「東方的 Theosophie」すなわち東洋の神知学の伝統にもその精神は流れ込み、ついにリルケにまで及んだ。

ここで吉満がいう「東方」とは西方の対義語ではない。それは、井筒俊彦がいう「東洋」、すなわち西洋的視座からは不可視になってしまった実在の領域を意味する。さらに吉満は「リルケはルドルフ・シュタイナーなどの心霊研究にも関心をもっていたらしいのですが、全体リルケの神秘詩の源泉には初期のものから後期のものに至るまで一種の「神知学」と申しましょうか、とにかく「神知学的《テオソフィク》」な考えが支配しているようです(17)」と書き、リルケとシュタイナーの精神的近親性を論じる。

「神知学的(テオソフィク)」という表現も、神秘家クリシュナムルティが解散を宣言した「星の教団」の母体だった神智学協会のみを指しているのではない。ここでの「神知学」とは、既存宗教の伝統から積極的に逸脱しながら「神」との関係性を直接的に探究する精神伝統を指す。

宗派、あるいは哲学の別を越えて、超越へとつながる霊性の源流に帰っていこうとする営みを活写する点において、リルケを論じる吉満の言葉は「東方」の神秘哲学、イスラーム神知学の巨人スフラワルディーの世界を思わせる。リルケの詩的世界とイスラームの接近、それは井筒俊彦が主著『意識と本質』で試みた論述であり、井筒と親しかったイスラーム神秘哲学研究の泰斗アンリ・コルバンが指摘していたことだった。リルケを巡る視座も、吉満の洞察力と先見性を十分に証している。

この論考で吉満が直接的にイスラーム神秘哲学を論じているわけではない。しかし、彼が「東方」あるいは「東洋」というとき、彼の念頭にイスラームを含む東洋の神秘哲学が念頭にあったことはおそらく疑いがない。後年書かれる「神秘主義の形而上学」をはじめとする神秘哲学を論じた作品で吉満は、イスラーム神秘哲学に言及することになる。

先に引いたムハンマドへの共感に見られるようにリルケは、自身の詩的世界がイスラーム神秘主義の描き出す世界と著しく共鳴することを実感していた。『ドゥイノの悲歌』で描かれている天使たちもキリスト教の、ではなく、イスラームの天使たちに近似しているとリルケは書簡に書いている。リルケにおけるイスラーム的霊性からの影響は今日に至ってもまだ、論じられる余地を充分に残している。

一九三三年、ユングの声掛けに応じて一群の人々が、スイスのアスコーナ湖畔に集まった。そこでは古代ギリシア、古代中国、古代インド哲学はもちろん、諸宗教の神学あるいは哲学、音楽や絵画、数学、物理学、生物学に至るまでを視野に入れ、互いに講義を行い、熱い論議を交わし、東西に分断され、交わることが難しくなった霊性的関係の回復を試みようとした。その集いは「エラノス」と呼ばれたことは先に見た。命名したのはルドルフ・オットーである。吉満はオットーを読み、論文でもふれている。

一九五三年から二回鈴木大拙が参加し、一九六七年以降、八二年まで井筒俊彦が参加し、後半はその中心となって働いた。エラノスが始まったときリルケはすでに亡くなっている。だが、年齢的にリルケは、エラノスに参加する可能性が充分にあった。この集いの精神的支柱だったユングは、リルケと同年の生まれなのである。

リルケは「東方的神秘を西方的形象のうちに、東方的瞑想を西方的知性感覚のうちに表現せんとしつつ」二十世紀ヨーロッパを席巻した絶望を「東方的無限感覚につなぎつつキリスト教的宗教性環境の神秘感覚をテオソフィクな静寂の瞑想と詩人的祝祭のヒロイズムのうちに置換し解消」しようとする[18]、と吉満はいう。吉満はリルケに東西に分断された霊性をつなぎ止める者の姿を見る。誤解を恐れずにいえば、リルケにきわめて高次なエラノス精神を見出している。エラノスに参加しない者にもエラノス精神は生きている。命名したオットーも病のため、集い自体には出席することはなかった。

先の一節にもあった「ヒロイズム」という術語は、吉満を理解する鍵言語の一つであり、また、現代ではほとんど用いられることのなくなった言葉でもある。この一語を英雄主義と訳すと吉満の意図と真逆のことを指すことになってしまう。

「英雄」とは吉満にとって、彼方からの働きによって、無私の営みの媒体となる者を意味する。その者は自分が何を成したかを知らない。自分の企図しないところで働いていることすら、そのときは分からない。その道は殉教者によってもっとも苛烈に表現されるが、殉難に遭遇しない一個の人間にもその使命は課せられている。同質の意味を込めて吉満は「天使的精神」と書くときもある。それは我が身を世界に向かって捧げつくすという意味にほかならない。真の英雄はしばしば世に隠れている。

このとき彼は妻や妹栄子のことを思っていたかもしれない。

超越者の完全な反響であることが、天使の栄光であるというのと同質の意味において詩人は、詩においで語る主体とはならない。詩人は、「人類性」を照らす光が顕現する一個の通路となる。「詩人の使命はここに人間の喜びや憂いを語ることではなく存在世界の意義を表現するものとなるのです。人間はリリスム〔叙情〕の中心となることをやめ、人類性に透入するために自然に合体するのです[19]」と吉満はいう。彼がいう「人類性」とは、人間が神と不可分の存在であることの認識であり、現実である。

「「神は死んだ」と言うことは「人間は死んだ」と言うのと別のことを意味しない」(「哲学者の神[20]」)と吉満は書く。彼はニーチェの言葉を揶揄しているのではない。むしろ、世がニーチェの警鐘の意味を見過ごしていることに警鐘を鳴らしている。「神」を見失っていることすら認識できない人間を絶望が巣食う。リルケとはまったく別な道程を行きながらニーチェもまた、すでに生命を失いつつあるキリスト教を糾弾する。「パスカルに嫉妬し得たニーチェは俗物ではなかった」とも同じ作品で吉満は書いている。没後、『カトリック研究』の吉満を追悼する号に発表された「「ツアラツシュトラ審判」の秘儀」に明らかなように吉満は最晩年まで高い緊張感と共にニーチェに向き合った。

ここでのパスカルは、孤高の信仰者の典型を意味する。リルケ論でも吉満はパスカルにふれる。宗教から遠ざかるリルケの生が、あえて信仰世界に沈潜することを願ったパスカルの生涯に共振すると、吉満はいう。「リルケ的な絶望と不安の把握がパスカルやキルケゴールなどと等しく聖アウグスティヌスの古典的なあの「神に至るまで安きを得ざるわれらの心[21]」」に結びつく、と書く。

リルケ論のあと吉満は、デカルトとパスカルを論じてゆく。それもそれまでに書かれたものとは異なる新たな視座に立って彼は、近代のはじまりを告げた宗教なき神秘家デカルトと正統なる異端者パスカルを論じるのだった。リルケの後ろにパスカルがいるように、ヴァレリーにはデカルトの精神が生きている。ヴァレリーの言葉に導かれながら吉満は、デカルトにも「神なき神秘家」の生涯を見る。吉満のリルケ論もまた、『風立ちぬ』のようにヴァレリーに言及することから始まっている。その意図を吉満は、次のように語る。

> 今私がこのヴァレリーをここに出しぬけに引き合いに出してきたのは、実は今日私が貴兄にこの夏以来たびたび語りまた書きもしたことのある「世界・内面・空間」(Weltinnenraum)の詩人思索者ライナー・マリア・リルケについて少しばかり書き、またそれからそちらでこの夏に書いたデカルト論に関連させたりしてみたいと思ったからなのです。[22]

ヴァレリーを語ることで開かれてくる地平をデカルトにまでつなげてみたいというのである。ヴァレリーはデカルト主義者《カルテジアン》である。ここでの「主義」は表層的な主張を意味しない。むしろ「道程」を意味する。デカルト主義者であるとは、続く者もまた、自分の足でデカルトが進んだ境域を歩くことを示す。彼にとってデカルトは心身二元論を説く貧しき合理主義者ではない。『方法序説』には物心二元論が説かれている、とは俗説に過ぎない。むしろそこで語られているのは、身体と魂という、現象的にはどうしても別個に存在するものが、実在としては一なるものとして存在する、神秘の実相である。この現実をデカルトは解き明かそうとする。『方法序説』でデカルトは、「われ、考えるゆえにわれあり」の一節に収斂する思索を顧みながら、人間の実体は肉体ではなく「精神」だと言う。

これらのことから私は次のことを知った、すなわち、私は一つの実体であって、その本質あるいは本性はただ、考えるということ以外の何ものでもなく、存在するためになんら場所をも要せず、いかなる物質的なものにも依存しない、ということ。したがって、この「私」というもの、すなわち、私をして私たらしめるところの「精神」は、物体から全然分かたれているものであり、さらにまた、精神は物体よりも認識しやすいものであり、たとえ物体が存在せぬとしても、精神は、それがあるところのものであることをやめないであろう、ということ。

(『方法序説』野田又夫訳[23])

ここでの「精神」は、肉体をはるかに超える不可視な実在である。また、精神分析というときの「精神」ではない。仏教哲学者清沢満之が「精神主義」と書いていたころ、「精神」という言葉は、人間のうちにあって超越を求める働きを意味した。だが、二度の世界大戦を経て「日本精神」という言葉が用いられるようになると「精神」に宿っていた意味は急速に希薄化し、弱化する。また、心理学の一潮流を「精神分析」と呼ぶようになってから「精神」は人間によって制御可能なものになっていった。

先の訳文で「精神」とされていたところは原文で、l'âme と書かれている。この一語は「精神」と訳すより「こころ」あるいは「魂」と訳した方がデカルトの意図に近い。

肉体と魂が別な実在でないなら、私たちは肉体の崩壊と共に消滅することになる。だが、デカルトはそう考えなかった。彼はこの本で肉体が朽ちたとしても魂は一切傷つくことがないことを証して見せたのである。ヴァレリーもデカルトに似て、生活者としては、きわめて合理的実践者でありながら同時に、秀逸な魂の語り手だった。彼にとって合理的であるとは、科学的であることと共に科学では捉えきれない世界に向かっていつも開かれていることだった。次の一節にあるように吉満もまた、哲学の態度においてヴァレリーと共にデカルトの血脈を継ぐ。

デカルトにとって哲学するということは分かるものと分からぬもの、可能と不可能との区別が身について分かってくるということであった。デカルトの合理主義はつまり思想の限界を見極めるという知性の修練であった。ひとり闇夜を行く人のごとくよしその歩は遅々たるにしても転ぶことなく徐々に戒心していく決意をなして、自分の立てた理性の規則を正確に実行して精神(理性)を習慣づけていくために年月をかけねばならなかった。『方法叙説』で人々はデカルトの数学的分析的方法を学ぶのではなく、つまり「方法の論理」を学ぶのではなく、方法を求めそれを生活する理性の自己告白に言わば「方法の論理」を学ばねばならない。

(「哲学者の神」)(24)

真の合理主義とは、理性における可能と不可能を峻別することであり、思想の限界を見極める営みだった。多くの人はデカルトに「方法の論理」、方法論を学ぶ。だが、吉満は、いかに「論理」を展開するかの方法ではなく、理性による方法がどこまで到達し得るのか、また、どこの境域からは到達し得ないのかを見極めること、「方法の倫理」を見る。さらに吉満は、デカルトの形而上的体験は歴史上に現われた偉大な神秘家たちに通じているという。彼にとってデカルトは、近代の最初に顕われた神秘哲学者だった。

自らの内的思想の闘いが落ちついた後に、デカルトを静かに訪れたとき、なんとここに見いだされたデカルトは近代の哲学教師や論述家などとはおよそ異なった、ストアの賢者たちのごとく、哲学を地でいく、全く「哲学の樹木」のような、生き生きと血の通った、まるで「思想《パンセ》」がのそのそ歩いているような体当たりではないか。『方法叙説』を本当に読んだと言えるのはその時からだった。『方法叙説』が分かるためには、デカルトの歴史的(伝記的心理的)および思想的(現実的および志向的)全体理解が要求されること、デカルトを知れば知るほど『方法叙説』は一つの透入すべからざる実在のように奥行きと幅をもった世界であることが分かってくる。

(「デカルトよりトマスへの道[25]」)

あらゆるデカルト論を排し、読むことを通じて先人に向き合ったとき、そこには「「哲学の樹木」のような、生き生きと血の通った、まるで「思想《パンセ》」がのそのそ歩いているような」哲人デカルトの姿が立ち現われてきたというのである。以後、彼にとって『方法序説』は、文字通り「生ける書物」になった。

ここに見られるデカルト観はかつての吉満のデカルト論を超克している。吉満もまた、デカルトにおける「方法の論理」を批判したことがあった。

同じ一文で吉満は、デカルトに「遭遇」したのはそう古いことではないと述べている。以下に少し長いが引いてみたい。ここに見られるのは単に吉満義彦におけるデカルト観の推移ではない。近代論の刷新であり、真理を求める者、すなわち哲学者として態度の変貌、霊性探究の営為の深化が示されている。

ゲーテではないが「真理はすでに発見されてあるのだ」。ただ古い発見されてある真理が自分にも見えてくるまでは、その人には真理はまだどこにもなく、ただ至るところに真理の幻影《ミラージュ》を見て宙に足を浮かすのだ。デカルトは近代哲学の祖かも知れないが、近代哲学は無から創造されたのではない。哲学の歴史には古代も中世も近代もないことが分かったときに、デカルトはまたオリュンポスの神々の座に連なり座する者ともなろうか。しかし実際のところ、哲学の歴史では近代は没落の時代で、ペギーではないが「われわれは侏儒にすぎない」。というのは哲学は形而上的知性力によって測られるとすればデカルト以後の哲学は形而上学以前の門前の「修業《メディタション》」に他ならず、マリタンの言うごとく「天使を瞑想したことのない人は形而上学者ではない」からである。しかしデカルトはそれでも古典の哲学者たちに精神の系譜をチャンと持っていた。そのことを本当に知ったのはお恥ずかしい話ながらそれほど以前のことではなかった。

（「デカルトよりトマスへの道」[26]）

「お恥ずかしい話ながらそれほど以前のことではなかった」とあるように、この一節に見られる発見は、吉満にとって決定的な出来事となる。吉満義彦を理解しようとする者はこの一文を見過ごしてはならない。このとき彼にはすでに中世と近代の明確な境界は存在しない。近代は中世に対抗するものではなく、継承であり、持続となっている。

また、穏やかにだが、ここで彼はペギーとマリタンの近代論を批判している。敬虔な信仰者であり社会主義者でもあったシャルル・ペギーは吉満の精神的英雄だった。マリタンは吉満の哲学の師である。マリタンのデカルト批判は苛烈を極める。人間でありながら天使になろうとしたとマリタンはデカルトの視座を根源から否定する。その影響が吉満に流れ込まないはずがない。だが吉満は、盲目的に師の思想に服従するような者ではなかった。彼はどこまでも自らが見たものに忠実であろうとする。リルケ論を書いた翌年、吉満は、次の言葉から始まる、デカルトとパスカルの交差と異同を論じた「哲学者の神」を書く。

パスカルがあの忘るべからざる夜の『覚書《メモリアル》』の中に言う「哲学者の神」が問題である。しかし「アブラハムの神、イサクの神、ヤコブの神」「哲学者たちと科学者たちのではなく」と記すパスカルの「火」と「歓喜、歓喜、歓喜の涙」の中におけるイエズス・キリストの救いの体験の深淵に直面する手前において、人間的精神の省察を、デカルトとパスカルの二つの精神の出会いによってわずかばかり試みようというのである。(27)

「火の夜」と呼ばれる出来事が、パスカルに起こったのは、一六五四年十一月二十三日の晩である。彼自身の記録によれば、十時半ごろから二時間にわたって起こった。彼は「火」と遭遇する。彼の前に超越者は「火」の姿をもって現われた。「火」はふれた者を焼き尽くす。「火」を前にしたとき人は、炎を避けることがあったとしても、放射する光と熱によって不可避的に接触する。邂逅を回避することはできない。『覚書』は次の一節から始まる。

火

「アブラハムの神、イサクの神、ヤコブの神」
哲学者や、学者の神ではない。
確かだ、確かだ、心のふれあい、よろこび、平和、イエス・キリストの神。
「わたしの神、またあなたがたの神」。
「あなたの神は、わたしの神です」。
この世も、何もかも忘れてしまう、神のほかには。
神は、福音書に教えられた道によってしか、見出すことができない。

（パスカル「メモリアル」田辺保訳(28)）

こうした断片的な文章が訳文で三十行ほど続く。決定的回心となったこの記録が発見されたのは没後である。彼が着ていた衣服の裏地に縫い付けられていた。

この出来事を彼は『パンセ』に書き込むことはなかった。彼はただそれを「見て」、忘れぬように身に刻んだ。彼は服を替えるときに、その紙を縫い付ける労を厭わなかった。

パスカルの回心とは、すなわち福音書の発見だった。それまで彼は聖書に深長な言葉を読んでいたが、「火の夜」以後、彼はそこに「霊」の声を聴く。ここでいう「霊」とは、いわゆる死後の霊魂を表わす心霊とはまったく関係がない。それは絶対的超越者の異名である。霊的、とパスカルが書くときには超越的、超認識的であることを意味している。

『パンセ』もまた、パスカルの没後に発見された遺稿である。それは草稿であるよりは手記で、このままのかたちで刊行しようとはパスカルも考えていなかった。そこでパスカルは「無益で不確実なデカルト」と書き、さらに、「私はデカルトを許せない」と烈しい言葉を記した。

私はデカルトを許せない。彼はその全哲学のなかで、できることなら神なしですませたいものだと、きっと思っただろう。しかし、彼は、世界を動きださせるために、神に一つ爪弾《つまはじ》きをさせないわけにいかなかった。それからさきは、もう神に用がないのだ。

（『パンセ』前田陽一・由木康訳）(29)

あらん限りの感情と理知をもって書かれた、このデカルト批判は、後世に著しい影響を残した。以後、デカルトは、「神」と「神」との接点である魂を否定する異端者の烙印を捺された。

単に反発を感じただけならパスカルもデカルトを無視することもできたはずだ。だがパスカルは、どうしてもデカルトを見過ごすことができない。多くの人はデカルトに従来の神学を否定する者を見たに過ぎなかったが、パスカルは違った。パスカルは「哲学」という、「新しき神学」の黎明をデカルトに見た。

先のパスカルの一節を注意深く読む。パスカルはデカルトを無神論者だとはいっていない。むしろ、世界を創造する「神」の一撃を凝視するデカルトの姿を描き出している。しかし、一撃以後の世界における「神」なしの哲学を試みたデカルトの行為に対し、パスカルは「私はデカルトを許せない」と強く反応する。

事実、パスカルが感じているようにデカルトもまた、敬虔な信仰者だった。デカルトは超越者が不在だと考えたのではなかった。「神」はキリスト教が説く神をはるかに凌駕すると考えたのである。それはパスカルにも感じられていた。パスカルはそのことを信仰者の側から明らかにしようとしたのに対し、デカルトは別な道を行った。

「哲学者の神」で吉満は、二人の境涯の異同を次のように論じる。デカルトは「神学者たちを敬遠して、自ら「哲学者の神」に仕え、人間の精神の栄光のために自ら隠修士とならんとする」。一方パスカルは、「哲学者たちによって、扉閉ざされんとする祭壇に独り進み入って、世の終わりまで苦悩のうちにあるキリストの像の下に夜を徹して祈る心の苦悩を身の病苦とともに神に捧げる」[30]。

真理は、時代の権力と化した宗教によって隠蔽されている、とデカルトは考えた。デカルトの信仰は、キリスト教を超えてゆく。彼にとって哲学は、「宗教」の呪縛から真理を解放する道行きだった。超越者を、造られた「神」という牢獄から解放するもの、そして、そこに顕われた真実在と存在者との関係を新たに切り結ぶもの、それをデカルトは「哲学」と呼んだ。

哲学の重要性をパスカルが理解しなかったのではない。彼は超越を信じる者だが、現象界こそ人間に与えられた場であるという認識においては、極めて現実的な哲学者だった。彼は「パスカルの原理」を発見した秀逸な数学者でもあった。だが、彼は「火」に超越者の姿をまざまざと見る。「この生ける幻を見た後にパスカルは〔デカルトが説く〕「哲学者の神」の与え得ぬ愛の確証において、もはや以前のごとく心ためらうことなく奇蹟の証人として精神の王国に進み入ったのである」[31]と吉満は書いている。

この論考の最後に引かれている「幻を見た人はその前と同一人ではあり得ない[32]」とのジョン・ヘンリー・ニューマンの言葉通り、「見た」者は、それを無かったことにはできない。

(1) 全集第五巻、四〇頁。
(2) 同書、四〇頁。
(3) リルケ『ドゥイノの悲歌』(手塚富雄訳)岩波文庫、一九五七年一二月、一一頁。
(4) 全集第五巻、六七頁。
(5) リルケ『マルテの手記』(大山定一訳)新潮文庫、一九五三年六月、一〇頁。
(6) 全集第五巻、四〇—四一頁。
(7) 同書、二五四頁。
(8) リルケ『マルテの手記』、二八頁。
(9) 堀辰雄『風立ちぬ』新潮文庫一九六頁の堀が抄訳したリルケの「レクイエム」を引いた。
(10) *Letters of Rainer Maria Rilke 1910-1926*, The Norton Library, 1969, p. 76.
(11) リルケ『ドゥイノの悲歌』、七二—七三頁。
(12) 全集第五巻、三九頁。
(13) 遠藤周作『堀辰雄覚書・サド伝』講談社文芸文庫、二〇〇八年二月、一三八頁。初出=「高原」、一九四八年三月。
(14) 全集第五巻、七六頁。
(15) 全集第三巻、三九三頁。

(16) 全集第五巻、四二頁。
(17) 同書、五一頁。
(18) 同書、六五頁。
(19) 同書、四七頁。
(20) 全集第三巻、三七九頁。
(21) 全集第五巻、七〇頁。
(22) 同書、三四頁。
(23) デカルト『方法序説・情念論』(野田又夫訳)中公文庫、一九七四年二月、四四頁。
(24) 全集第三巻、三八〇―三八一頁。
(25) 同書、四〇七―四〇八頁。
(26) 同書、四〇六頁。
(27) 同書、三七八頁。
(28) パスカル「メモリアル」『パンセ』(田辺保訳)角川文庫、一九六八年一月、五一四―五一五頁。
(29) パスカル『パンセ』(前田陽一・由木康訳)中公文庫、一九七三年、五六頁。
(30) 全集第三巻、三八七頁。
(31) 同書、三九四頁。
(32) 同書、三九四頁。

第12章

使徒的生涯

ある日、小林秀雄と吉満義彦が偶然、同じバスに乗り合わせた。小林は吉満に、以前からじっくり話をしたいと思っていたと語り、二人でバスを降り、料理屋に入った。吉満は下戸だったが、小林は好きな酒を飲み、二人は会話を楽しんだ。

吉満は、小林秀雄のよき読者だった。彼は小林のドストエフスキー伝を読み、「小林秀雄「ドストエフスキーの生活」に就いて――著者への書簡に代へて――」と題する書簡体の評論を『創造』に寄稿している。さらに、二年後の一九四二年には小林の『歴史と文学』をめぐっても吉満は書評を書いている。これらの小品はあまり知られていないかもしれない。単行本に収められることなく、また『吉満義彦全集』にも収録されていない。

「ドストエフスキー『悪霊』について」と題する作品があるように、吉満もドストエフスキーをよく読んだ。吉満はドストエフスキーの秘密は、人間心理の解析の力にあるのではなく「pneumatologisch(霊によって霊を知る!)な人間洞察に存する」[1]と書いている。作家は心ではなく「霊」において人間を視るといった吉満は、小林の評伝を読み、表現は異なるが、追究している問題の相似に驚く。

「先日は失礼しました」という一節から、書評は始められている。ここからも、二人の面会は吉満がこの小品を書くことになった日から、そう遠くないことが窺われる。小品ながら、むしろ紙幅が限られている故に、この書評には彼の根本問題が直接的に語られている。そこで吉満は、「〔問題は〕、人間の意識の底の底に厳然たる原始的民衆性の真理であり、その真理のミステール〔神秘〕の啓示と言ふ事にもなりませうか。つまり「嬰児の心」といふような単純な言葉でしか言ひ表はし得ない何物かなのです[2]」と小林に問いかける。

意識の奥底とは、精神分析学が説く無意識の彼方を指す。吉満にとってドストエフスキーは、意識の作家であるより、魂の作家として認識された。「極端に言えば私にとっては歴史的な一人の人間ドストエフスキーの個人的な確信や意見は問題でなく、彼の提出する問題自体の偉大さが問題である[3]」とも語った。さらに、吉満と話していて、話題が聖書に及ぶと小林は、聖書は類を絶した書物だ、これに比べたらほかの書物など読むに足らないと言い、また、内心の思いを吐露するように、「矢張り一元論なのだろうね。……」、ともらしたという。

この会話にふれ、「これは「カトリックの神も、一元論なのだろうね」という意味で言われたのである。何しろ古い話なので話の前後のことも記憶にない[4]」、と書いたのは、批評家越知保夫である。

彼の代表作「小林秀雄論」は、次のように始まる。

十五、六年も前のことである。当時健在で居られた吉満義彦先生のお宅を訪ねた折のことである。偶々小林秀雄氏（以下敬称を略す）の話が出た。先生は小林秀雄とは一高当時同級であった間柄だがヨーロッパから帰朝されて以来ゆっくり話をされる機会もなかったようである。(5)

「先生」との記述と共に、自宅を訪ねたとあるように、吉満は越知の師である。一高、そして帝大時代の東京大学には、かつて岩下壮一が指導し、のちに吉満が引き継いだカトリック研究会があり、越知もその参加者だった。

この一文が発表されたのは一九五四年である。越知が書いているように十五年前だとすると、彼が吉満を訪ねたのも、おそらく小林と吉満が会ったのと同じ年、一九三九年のことだと思われる。小林秀雄の『ドストエフスキイの生活』が出版されたのは、同じ年の五月だった。小林と吉満の間には、いくつか論じるべき主題がある。それをわが身に引き受けて、生き貫いたのが越知保夫だった。越知を論じることは、吉満と小林の間を架橋する詩と信仰を考えることでもある。越知の「小林秀雄論」が吉満と小林の邂逅から書き始めていることもそのことを暗示している。越知は、吉満と小林の対話に分け入るように、こう述べている。

彼〔小林〕は、神を信じるとは言わずに自己を信じる、魂を信じる、と言う。彼にあっては、その信じるべき自己、信じるべき魂はパスカルの神の如く隠された自己、隠された魂であり、「厚みの中にまどろんでいる。」それ故にこそ、先ずそれは信じられねばならなかったのだ。吉満先生は小林が話の途中で「自分はpur(純粋な──という意味)なものが何処かにあると信じている」と言ったと語られたが、今思うとこのpurなものとはこの隠された魂を指していたのだと気付かれるのである。(6)

生きるとは、「隠された魂」にふれる道程にほかならないというのである。「隠された魂」とは、吉満が「原始的民衆性の真理」あるいは「嬰児の心」と呼んでいたものと別ではない。真実が顕われるのはいつも、「民衆」の魂においてであると小林、吉満はもちろん、越知もまた、信じたのだった。

越知保夫は、一九一一(明治四十四)年、大阪の姫島に生まれ、一九六一年に没した。越知は終生、吉満への敬愛を抱きつづけた。師弟の関係ではあるが、二人の年齢差は七歳でしかない。越知にとって吉満は、文学と哲学の接点、詩学の道における師でもあり、信仰者としては信頼できる兄のような存在でもあった。

越知が洗礼を受けたのは、暁星中学校のときである。彼は兄弟と共に、小学校の途中、関西から転校してきた。吉満の師、岩下が、ヨーロッパから帰ったあと、最初に試みたのは日本におけるカトリック教育の改革だった。暁星はカトリック教育の中心地の一つであり、岩下とのつながりも深い。幼い越知は、校舎でしばしば岩下の姿を見たはずである。幼いころ越知は、神父を志したこともあった。中村光夫が大学の同級であり、また友人でもあった。彼の仕事は、生前から、中村はもちろん、平野謙や山本健吉に注目されていたが、生前には、著作を世に問うことなく、病で亡くなっている。

没後二年、有志たちの協力で遺稿集『好色と花』が編まれる。反響は大きかった。しばしば書物は、時代を超えた邂逅の場になる。遠藤周作は、「砂漠のなかに金鉱を掘りあてたようなよろこびをもってこの本を読み終わることができた(7)」と喜びと驚きを率直に露わにしている。島尾敏雄は、『好色と花』は、「『最初の凝集があり、〔中略〕それの持つ充実が私を手放」さない(『私の文学遍歴』)(8)、と書いた。また、カトリック司祭井上洋治は、この著作にふれ「日本文化の底流」に根差し、血肉化された言葉で愛を語り得た秀作だと述べている(9)。近代日本にカトリック文学と称すべきものがあるとすれば、越知保夫は批評において、もっとも重要な功績を残した人物の一人である。

「カトリック文学」という言葉が語られ始めたのはちょうど、吉満が活躍したころだった。だが、「護教的なあるいは教育的な説教的な文芸作品もカトリック文学」(「文学におけるカトリシズム」(10))と呼ぶこともできるだろうが、そうした立場には容易に同意できない、と明言したのも吉満だった。

「カトリック」は、普遍を意味する。その意味において、「カトリック文学」とは文学そのものにほかならない。人間と超越の関係に眼を据えながら、どこまでも開かれ、深まって行こうとする文学の進行形の状態、それを「カトリック文学」と呼びたい。「文学」が、「哲学」あるいは「芸術」になっても変わらない、と吉満は語っている。

カトリックは、堕落したキリスト教だとドストエフスキーは語る。この発言から、この作家を「カトリック文学」を否定する者と断罪することは簡単だが、吉満の視座はまったく違う。彼は、ドストエフスキーこそ「人間の底の底までキリスト者的心と眼をもって見抜」いた小説家であり、「この世ならぬ霊の息吹を表現し得る作家」[11]であるという。その生涯を通じて顕われた問いは、苛烈なまでのカトリックへの非難を含んだものであったとしても、真実の意味におけるカトリシズムにとって「本質的志向を同じくするもの」だという。

この吉満の指摘は、今も新しい。吉満が信じた意味において、越知保夫は、近代日本「カトリック文学」の初期の歴史を飾る批評家だった。越知は、長く結核に苦しみ、そのために何度も書くことを諦めなくてはならなかった。「小林秀雄論」は、そうした日々の末に書かれたほとんど宿願といってよい作品だった。その冒頭で述べられている吉満と小林の邂逅は、彼らにとってだけでなく、越知にとっても事件だった。だが、そのことが彼に感じられたのは、師を訪問してしばらく時間を経たあとだったのである。

当時の越知は、吉満を敬愛する一方、小林には共感するどころか、『ドストエフスキイの生活』にも、「或る種の反撥を感じていたくらいだった」[12]。だが、「この「二元論云々」の一言だけが不思議に記憶に残った。そして折にふれては思い出す中に、其処に矢張り小林でなくては言えないような、ぎりぎりの美しさを感じるように」[13]なってゆく。精神の深い共振は最初、反発として認識されることが少なくない。越知における小林秀雄も例外ではなかった。

おそらくこのときの訪問は越知にとって、師と久しぶりに面会する機会だったように思われる。数年前、大学在学中に越知は、治安維持法違反で逮捕された。彼は自宅を開放し、ビラをつくるなどの活動拠点とし、自らも運動に連なったのである。

第二ヴァティカン公会議が開かれるずっと以前、諸宗教との対話という言葉すらない時期のカトリシズムの前に、マルクス主義はもっとも危険な「邪教」に映った。比喩ではない。当時のマルクス主義は、単なる思想運動であるよりも、そこに連なる者に献身を求める「宗教」だった。カトリックはあらゆる手段をとって共産主義と闘った。そこに与することが何を意味しているか、越知はよく理解していた。左翼運動に没入するとは、彼の内面ではほとんど、棄教に近い決断だったと思われる。

思想活動に関して、越知が作品を通じて語ることはなかった。私たちがそのことを知るのは、遺族の証言を別にすれば、越知と親しくした二人の人物の文章による。一人は、同人誌『クロオペス』の同人で越知と親しくした山田幸平、もう一人は中村光夫である。

遺稿集の「あとがき」で山田は、越知の略歴をこう記している。「一高を経て東大在学中に、マルキシズムの激しい思想的洗礼を浴び、実践運動に没入して特高の縛に会い投獄された。その前後から身はすでに結核に冒されてはいたが、獄中さらに肉体を痛めるにいたった」[14]。中村もやはり、越知の遺稿集への跋文で、わずかだが左翼運動に言及している。彼の一文は次のように始まる。

越知君とは、高等学校で同級でしたが、当時はほとんど交渉がありません。蹴球部に這入っていたので授業時間のほかは、そっちの方に没頭しているという風でした。
大学に這入ってからも、彼が左翼運動をやって警察に捕ったということを噂にきいて意外に思ったくらいでした。(15)

学生生活と思想運動は、越知のなかではまったく異なる領域の出来事だったことが、中村の証言からも感じられる。当時、東大の文学部の学生のなかには、小説や評論を書くこと、すなわちプロレタリア文学運動を通じて左翼活動に参加すると言う者も少なくなかった。だが、越知の場合は状況が異なる。彼は文芸活動を介さない、一人の活動家として運動に連なった。

何気なく語られている言葉だが、書いているのが中村光夫であることを考え合わせると、この一節に、二人が青春を過ごした時代の雰囲気が感じられる。中村は、ここで自分のことに一切ふれていないが、彼もまた、左翼運動に身を投じ、そこでの挫折を礎にして、自らの文学を形作っていったのだった。中村の処女作は「鉄兜」と題するプロレタリア小説である。

ある者にとって左翼思想とは世界を認識する一つの方法だった。だが、別の一群の人々にとってそれは、全身を捧げて生きるべき「道」だった。「道」が何であるかは人が、それを生きることによってのみ証《あか》し得る。だが、世界の「見方」ならば人は明日にでも変えることができる。

見ることと、「見方」の違いにふれ吉満は、前者はいわば「眼の問題」であり、後者は「眼鏡の問題」だと書いたことがあった。真に見ることは生きることである。傍観することではない。また、ここでの「眼」は、器官としての「目」であるより、世界にふれる生の営みそのものを意味し、「眼鏡」はものを見る方法を指す。中野重治、佐多稲子、小林多喜二を含む何人かの例外を別にすれば、プロレタリア文学に参加した多くの若者にとってマルクス主義は、「眼の問題」ではなく、「眼鏡の問題」だった。そのことを苛烈なまでの態度で批判したのが中村光夫だった。

プロレタリア作家の豹変をめぐって中村は、「転向作家論」を書き、中野重治と論争をする。中村は、中野を非難しているのではない。中村にとって論争はいつも、形を変えた対話だった。彼は、敬愛しない作家には論争を試みない。もちろん、書いた言葉が最初に突き指すのは自分の胸であることを彼は熟知している。越知と中村の二人にとって、左翼思想から離脱するとき、生ける道標となっていたのが小林秀雄だった。先に引いた中村の言葉には次の一節が続く。

少しゆっくり話合うようになったのは、彼が身体をこわして、鎌倉の極楽寺の裏の谷間に療養生活をおくるようになってからで、此方も鎌倉でぶらぶらしていたころだったので、山にかこまれた静かな二階で、寝たり起きたりしている彼とよく半日をすごしました。

話題は大概文学のことでしたが、彼はフランスの本はもちろん、日本の古典なども興味をもって読んでいたようで、その印象を、断定的でなく、しかし執拗く固守する風に話すので、議論するには面白い相手でした。

（「序」『好色と花』（一九七〇年）への「」）[16]

極楽寺の裏に越知が引っ越してきたのは、越知が吉満と会った翌年である。このとき中村はすでに『二葉亭論』を書き、パリに留学し、『フロオベルとモウパッサン』を出している。越知はしばしば羨望を感じただろうが、畏れを感じたのは中村の方だったかもしれない。このとき、越知が中村に語ったことは、十余年の歳月を経て、『好色と花』に収められた作品に結実する。

ここで詳しくふれる紙幅をもたないが、数多ある小林秀雄論のなかで、長く読み継がれるだろう作品は、中村と越知の作品であるように感じられる。

多くの小林秀雄論の書き手は小林を、文学の世界、あるいは芸術の世界で論じているに過ぎないが、二人が論じる小林は違う。近代日本に批評という沃野を切り拓いた先行者であると共に、小林が論じたゴッホ、あるいはドストエフスキーのように芸術の徒でありながら、飽くなきまでに聖性を探求する一個の神秘家として認識されている。のちの章でふれるが、越知と親しく交わるようになった二年後に中村は、座談会「近代の超克」で、吉満とも近く接することになる。最晩年、中村もカトリックの洗礼を受けている。

「小林秀雄論」の中で越知が、「民衆」という言葉を用いたことが、同人の間で物議をかもしたことがあった。「民衆」という概念が不明瞭だというのである。さらに、論じる対象だった小林が、あえて用いなかった「民衆」という表現を、あえてする意味は稀薄ではないか、との指摘もあった。たしかに、この作品では「民衆」の文字が散見される。たとえば、次のような一節がある。

ゴッホの中には、聖者への飢渇ともいうべきものがひそんでいたが、このペシミズムこそ聖者をつくる地金となるものだった。同時に聖者が生い育ってくる土壌である民衆のペシミズム、黙々と他人のために一生働きつづけている人々の一人一人の心の奥ふかく秘められたペシミズムでもあったのである。民衆の気力も純潔も、その智慧もその品位も、すべて心をこれに培われたのであって、このペシミズムを理解することが民衆を理解することとなるのである。我々の傍で我々に忘れられている民衆は、我々の精神の遍歴が最後に行きつく謎である。(17)

ゴッホの生涯には、聖者への飢渇が潜んでいる、と越知は書く。しかし、それを実現することができない。そこに悲しみ(ペシミズム)が生まれる。悲しみは、人間が自らの悲願を極めることができないことにある。

ここでの「聖者」とは、単に清貧なる者の謂いではない。その生涯を賭けて、世界が聖なるものであることを証する者である。ゴッホにとって絵を描くとは、文字通り聖者への道だった。吉満にとっても聖者とは観念的存在ではなく、人間が実現し得る一つの極点であると考えられていた。吉満はしばしば、「唯一の悲しみは〔自らが〕聖者たらぬこと」(18)だったとのレオン・ブロアの言葉を引く。ブロアの悲しみは、ここで越知が「民衆のペシミズム」と書くものと同じである。それは悲嘆であるよりも悲願であり、絶望ではなく、祈りである。

悲しみは、古くは「愛《かな》しみ」あるいは「美《かな》しみ」とすら記された。悲しみのなかにこそ、真の情愛があり、また、美すらも伏在している。そこには朽ちることのない光があることを、「民衆」はその生涯によって体現している。

民衆のなかには、ゴッホやブロアと同じ悲願をもって生きる者がたくさんいる。民衆のなかにこそ、聖者は隠れている、それが越知保夫の確信だった。「民衆には天使が隠されている[19]」とも吉満は書いている。『創造』に寄せた「民衆と天使」と題する一文で吉満は次のように書いた。越知もこれを読んでいるだろう。彼が、『創造』の読者だったのはほとんど疑い得ない。天使は、意志を持たない。天使は、神の想いの顕われである。

われわれには民衆の天使主義が求められねばならない。民衆の中に匿名的にこれを守護せる天使を心して求めまた呼び、愛しまた歓ぶところの民衆の形而上学とロゴス的民衆が、今われらの間に回復されねばならないと思う[20]。

「天使主義」は angelism の訳語だが、ここで吉満が語る「主義」とは、今日私たちが特定の思想を語るときの術語ではない。岡倉天心は、英語で書いた『茶の本 The Book of Tea』で茶道を、Tea-ism と書く。これは彼の造語で、仏教を Buddhism、道教を Taoism と表記することを受けてのことだった。この本を天心は、茶道とは「美の宗教」である、と語り始めている。吉満が用いる「天使主義」もまた、天使への道と理解しなくてはならない。道は、人が真に民衆のなかに生きるとき、その者の前に現じてくる。

越知保夫が「民衆」と書く代わりに、福音書に倣《なら》い、「隣人」と書けば、周囲は納得したのかもしれない。だが、「民衆」とは越知にとって、使い古された思想的表現ではなく、吉満義彦から継承した、開かれてゆくカトリシズムを表象する言葉だった。

さらに単数の「隣人」と書くわけにはいかなかった。どこまでも広がる複数であり、同時に未知なる隣人である「民衆」でなくてはならなかった。水俣病に苦しむ人々とその家族に宿った、声にならない「声」を語る者であることを願う石牟礼道子が、単数を思わせる「死者」と書く代わりに、しばしば「死民」と書くのを想い出させる。

『近代日本のカトリシズム』の著者半澤孝麿は、吉満における「民衆」は、プロレタリアートとは異なる実在である、と指摘する。そればかりか半澤は、むしろこの一語に、吉満義彦の今日性を見ている。「民衆」とは永遠の他者である。

マルクス主義が説かれる以前から、プロレタリアは街にいた。「民衆」は階級闘争とは別なところで、それぞれの毎日を送っていた。だが、彼らが助けを求めたとき、教会は充分に応えなかった。共産主義を恐れるあまり教会は、貧しい人々に直接手を差し伸べることに躊躇した。「隣人」から「民衆」への道が開かれたとき、越知は教会から飛び出し、左翼運動に連なった。運動に連なることが、教会からの離反となったとしても、イエスから離れることにはならないと越知は信じたのではなかったか。

批評家である越知は、自分の記述でそれを語るより、引用に語らせることを選んだようにも思われる。ときに告白は、雄弁の舌よりも、黙することによって完遂される。次の一節は、「小林秀雄論」で越知が引いた小林の『ゴッホの手紙』にある言葉である。「僕」と称しているのも小林である。

有名な《木を接ぐ男》が描かれた時、テオドル・ルーソーは、こう言ったそうである。「ミレーは自分に頼る者たちのために働いている。丁度、花や実をつけ過ぎる木の様に、身体を弱らせている。子供たちを生かして置く為に、自分を使い果している。野生の頑丈な幹に開花した嫩枝《どんし》を接ぎ、ヴィルギリウスのように考えている――ダフニスよ、梨の木を接げ。汝の孫たち、その実を食うべし」、これが、ミレーの敬虔なペシミズムである。どんなにゴッホは、こういうペシミズムを求めていたろう。愛する妻を持ち、九人の子供の父親となり、彼等の為に梨の木を接ぎ、彼等の為に自分の身を使い果す、ゴッホがどんなにそういうものを望んでいたか、僕はそれを疑う事が出来ない。このルーソーの言葉をミレー伝に読むゴッホの心を、僕は想像してみる。彼が牧師になりたかったのは、説教がしたかったからではない、たゞ他人の為に取るに足らぬわが身を使い果したかったからだ。(21)

「たゞ他人の為に取るに足らぬわが身を使い果た」すこと、これはゴッホの祈願であるだけでなく、越知保夫の、また吉満義彦の悲願でもあった。さらにいえば、この一節を読むとき、二人の師だった岩下壮一の生涯を思わずにはいられない。

一九四〇年十二月三日、岩下壮一が急死する。この日は、岩下の霊名でもあったフランシスコ・ザビエルの祝日でもあった。亡くなる少し前、日本陸軍に請われ、中国に渡る。当時、中国の宗教事情は困難と複雑を極めた状態にあった、と『岩下神父の生涯』で小林珍雄が書いている。ここにキリスト教を導入することで治安を維持することが軍部の目的だった。小林は、当局が命じた岩下の訪中には次の目的があったと記している。

一つは、「天宗教《ママ》〔カトリック教会〕との意思疎通をはかること」[22]そして、「天宗教」会当局が、東亜新秩序に対して認識を深め、進んで協力するように説得することだった。小林の評伝を見る限り、激務による過労死のような印象を受けるが、諸説あって、詳細は分かっていない。彼の死に軍部が関与していると考える者もいる。岩下が亡くなったのは帰国して、三週間ほどのちのことだった。師の病状が、著しく悪化したとの知らせを受け、吉満は、岩下が院長をつとめていた神山復生病院に駆けつけ、彼の最期を看取った。

死までの三週間、岩下は苦しんだ。「最後の三週間の病苦の深さはそれ自体岩下師の使徒的生涯の秘義につながるものである」[23]と吉満が書くほど、苦痛は大きく深かった。その死は穏やかな、と表現できるものではなかった。次の一節は吉満の「岩下先生の使徒的生涯」と題する一文にある。

「我れ弱き時に強し」と使徒の言ふ如く、聖人らしい大往生でない平凡な或ひは惨じめな死においても、聖人は聖人であり、神の祝福は永遠である事を思って心慰められたのである。どんな死に方にも神の恩寵は人間の思ひの彼方に測り難きものとして信頼さるゝからである。しかし私には、岩下先生の場合その死は最も深くその生涯の意義を完うする啓示的なものとして心打たれ、そこから、そしてそこにおいて凡てが理解されねばならぬものとして印刻されたのであった。(24)

「我れ弱き時に強し」とは、パウロの「コリントの人々への第二の手紙」にある次の一節を指す。「キリストの力がわたしの内に宿るように、むしろ大いに喜んで、わたしは自分の弱さを誇ることにします。〔中略〕わたしは、弱っている時こそ、強いからです(25)」。人が弱いとき、神はそこに顕われる。弱さを現わすときにも人は、神の働きの場になり得るというのである。

岩下は、学問としての哲学においても同時代では並ぶべき者なき異才であり、また、神学者としてもその思索の深さにおいてヨーロッパの人々を驚かせた人物だった。さらに彼は、晩年の十年を、当時は不治の病だったハンセン病の人々と共に暮らす日々を選んだ。彼が亡くなったのは、復生病院の後継者が決まり、再び哲学、神学の分野での活動を始めようとしたときだった。「岩下師生前の諸著作は、それは如何に非凡なものであっても、師自らの理想とは遥かに遠い(26)」と吉満は書いている。それほどまでに岩下に蔵されていた叡知の営みは深く大きかった。

だが、その一方で吉満は、「神は岩下師の死によって岩下師を偉大なる未完成の作品とされたというのでもなく、神は最終点においてフルスピードを以て神自らの一つの神聖なる傑作を成就された」[27]とも述べている。死はその人の生涯を完全にする。苦しむ姿を見せることすら、その者に託された使命だというのである。

さらに吉満は、岩下の「真の偉大さはその永遠の面影は、その使徒的愛の実践にあり、キリスト・イエズスへのイミタチオ〔倣うこと〕の心深き努力にあったことが、師の一切の他の業を圧倒して胸に迫るのである」[28]とも記した。ここで述べられているのは哲学あるいは神学の否定ではない。むしろそれらの創造的変貌である。同じ一文で吉満は、「真の古典的意味において哲学者」だったと岩下を評している。かつて哲学者は叡知の体現者であり、俗世に生きる実践の人でもあった。また、真の哲学者にとって、語り、書くことは高次な意味における実践でもあったのである。

このとき、師に捧げたこの言葉は、そのまま吉満の境涯にも当てはまる。岩下の没後吉満は、語られることのなかった岩下の思いを語る者として、時代のカトリック哲学を一身に背負う存在になって行った。

先に見た小林秀雄の『ドストエフスキイの生活』の書評が、『創造』に吉満によって寄稿された最後の文章になった。戦争の激化と紙の供給が不自由になるなどの理由が重なり『創造』は終刊となった。第二次世界大戦の前夜、すでに日本に物資は決定的に不足していた。「敵国」の宗教の思想を伝える文芸誌は「贅沢」の一つだとみなされたのである。

雑誌『創造』は、吉満兄弟と山之内一郎が中心になって始められた。二号までは、山之内一郎の会社、山之内合資会社に併設された創造社が出版元になっている。三号からは出版社である三才社が版元になったが、一九四〇年、十六号を出したところで、中断され、そのまま終わった。

主筆は義彦で、義敏がそれを全面的に支えた。そのほかの執筆者には、先に見た河上徹太郎、渡辺一夫、片山敏彦らのほかに、キリスト者だった木村太郎、小林珍雄、林不可止、増田良二、辻野久憲などといった人物がいる。寄稿者のなかには林、辻野をはじめ夭折した者も少なくない。この雑誌に寄稿した人々を瞥見することは、岩下壮一、戸塚文卿、山本信次郎らの第一世代以後の、近代日本におけるカトリック精神史の変遷をたどることにもなる。しかし、河上徹太郎、渡辺一夫、片山敏彦、長谷川四郎なども寄稿しているように『創造』はけっして信徒だけに向けられた閉鎖的な雑誌ではなかった。

カトリックに縁がなくても、現代フランス文学に関心のある人は、木村太郎の名前を知っているかもしれない。木村は、吉満の親友で『創造』創刊号からライサ・マリタンのトマス・アクィナス伝『学校の天使』を翻訳・寄稿している。ポール・クローデルの『マリアへのお告げ』も、ジョルジュ・ベルナノスの『悪魔の陽の下に』、『田舎司祭の日記』も、彼の翻訳によって紹介された。木村には散文集のみならず、創作集もあるが、自身がいうように中心となる仕事は翻訳だった。のちに彼は南山大学で教鞭をとった。教育者としての働きも大きい。書くことを諦めていた越知に、励ましの手紙を送り、執筆を促したのも木村だった。吉満亡き後、後続の者にとって木村は文字通りの意味での精神的支柱だった。
小林珍雄《よしお》は、「カトリック学」と呼ぶべきものの礎を築いた、日本最初の教会学者だといってよい。彼は当時の日本のカトリック教会には、岩下壮一、戸塚文卿、吉満義彦をはじめ、傑出した人物はいるが、伝統を築き上げる文化基盤がないと感じていた。その生涯は、思想を構築するよりも、信仰が語り継がれる道を開くことに捧げられた。そのもっとも重要な仕事の一つが、『カトリック大辞典』の編集である。彼は、岩下壮一から洗礼を受けた。師への敬愛は生涯変わらず、岩下の伝記『岩下神父の生涯』を書いている。また、吉満の遺稿集『哲学者の神』を編纂したのも彼である。

林不可止は、まとまった著作もなく、今となっては知る人もほとんどいないだろう。林には、著作はない。残されているのは、『創造』を中心にいくつかの雑誌に寄稿した作品と翻訳だけだ。彼は吉満の師ジャック・マリタンの親友だったエルネスト・プシカリを愛した。プシカリの母方の祖父は『イエス伝』の作者ルナンである。孫は祖父とは異なる道を行った。マリタンとプシカリは、共に社会主義に理想を見出し、シャルル・ペギーに出会い、カトリックに回宗する。プシカリの信仰にふれ、林は「主人公その人の回宗が、先づ自らの救ひを念ひ、自らの惨目さを憐み、自らのために祈る代りに、その祖国――見捨てられて困難なる時におかれてあるフランスのためにする祈によつて始つてゐる一事である」(29)と書いている。

プシカリは、ペギーの思想を継承した平和的愛国者だった。林にもプシカリの霊性が生きている。プシカリは三十歳で亡くなる。第一次世界大戦開戦後まもなく、砲兵隊長として従軍した彼は、一九一四年八月、ベルギーのロシニョルで、負傷した兵士をテントに送り届けたあと、砲列に戻ろうとしたところを撃たれ、戦死した。林もまた、早逝した。『創造』の最終号となった第十六号は、林不可止の追悼号となっている。

増田良二は、林不可止の遺志を継いで、プシカリの代表作『百夫長の旅』を翻訳している。ほかに彼の主だった著訳書はない。『創造』には、批評や翻訳、書誌情報を寄せている。だが、増田が行ったもっとも大きな業績は、『吉満義彦著作集』の編纂と詳細な著作年譜の作成である。

吉満の没後、さほど時間をおかずに着手されただろうこの著作一覧は精確かつ十全で、今日においてもなお、大きな修正の必要がなく、吉満義彦の思想と生涯を考える上で欠くことはできない。吉満のように、読み、書き、考えることが根源的な営為となる人間の著作一覧はほとんど、その精神的道程を語る「年譜」に等しい。本論も増田の業績に負うところが大きい。

辻野久憲は、作家、批評家であり、優れた翻訳家だった。また、『萩原朔太郎の人生読本』のような、編纂による「批評」を展開した著書がある。この編著は、原著者である朔太郎も絶賛している。朔太郎は、文章を選ぶ辻野の批評眼に賞賛の声を惜しまなかった。フランソワ・モーリアックの『イエス伝』、アンドレ・ジッドの『地の糧』の訳者だった彼はリヴィエールの『ランボオ』の訳者でもあった。この作品にふれ、ランボーをめぐって書かれた作品のなかでもっとも強い影響を受けたと語ったのは小林秀雄である。『ランボオ』が刊行されたとき、小林秀雄と河上徹太郎がそれぞれ優れた書評を書いた。河上は辻野が訳した『イエス伝』を暗記するほど読んだと語ったことがある。

日本のジャック・リヴィエール、と辻野を呼んだのは小林珍雄である。境涯が似ているというのだろう。木村太郎が訳した『信仰への苦悶』にあるようにリヴィエールは、クローデルとの長く続けられた往復書簡の末に回心し、カトリックの洗礼を受けた。カトリックに辻野を導いたのは吉満である。契機となったのは、吉満が間に立ち、岩下が院長をしていたハンセン病療養施設神山復生病院を訪れたことだった。そこに暮らす人々を見て彼は、人間を真に生かしているのは霊であることを知ったと吉満への手紙に書き送ってもいる。この出来事を辻野はのちに、「天と地のあはひ」と題する小説に残している。そこで主人公はこう語っている。

> さうだ、そのとき私の裡には、その雰囲気から来たるべき宗教的成心さへもなかつた。ただ私が人間として有してゐる本然の眼を以て彼等の姿を凝視したのだ。即ち、私は肉眼といふよりももつと深い、自己の最奥の魂の眼を以て彼等に対したのである。それだけに私にして敢て自負することが許されるなら、私はただ彼等の表面的、外形的な肉体をのみ見たのではなかつた。もつとその奥にまで滲み入り、彼等の内奥にある生命の究極の相まで見抜いた。[30]

ここでは主体が語り手のように書かれているが、この作品のはじめに、「あるものを見たかつた、いや寧ろ　教へられたかつた」と書かれているように、彼は、自分が何かを見たというよりも、病を背負って生きる人々の境涯が、彼の眼を開いたことに驚いている。彼は自分の考えを語ろうとしたのではない。自分の眼前に現われた、あえて語ることない者たちの「口」になろうとしたのだった。

一九三七年、辻野が亡くなったとき、堀辰雄らの同人誌『四季』と共に『創造』も、彼の写真と略歴、作品を載せ、吉満が一文を添え、追悼号を編んでいる。

また、越知保夫に続く世代にも吉満義彦の影響は生きている。批評家加藤周一と作家中村真一郎も、学生時代吉満の近くにいた。越知と中村には書簡による親交があった。加藤周一は『吉満義彦全集』の編集委員の一人だった。加藤は「吉満義彦覚書――『詩と愛と実存』をめぐって」と題する解説を寄せている。[31] 加藤は最晩年にカトリックの洗礼を受けている。

当時学生だった中村は思い悩むことがあると吉満に手紙を送り、吉満はそれに真摯な返事を書いた。ある日、吉満は中村を食事に誘う。何度目になるのか、『神学大全』を読み終えたので祝杯を上げたいというのだった。中村は、吉満を通じてキリスト教あるいはキリスト教哲学に魅了されていく。しかし、最後の一歩を踏み出すことができなかった。当時彼は、インドの神秘家ラーマクリシュナの霊性に心服していた。それは最晩年まで続くのだが、死後、魂は無限の大河に流入するというインド的霊性に彼は違和感を抱き始める。それは感覚的相違ではなく、次元的相異である「異和」感だったのかもしれない。中村が吉満に言及したのも晩年のことだった。

(1) 全集第五巻、八八頁。
(2)『創造』第一六号、三才社、一九四〇年五月、一四二―一四三頁。

(3)全集第五巻、八五頁。
(4)越知保夫『小林秀雄　越知保夫全作品』、五頁。
(5)同書、四頁。
(6)同書、八頁。
(7)同書、四七四頁。
(8)同書、四八九頁。
(9)同書、四九二頁。
(10)全集第五巻、二〇七頁。
(11)同書、二一四頁。
(12)越知保夫、前掲、五頁。
(13)同書、五頁。
(14)同書、四七八頁。
(15)同書、四七五頁。
(16)同書、四七五―四七六頁。
(17)同書、一六頁。
(18)全集第五巻、三四九頁。
(19)同書、三六一頁。
(20)同書、三五七頁。
(21)越知保夫、前掲、一四―一五頁に収録。
(22)小林珍雄『岩下神父の生涯』、三三六頁。
(23)「恩師永遠の面影」『キリストに倣いて』、一〇六頁。

(24)「岩下先生の使徒的生涯」『哲学者の神』、一九一頁。
(25) パウロ「コリントの人々への第二の手紙」一二章九節(新約聖書・フランシスコ会訳)。
(26)「恩師永遠の面影」前掲、一〇四頁。
(27) 同書、一〇五頁。
(28) 同書、一〇五頁。
(29) 林不可止「エルネスト・プシカリ」『創造』六号、三才社、一九三六年一月、四三頁。
(30) 辻野久憲「天と地のあはひ」『創造』八号、三才社、一九三六年七月、六二頁。
(31) 全集第五巻、四六九―四九一頁。

第13章　未刊の主著

「近代の固有の神学は文学者たち」によって実践され、「哲学者たちはその注釈者にすぎなかった」(「日常性への誕生」[1])と吉満は書いている。事実、神学が文学の形式をとって顕われるという現実は、吉満を師とした遠藤周作が実現したことでもあった。

また、吉満が文学者を敬愛し、文学者たちも彼を慕ったことは、先の発言が吉満の深い実感から生まれていることを示している。さらにいえば、それは吉満だけでなく彼の師マリタンの感慨でもあっただろう。マリタン自身はしばしば詩をめぐって論考を書き、多くの文学者と交流を持った。ガブリエル・マルセルのように戯曲こそ、哲学の主題を表現するにふさわしいと考える者もマリタンの近くにいた。吉満がマリタンから受け継いだのは、ネオトミスムという新思潮であるより、文学と哲学の間に作られた壁を打破することだった。ワグナーを論じながらボードレールはこう書いたことがある。

批評家が詩人になるという事は驚くべき事かも知れないが、一詩人が、自分のうちに一批評家を蔵しないという事は不可能である。私は詩人を、あらゆる批評家中の最上の批評家とみなす。(2)

この一節を、小林秀雄はしばしば引く。小林の精神をよく照らし出しているが同時に、吉満義彦の特性を言い当ててもいる。吉満は、近代日本に誕生した、詩情と哲学的叡知、さらにはカトリックの霊性によって貫かれた、ボードレールのいう意味における稀有な「批評家」だった。彼の詩論、リルケ論、ドストエフスキー論は、今日に至ってもなお、新鮮さを失わない。さらに最晩年に彼が数編の詩を書き残していることも注目してよい。彼はしばしば文学者のなかに身を置き、発言した。その代表的なものが、これまでも見てきた座談会「近代の超克」だった。

一九四二年、河上徹太郎、小林秀雄など『文学界』の同人を中心に「近代の超克」と題して、文学、哲学、科学、音楽、宗教など各界を代表する十三人が集い、座談会が行われた。(3)河上によると、亀井勝一郎が開催を熱望していたという。また、このうち十一人が座談会の前後に論文を寄せた。これらの記録が一冊の本にまとめられて、一九四三(昭和十八)年に単行本として刊行される。ここで「近代の超克」というときは、座談会と論考を含めた動き全体を指すことにする。

「近代の超克」は、精読されないまま、著しい批判にさらされて来た。参加者の一部が「近代の超克」以前に行われた座談会で発した言動に引っ張られた評価、認識になっていることは否めない。先行した座談会とは西谷啓治をはじめとした京都学派の人々によって、一九四一年から四二年にかけて行われた「世界史的立場と日本」である。

当時日本はすでに第二次世界大戦に参戦していた。その状況は単なる一国の問題ではなく、「世界史」的な出来事となったと述べた。(4) さらに西谷は戦時下における状況と市井の人々の精神態度をめぐって次のようにも書いた。

一言でいへば、わが国の国家生命の本源である清明心が、世界歴史的現実のうちに働くものとなつて来たのである。従つて、各個人がその職域に於て私を滅して公に奉ずるといふことにより国家の道徳的エネルギーを発現せしめるといふ時、個人はその職域に於ける錬達と滅私とに努める行に於て清明の心を自得するにつれて、国家の歴史を貫く国家生命の本源に合し、同時に世界歴史の底に潜む世界倫理(古人の所謂天の道)、に触れることが出来る。(5)

日本古来の「清明心」が、広く世界に働きかける時節が到来した。人々はその実現のためにそれぞれの場所で滅私奉公しなくてはならない。それは国家の問題に寄与するだけでなく、世界の安寧にそのままつながることになる、というのである。こうした発言が、大戦への参入をいっそう後押ししたとされ、戦後、西谷は強く批判され、公職追放になり、京都大学の職を失うことになる。「近代の超克」論はしばしば、西谷をはじめとした一群の人々を糾弾し、今日まで来た。

戦後三十五年が経過した一九七九年になって、『近代の超克』は竹内好による長文の解題を付し、復刊される。そこで竹内は、「近代の超克」と「世界史的立場と日本」は、まったく性質を異にすると明言し、「近代の超克」を主導した河上徹太郎や小林秀雄といった『文学界』の同人が、「ファシズムの先棒を担いだとする見方は、事実に合わない(6)」、また、「近代の超克」には、世を強く動かすような、「そんな力はなかった(7)」と指摘する。

しかし、「広い意味で「近代の超克」というときは、この両者(「近代の超克」と「世界史的立場と日本」)をひっくるめて考えていい(8)」とも書いた。この発言は、それまで竹内が丁寧に論じてきた問題を振り出しに戻した感がある。「広い意味で」、と竹内が留保した度合いを越えて、『近代の超克』は依然、一部の例外を別にすれば、今も「読まれない」記録であり続けているように思われる。

この座談会に寄せた論文で西谷は、大東亜の建設と植民地政策は違うと明言していた。自国の利益だけを考えたところに発した「道徳的エネルギー」は、「他の民族や国家を植民地的な搾取の対象とするといふ如き不正義とも結びつき得るものである(9)」とも述べ、自分の発言が充分に理解されないときの危険性にもふれている。

西谷はいたずらな扇動家ではなかった。西谷を批判する者はその発言を公平に論じるべきだろう。問題は別なところにあった。ときに思想家は、自分が何に参与しているかを見誤る。あるいは哲学者はときに、為政者が充分な省察の力を持っていると思い込む。現実は西谷が認識したようにはならなかった。むしろ、彼が危惧していたかたちになった。「大東亜」とは、原理的にアジアの相互的な関係による新しい場でなくてはならないはずが、日本の利益を中心に据えた構造に変質していった。「近代の超克」の座談会で、西谷が語る日本精神の勃興を中核に据えた「世界史」の射程に根源的な異議を唱えたのが吉満だった。

「世界史」をめぐって吉満は「世界史の地理学的表面的考察ではなく、歴史の言は〻地質学的内面実存の考察を致す立場である」(10)と語る。吉満にとって「世界史」というときに、それは単に地理的・時間的出来事を意味しない。彼にとっての「世界」はいつも多層的な実在だった。座談会で吉満は次のようにも発言している。

魂の空虚を感ずるといふ所から「近代の超克」が始まるんぢやないですか。その時に魂は文明と機械に統御されず、霊性が一切を第一義的生の立場で統御して行く。つまり僕は「近代の超克」といふものは「魂の改悔」の問題であると思ふ。東洋と西洋とを相通じて、神と魂とが再発見されねばならない。そしてそこから始めて祖国の深い宗教的伝統にもつながつて行けるのだと信ずるのです。(11)

魂の空白が霊性の顕現を準備する。人間の力ではどうしても埋めることのできない空虚を魂に感じるところに「近代の超克」が始まる、と吉満は語る。

先の引用を見てもそれが当然のことのように彼は語っているが、参加者のすべてが吉満の前提に同意したわけではなかった。霊性とは「魂の改悔」を探す人間の本能的な働きだという。これをまざまざと生きることができるか否かに「近代の超克」はかかっている、と吉満は指摘する。

また吉満が、近代において「霊性」が真に見出されるためには「東洋と西洋とを相通じて、神と魂とが再発見されねばならない」と語っているのは注目してよい。他者である西洋、当時は敵国でもあった西洋諸国との本当の意味での交わりが実現したときに人は、「霊性」を深く体感し得るというのである。

「死水、竜を蔵せず」という禅師首山省念の言葉がある。(12)「竜」は魂の象徴である。生気のない水に「竜」は生きることが出来ない。西谷の発言は湖の真中から「清明心」という名の「竜」が少し顔を出すような像を思わせる。だが、吉満の言葉には異なる印象がある。それは東と西から姿の異なる二匹の竜が天空で交わり、闇に開《ひら》けをもたらし、光を招き入れるようなイマージュを喚起させる。彼にとって魂の奥に潜んでいて、光によって躍動をはじめるものが「霊性」だった。

『近代の超克』に寄せた論文「近代超克の神学的根拠」で吉満はまず、近代を考える態度に言及する。それはそのまま彼の「霊性」探究の姿勢でもあった。


近代的精神とは何かと云ふことを正確に定義して始める必要はない。狭過ぎるか広過ぎるか何《ど》の道不便を来すに違ひない不要な定義によることなく、我々の精神の新しい生命課題の展望からして、今や過ぎ行かんとしてゐる、我々自らの肉体の如く我々の精神を条件づけてゐた一つの精神状況を、自ら自身の苦しき宿命反省として考察して行けばよいのである。[13]

「近代」とは何かと概念的に定義することに吉満は、まったく意義を感じていない。概念化された死物を論じることに関心を示さない。彼にとって問題だったのはいつも、真に肉感するものだった。「近代」が避けがたい宿命であると感じることができないなら、どうしてそれを突破する糸口を見つけることができようかというのである。「近代の超克」という問題は吉満にとって、与えられた主題ではなく、むしろ、彼の根本問題だった。「近代」の実相を見極めることは自身の生の意味を認識することでもあった。

それは「近代」が何を見失っているかを凝視することでもあった。その道程がまざまざと語られているのは、吉満のいわゆる哲学論考よりも、次に引くような「批評」においてだった。彼の著作の中でもっとも広く知られている『詩と愛と実存』の冒頭で次のように書いている。

人々は詩の喪失をなげくときにモラルの没落をうったえている。しかし今日人々は単に詩の否定をモラルの放棄を考えているのでなく新しき詩と新しきモラルをこの「現実」のただ中から発見し創造しようと苦しみ悶えているのである。〔中略〕人間を発見したはずの近代は人間ではなく法則を世界を社会をそして身体を発見したが、理性を魂を家庭をそして愛と詩を見失ったのではないか。[14]

「詩」が失われるところに「モラル」は没落する。ここでの「モラル」は、ほとんど「愛」と不可分の何ものかである。「愛」とは「霊性」の働きに付された呼称であり、また、「愛」とは、人間のなかにあって、内なる人間、「霊」なる人間を探し求める働きをいう。彼は、「近代の超克」とは、「再び神を見出し霊性の立場で文化を秩序づけて行く(15)」ことと同義だという。

霊性の発露が吉満の終着点だったのではない。伏在する「霊の眼」によって世界を認識し、その実相をまざまざと語ることだった。『詩と愛と実存』に収められたリルケ論で吉満は、「霊の眼」をもって世界を認識し、そこに言葉の姿を付すことを託された者を「詩人」と呼ぶ。

詩人は真の神の詩人となるときまことに予言者となるでしょう。それは霊の眼によって世紀の魂を透視し、使徒たちの心を燃やす苦悩を美しく照らし出すところの星々の輝きとなるでありましょう。

（「リルケにおける詩人の悲劇性(16)」）

「霊の眼によって世紀の魂を透視し」、と書かれているように吉満は、霊と魂は別であると考える。魂は個を決定するが、霊はいつも個でありながら、同時に個を超えることを志向する。「霊」は「神」の座であり、私たち人間が「神」から生まれ出た証しでもある。人間は「神」から「霊」を分有されている。すべての人間は「霊」において根源的平等性に立つ。

また、「世紀の魂」と述べているように吉満は、人間だけでなく、時代にも魂が宿ると考えている。「霊によって霊を知る」関係を樹立すること、吉満にとって「近代の超克」とは、霊なる人間を回復することであり、霊なる者たちの「国」を生むことだった。

「近代の超克」の座談会には保田與重郎の参加も予定されていたが、開催日が近づくと不参加である事が告げられた。はっきりした理由は伝えられていない。保田が参加したら、様相は随分と変わっていたかもしれない。しかし、保田がこのような論議に積極的な意味を見出していなかったことは、彼の文学から見ても推察することができる。伝統への畏敬は、個の深い思索を通じてのみ実現され得ると保田は考えたのではなかったか。その意味で彼こそ、文学の力、言葉の力を真に信じていたとも言える。

保田が中核的存在だった『コギト』に、義彦の弟義敏が詩人として作品を寄せていることはすでに見た。義敏と義彦は文字通りの意味で相補する関係にあったことを考えてみるとき、義敏だけでなく、義彦と保田の距離も、今日の文学史、あるいは哲学史の通説よりはずっと接近したものだったことが分かる。また、その精神的距離感は「近代の超克」を考えるときも見過ごすことができない。

先に中原中也が署名入りで義敏に送った訳詩集にふれた。中原と義敏はきわめて高い可能性で会っている。中原も『コギト』に寄稿している。「近代の超克」が行われたとき、中原はすでに逝っていた。もし、彼が生きていてもそこに参加することはなかっただろうが、中原こそがもっとも創造的な「反近代」の詩人だったことを考えるとき、そうした人物が義彦の周縁にいたことは注目してよい。

同じことは堀辰雄をめぐってもいえる。またここに、生前はあまり知られることのなかった詩人野村英夫の名前も加えることができる。

野村英夫は吉満を慕ってカトリックになる。二十五歳で洗礼を受けたとき、吉満が代父をつとめた。彼は手書きの詩集『司祭館』を残して三十一歳で逝った。野村は堀辰雄にも師事する。助手として野村は、堀辰雄と生活を共にしたこともあった。彼は、『風立ちぬ』の最終章「死のかげの谷」の執筆に立ち会っている。後年越知保夫が、堀と野村にふれ、次のような一節を書いている。

私は堀辰雄を中心とする立原道造、野村英夫などのもう一つのグループに全くふれなかった。この人達は、戦時下にあって自己の世界のいわばリルケ的な純粋性を守った人たちである。そこに antimoderne の精神を見ることができるであろう。(17)

「リルケ的な純粋性」とは、「霊の眼」で世界を認識することである。可視的な事物を実在と考える科学的視点に立つことでもなく、特定の宗教を盲信することでもない。あらゆる教条的思考を排した裸形の詩的精神をいう。たとえば、彼らにとっては死者や天使といった存在は強靱な臨在感をともなって顕われる不可視な隣人だった。『風立ちぬ』が、リルケとの高次な対話の中に生まれた、小説の形式をとった聖霊論であり、死者論だったことは先に見た。

おそらく越知は、堀にも野村にも会ったことがない。しかし吉満を間に、自身と親近性があることを深く感じていることは、先の一節から感じとることができる。越知もまた、「リルケ的な純粋性」に生きた人だった。彼がいう antimoderne「反近代」とは時代に抗する精神を指すのではない。それは、普遍への接近をいう。「反近代」とは、近代に抗うことではなく、近代の彼方へ向かうこと、「普遍《カトリック》」へと通じる道を追究することを意味している。

一つ一つの「霊」が皆、「神」につながっているように、個々の人間が、個でありながら、そのまま普遍に通じている。それぞれの時代もまた、永遠につながっている。近代は前例のない、現象としては新しい問題をかかえた時代でありながら同時に、近代を包み込み永遠という普遍の「時」に連なっている。近代の問題を深みから照らすのは「普遍」から照らし出す光なのではないかという認識において、彼らは共時的につながっている。ここでの「彼ら」には、保田、中原はもちろん吉満も含まれる。「近代の超克」とは、どこまでも今に根を下ろしながら、飽くなきまでに「普遍」を追究することである、と吉満は考えた。それは同時に、カトリックの信仰者として生きることが、そのまま宗派的宗教を超えた霊性の境域に開かれてゆくことを意味した。

一九四四年、吉満の晩年に書かれた「復活と人類の哲学」という小品がある。そのはじめに吉満は、岩下が留学から帰って間もないころのことを振りかえって、吉満に語った岩下の発言にふれている。ロンドン留学中、岩下はベルクソンの著作に出会い、また、ベルクソンの講演を直接聴いたのだった。ベルクソンの本を読んだときのことにふれ岩下は、「あたかも科学の世界が脚下に完全に征服されたかのごとく痛快に感じられたものであった[18]」と語った。

どの著作を岩下が読んだかは記されていない。彼がロンドンにいたのは一九二〇年もしくは二一年、ベルクソンの四大主著の三つ目、『創造的進化』の刊行は一九〇七年である。最後の主著『道徳と宗教の二源泉』は一九三二年だから、このときはまだ出ていない。岩下が『創造的進化』を読んだ可能性はある。だが、先の発言からすると、岩下が手にしたのはおそらく一九一九年に刊行されたベルクソンの講演録『精神のエネルギー』ではなかったか。そこでベルクソンは、これまでの著作では見られないほど、率直な言葉で魂の不滅を語った。

その講演録の一つ「心と体」でベルクソンは、「魂の不滅そのものを経験的に証明することはできない。だから、「宗教は魂の不滅について語るとき天啓に訴える」ほかなくなる。しかし、哲学が、過ぎ去る時間とは異なる、もう一つの次元を流れる「時」――ベルクソンは「x時間」という――があることを明示することさえできれば、魂の不滅の問題もまた、哲学の問題たり得るはずではないかと語ったのだった[19]。

科学が私たちに提示する計測可能な時間は、「時」に属する、多様なる次元の一つに過ぎない、とベルクソンは考える。人間は「死」を経験することで魂として新生するとは、プラトン以来の哲学の伝統である。魂にとっての「時」が、科学的な時間でないことは、そこでの実在を証明できないことで反証されるというのである。講演ではそれ以上、ベルクソンはこの問題を「時間」との関係で論じることをしていない。だが、ここには、最初の主著である『時間と自由』以来、自分は魂の不滅を看過したことはないという自負にも似た告白が示されている。

ロンドンでの講演でベルクソンは、「哲学は霊魂不滅とか永遠の生命等の大問題は全く手におえないもので、哲学はほんの小さな事柄の解決に手いっぱい[20]」になってしまっている、と語ったと岩下はいう。些細な問題に汲々として、哲学がすでに魂の問題から乖離していると嘆く岩下の言葉はもちろん、ベルクソンに向けられているのではない。哲学はいつまで魂の世界に目をつむり続けるつもりなのかと魂の復権を訴え、独り邁進していた哲学者こそベルクソンだった。

このときの講演でもベルクソンが魂の不滅に言及したことは、岩下の言葉からも窺える。岩下は、ベルクソンを悲嘆させる現代の哲学に失望したのである。このとき「哲学には見切りをつけてしまった[21]」と岩下は、吉満に語ったのだった。

魂の救済において、宗教は固有の使命をもつ。しかし、それは哲学も同じではないだろうかと吉満は問う。岩下は哲学に見切りをつけて、司祭になることを選ぶことができたかもしれない、しかし、自分はそうではないと吉満は、岩下が「見切り」をつけたその地点に立ち戻ろうとする。

信仰を持たない、あるいは持ち得ないと思っている者はどうなるだろう。彼らに救済は無縁なのだろうか。哲学には哲学の使命があるのではないか。哲学の根本問題は、信仰者にも、そうでない人々にとっても同じく大きな問いであり続けている。吉満にとって信仰者であるとは、信仰者たり得ない人々にいつも向かって開かれてゆくことにほかならなかった。哲学者とは哲学は万人によって日々生きられていることを闡明する者の謂いだった。ベルクソンがフランスで行ったように、自分もまた日本で、魂が実在することを独りカトリックの哲学者として実践することを願い、ここまで歩いて来た、というのである。この一文が文筆家吉満義彦の、晩節といってよい時期に書かれていることに感慨を覚えずにはいられない。

人は誰も「死」を避けることができない。だが、人間にとって、本当に不可避であるのは、「死」ではなく、「死者」として新生することではないか。魂の問題とは、吉満にとってそのまま死者の問題だった。

「死者」の魂——より正確に言えば——魂である「死者」は、吉満にとって信じる対象であるよりも、その存在を感じずにはいられない不可視な隣人だった。彼は、魂の実在を信じているだけでなく「知っていた」。知るために信じ、信じるために知る、[22]というアウグスティヌスの精神に吉満は叡知の極点を見るが、それは吉満が、自らの生涯を賭して実現しようとしたことでもあった。

吉満義彦には主著がない。それが単著として世に問う体裁が整う前に、彼が逝かねばならなかったからである。準備はほとんど整っていた。構成、論文の順序もほぼ定まり、『精神史的宗教哲学序論』と題名も決まり、トマス・アクィナス、カント、ジョン・ヘンリー・ニューマン等に関するものを書き加え、完成させるはずだった。

一九四三年の末から吉満は病床にあった。執筆活動も実質的には一九四四年の中頃で終わっている。没後二年、論考は未完のまま、『吉満義彦著作集』として公になる。みすず書房版全四巻の著作集のうち「宗教哲学論集」と題された二巻から四巻までの三冊がそれに当たる。
著作集の三巻は、それぞれ、「中世精神史研究」、「近世哲学史研究」、「神秘主義と現代」と題されているが、本来それは三巻に分かれた書籍ではなく、あくまでも単著として刊行されるはずだった。菊判八百頁を超える大著になるはずだった。

「中世精神史研究」で吉満は、アウグスティヌスとトマス・アクィナスに分断ではなく、連続を論じる。トマスをアウグスティヌスの正統なる後継者であるという。「近世哲学史研究」では、デカルトとパスカルの異同を論じた。デカルトに息づく霊性の伝統に出会ったときの吉満の衝撃はすでに見た。そして「神秘主義と現代」においては、プロティノス、インド古代哲学、老荘思想、十字架のヨハネをはじめとしたキリスト教神秘哲学を論じ、相当の分量を割いて異端の神秘家ハッラージュを中心にイスラーム神秘哲学にまで言及している。吉満は近代日本で、もっとも早い時期に神秘哲学を体系的に論じた人物でもあった。

ここに挙げた神秘家、神秘哲学者の系譜を見るとき、吉満から井筒俊彦へとつながる精神のリレーとも言うべき現象を思わずにはいられない。ギリシアの部プロティノスで終わった『神秘哲学』も、ヘブライの部ユダヤ思想を経て、アウグスティヌス、十字架のヨハネなどキリスト教神秘家へと進むはずだった。井筒はギリシア哲学を完成させたプロティノスの真の継承者は、プロクロス、イアンブリコスのような新プラトン主義の系譜にある者たちではなく、アウグスティヌスだと書いている。(23) それは井筒の帰結でもあったが、吉満が神秘主義の伝統を考察しながらたどり着いた場所でもあった。

また、先に見たように井筒がもっとも愛し、彼が大きな熱情をもって語るアル・ハッラージュを日本で本格的に論じたのが吉満だったことも記憶しておいてよい。遠藤周作との対談で語ったように井筒は、吉満と岩下の作品に親しんでいた。吉満がいうように、真実なるものは、それを単独に論じるよりも、「比較せられるときに本当にその絶対専制的支配権を行使する」[24]のなら、吉満義彦の神秘哲学は、井筒俊彦との対比において、もっとも熾烈なる姿を顕わにするだろう。

「神秘主義と二十世紀思想」と題する論考の冒頭で吉満は、「神秘主義」が、定義不可能であることに言及する。「「神秘主義」と訳語されている Mystik ないし Mysticism が正確に何を意味するかをもって論を始めることはあまり意味がない」[25]と語る。それはどこまでも「生命の事柄」[26]として認識されなくてはならないという。吉満にとって「神秘主義」は単なる言説ではなかった。それは言葉を超えた、いわば沈黙の叡知の伝統だった。それは語る対象ではなく、生きて証することだった。

たとえば、キリスト教神秘主義——井筒俊彦あるいは、柳宗悦の表現を借りれば「神秘道」[27]——において、聖書を「読む」ことは、単に聖書を解釈することではなく、初代教会、中世の教父たち、あるいは諸聖人、さらにはパスカルやニューマン、ソロヴィヨフやペギーといった近代の同志たちと共に「読む」ことになると吉満はいう。ここに一切の比喩はない。吉満は、「教父学的営みはミスティク的生命に息吹きして使徒たちとキリスト自らの霊につながる所以を意味する」[28]と書く。カトリックの霊性において聖書を「読む」とは、今も力強く注がれ続けている聖者や教父たちの力を借りながら、キリストの声を、あるいは使徒たちの声を聞くことにほかならないというのである。

戦況が深刻化し、神と天皇のどちらが偉いかと聞かれたら、どうしたらいいのか、答えを間違えれば国家への反逆にもなる時代だった。吉満は聖フィリッポ寮で学生たちを相手に「警戒警報や空襲警報の合間にデカルトやパスカルを引用しながら神秘主義の講義を」[29]したと遠藤周作が書いている。食べるにも困るような時代、キリスト教徒であるというだけで虐げられる原因となるようなときに吉満はなぜキリスト教神秘主義を講じたのか、講義を受けた当時は内容があまりに難しく理解できなかったが、今は「先生の気持ちがわかるようになった」と遠藤は続けている。

戦時に身を置き吉満は、「人類の歴史の危機は、人間的悪の危機であるよりは天空の「悪霊」の戦いの挑みとして、超人間的精神のヒロイズムへの訴えとなる」[30]という。ここで描き出されているのは祈りである。彼は戦争を「「悪霊」の戦いの挑み」だと考えている。これを非合理的な空想に過ぎないと嗤うことはできる。しかし、なぜ私たちは苛酷な状況においてなお、祈るのか。

人間の力だけで平和を実現することは難しいと吉満は感じている。彼は天界に助力を仰ぐ。ここでの「ヒロイズム」は、献身と読み替えてよい。彼にとって祈りとは、自分の願いを神に伝えることではなかった。むしろ、神の声を聞くことだった。天からの声を聞き逃さないために「霊の眼」、「霊の耳」を開くことが吉満にとっての神秘哲学における究極の眼目だった。彼は、時代の困難を生き抜く学生たちに、自らに託された最高のものとして、神秘主義を講じたのだった。

また吉満は、「将来の知識的思想的指導者たるべき若き世代に向かって語りたいと思う」(「宗教的人間」[31]との言葉から始まる講演録で、思想で解決できないことを行動で解決するべきだという者は、思想の真実を知らないばかりか、実践の意義を見逃していると語ったこともあった。さらに思想と実践はいつも不可分であり、不可分であるところに、生命の実相があるとも語った。思想と乖離した行動はしばしば生命を著しく損なうと警鐘を鳴らすのだった。

「最深の神秘的人間はまた最深の行動的人間である」[32]と信じている吉満にとっては、講じ、説くことこそがもっとも高次な意味で日常的な行為だった。講義をする吉満の様子を垣花秀武はこう語る。

吉満義彦は短軀というよりは矮軀であり、眼のみは輝いているが顔中皺だらけといった印象で、とても三十歳代とは見えぬ疲れ果てたような外貌であった。それが講義を始めると何処にあれだけのエネルギーが潜んでいるかと思われるような熱気が生じ、複雑多岐な問題を豊富な引用を用いながらひとまとめにして鮮かに論理的に処理し、疲れを知らぬように説ききたり語りかけ続けて終ることがないのである。[33]

講義において語るとき、吉満はどこか別なところから力を得ているようにすら感じられると垣花はいう。吉満の生活ぶりはじつに質素だった。来客は十分にもてなすが、自身の身の回りは簡素に暮らしていたとも書いている。同時代の人から見ても年齢にそぐわない「顔中皺だらけ」の相貌からは、彼の慢性的な栄養状態が窺える。そうした中で吉満は身を粉にして書き、読み、そして語った。必要としている人々に講義を通じて、あるいは論考、作品を通じて言葉を届けること、それは自らに託されたもっとも神聖な役割である、と吉満は感じていた。吉満の死にふれ、木村太郎は次のように書いている。

彼〔吉満義彦——注＝引用者〕はフランスへ行つてジャック・マリタンについたが、このマリタンの仕事を紹介することが彼の先ず第一の仕事だつたように思う。しかしそれから彼は自分で聖トマのスンマ〔トマス・アクィナスの『神学大全』〕に取組んでいつた。上智のクルトゥウル・ハイムでやつたスンマの講義は吉満としては彼の生涯の中で一番一生懸命の仕事だつたように私は感じた。例の調子で、大したことはないようには言つていたが、この時の努力はかなり彼の健康を損つたようである。それからあと、だんだん彼の健康は衰えていつて、到頭ほんとうに寝込んでしまつたのだ。（「吉満の死」[34]）

誤解を恐れずにいえば「講義」は、吉満には執筆とは別な、ときにそれ以上の意味があったように思われる。講義を通じて彼が表現したかったのは新しい見解ではないだろう。骨身を削るというのはこういう事態を意味するのだろうが、彼の願いは個の表現ではなく聖なるものの顕現ではなかったか。特に晩年に行われたトマスをめぐる講義は、彼の内心では一つの祭儀だったのかもしれない。それは小聖堂に集まった人々にのみ捧げられるのではない。不可視な隣人はいつも彼と共にあったはずである。彼は、彼らに向かっても語りかけていたのではなかったか。言葉は真摯な熱情によって語られるとき、それを受け取った者の魂で生き続ける。吉満は自分の著作を完成させることはできなかったが、彼が運んだ言葉は、彼の講義、彼の話を聞いた者のなかで生きている。吉満の未刊の主著は、そうした人々の魂のなかで今も紡がれつつある。吉満にとって「愛」を実践することと、講義を行うことは別ではなかった。人間はただ、愛を露わにするために造られた、という十字架のヨハネの言葉を吉満は一度ならず引用している。

神はわれらすべてを聖者たらしめ得たもうのである。神自らの自由なる愛によってわれらの最も自由なる人格を。かくして十字架の聖ヨハネは言う「所詮はこの愛のために造られたのだ」と。
（「文学者と哲学者と聖者」）(35)

もし、その生涯を通じてわずかでも「愛」が生きる場所を準備する事が出来るなら、「神はわれらすべてを聖者たらしめ得たもうのである」と吉満は信じている。聖者とは、清貧な、奇跡を行う人物だけを意味するのではない。聖者の道が、いつも、誰にでも開かれていることを告げ知らせる者の呼び名である。

自身に死が迫っていることは吉満も感じていた。だが、臨終が近くなったときに行う「終油の秘蹟」を受けたとき吉満は、驚いたようだったと木村太郎が書いている。臨終の枕頭にもトマスの『神学大全』があった。また、彼は最後まで来るべき主著を準備するノートを書くのを止めなかったという。翌日、吉満は逝った。

先に見た「吉満の死」と題する追悼文で木村は、吉満が、先の秘蹟を受けた日に書いた手記の言葉を引き写している。「十月二十二日　終油を受けし夕」[36]と後書きされたところには、次の一文が添えられていた。これが吉満義彦の絶筆となった。

偉大なる「幸福の神学」

汝信ぜば神の栄光を見ん　　　　　ヨハネ福音

基督教は根本において偉大なるオプチミズムである。偉大無限なる歓喜の福音である。十字架の宇宙的犠牲苦悩を通じて所詮は復活永生の勝利に入るのである。一切は歓喜とハレルアの終りなき祝福に與かるのである。[37]

後年、小林秀雄は小松茂に、「吉満君は、学生のころから聖者だった」[38]と語った。「吉満の生活もすでに聖者的であつたと思ふ」[39]と木村太郎は追悼文に書いている。

亡くなったのは一九四五年十月二十三日、四十一歳になったばかりだった。

戦後しばらくすると周囲は吉満義彦について沈黙し始める。没後だったが吉満に魅せられ上智大学に進んだ、のちに哲学者となる小野寺功が、おかしいと思うくらい、かつて縁があった人々までが学内で吉満義彦の名前を口にしなくなる。

第二ヴァティカン公会議以前、エキュメニカルな思想を有し、時代に先んじていた彼について発言することが難しい時期があったのかもしれない。以前上智大学には吉満の蔵書を公開した「吉満義彦文庫」があったが、今はそれらの本もかつてあった場所にはない。『吉満義彦全集』が刊行されたのは一九八五年、公会議が終幕してから二十年ののちのことだった。今はもう、それから四半世紀以上の時が経過している。

真に普遍的な思想は、いつも、それぞれの時代に必須な何かを携えてよみがえる。ある人物が今に必要な何かを有していることに気がついたなら私たちは、どんなに深く忘却の彼方に追いやられているとしても、必死に想い出さなくてはならない。過去に学ぶためではない。今、ここに生きる私たちの現実の問題をめぐる生ける対話者としてである。

（1）全集第五巻、三一三頁。

（2）小林秀雄「表現について」『考えるヒント3』文春文庫、二〇一三年五月、一九六頁。

（3）座談会に参加した十三名は以下の通り。西谷啓治、諸井三郎、鈴木成高、菊池正士、下村寅太郎、吉満義彦、小林秀雄、亀井勝一郎、林房雄、三好達治、津村秀夫、中村光夫、河上徹太郎。このうち、小林秀雄と鈴木成高を除く十一名は論文も執筆している。

（4）西谷は『近代の超克』に寄せた論文「『近代の超克』私論」で次のように述べている。「わが国が現在直面してゐる課題は、いふ迄もなく世界新秩序の樹立と大東亜の建設といふ課題である。国家総力の集中、とりわけ強度な道徳的エネルギーが現在必要とされるのも、この課題を実現せんがためである。然るに大東亜の建設は、わが国にとつて植民地の獲得といふやうなことを意味してはならないのは勿論であり、また世界の新秩序の樹立といふことも正義の秩序の樹立の謂である」。『近代の超克』、三二頁。

(5) 西谷啓治「『近代の超克』私論」、同書、三五頁。
(6) 『近代の超克』、二九六頁。
(7) 同書、二七九頁。
(8) 同書、二七六頁。
(9) 同書、三三頁。
(10) 同書、八一頁。
(11) 同書、二六三頁。
(12) 井筒俊彦『意識と本質』、一五九頁。
(13) 全集第一巻、一八二頁。『近代の超克』、五九頁。
(14) 全集第五巻、九頁。
(15) 『近代の超克』、一八一頁。
(16) 全集第五巻、八〇―八一頁。
(17) 越知保夫、「四季の詩人たち」『小林秀雄　越知保夫全作品』、四六四頁。
(18) 全集第二巻、三一二頁。
(19) ベルクソン「心と体」『精神のエネルギー』(原章二訳)平凡社ライブラリー、二〇一二年、九〇―九一頁。
(20) 全集第二巻、三一二頁。
(21) 同書、三一二頁。

(22) 同書、三一三頁。
(23) 井筒俊彦『神秘哲学』慶應義塾大学出版会、二〇一〇年一二月、序文vi頁。
(24) 全集第五巻、三〇三頁。
(25) 全集第四巻、三頁。
(26) 同書、四八頁。
(27) 柳宗悦「宗教とその真理」『柳宗悦全集著作篇』第二巻、筑摩書房、一九八一年三月。
(28) 全集第四巻、九五頁。
(29) 遠藤周作「吉満先生のこと」文春文庫、一四〇頁。
(30) 全集第三巻、四四八頁。
(31) 全集第五巻、二六三頁。
(32) 全集第四巻、一一三頁。
(33) 同書、垣花秀武による解説「詩人哲学者、吉満義彦とその時代」、四七七—四七八頁。
(34) 木村太郎「吉満の死」『詩と信仰』公教社、一九四九年、二三〇頁。
(35) 全集第五巻　三一一頁。
(36) 木村太郎、前掲、二四四頁。
(37) 同書、二四五頁。
(38) 全集第二巻、小松茂「吉満義彦と中世精神」、三四一頁。
(39) 木村太郎「吉満追悼断想」『カトリック思想』第二六巻第二号、一三七頁。

あとがき

『三田文学』において「吉満義彦」の連載を始めたのは二〇一一年一月で、当時はまだ、一冊も自著をもっていなかった。前号まで、のちにはじめての著作となる「井筒俊彦」の連載を続けていて、間を置かずに始めた。理由はいくつかある。『二葉亭四迷伝』を執筆したとき中村光夫は、敬愛するこの先行者の没年を超え、やっと評伝を書く準備が整ったと述べていた。本書を始めるときにも同様の心持ちがあった。吉満は四十一歳で亡くなっている。当時、私はすでに厄年を超え、吉満よりも少し長く生きたことになっていた。

もう一つ理由がある。書かずにはいられなかったのである。吉満がそうだったように、当時私も、近しい人を喪い、半身を失ったように生活していた。書くことがなければ、生き続けられていたかどうかと、今でも思うことがある。吉満義彦と対話し、そこに見たものを一つ一つ書き記して行くことで、どうにか生きてきた。

読むとは、それを書いた者と出会い、対話することである。比喩ではない。この本を書きながら、何度か吉満の声にふれたように思う。そして、書くとは、彼らの叡知に導かれながら言葉を紡ぎ、未知の自己に出会うことのように思われた。

時間に余裕があれば文章を書くことができるというのは、必ずしも精確ではない。真に書くべきものがあるとすれば、それは常に、絶対の時機において顕現する。それがいつ現われるかは、書き手すら知ることはないのである。妻を喪ったとき、吉満は次のような一節を書いている。

見えざるものの実在感こそは常にわれらをして自然とわれらの背後にまたかたわらに天使と霊の伴侶を実感せしめ、これは所詮、神とキリストの実在に直接に導きゆくものである。

(「実在するもの」)

この言葉にまず、救われたのは吉満自身ではなかったか。彼の言葉は今も、護符のように、私の心に寄り添っている。

連載開始から三年経ち、十一回目を書いたところで『三田文学』の編集長に就くことになり、雑誌での発表は終えなくてはならなかった。本書は、雑誌に発表したものを大幅に補筆し、新たに二章を加えている。

書物の誕生において書き手が担えるのはごく一部でしかない。編集者である鈴木康之に出会うことがなければこの作品は書物にならなかった。編集とは不可視な文字で書くことであるからだ。本書は、十月二十三日に世に出る。六十九年前のこの日、吉満は亡くなっている。今年は彼の生誕一一〇年でもある。この日を選び、執筆を鼓舞してくれたのも鈴木さんだった。また、校正者の方々の力もじつに大きい。心からの感謝を送りたい。

装丁は中島かほるさんにお願いすることができた。編著を加えると四冊目になる。装丁画には、『井筒俊彦　叡知の哲学』同様、中西夏之氏の作品を使わせていただくことができた。お二人によって生まれた本は、いつも新しい道を私に切り拓いてくれている。この場を借りて改めて御礼を申し上げたい。

脚注、索引、年譜、校正において、酒井一途、片山京介の両氏には大変お世話になった。彼らの助力がなければ本書は、充分に姿を整えることができなかった。さらに二人は本書の最初の読者でもあり、貴重な意見をたびたび寄せてくれた。深謝したい。

最後に、本書を亡き父に捧げたい。父は、亡くなってからいっそう、私を助けてくれている。彼の鼓舞がなければ書き上げることはできなかった。共に完成を喜びたい。

二〇一四年九月二十九日　大天使の祝日に

若松英輔

※本書には、引用文中にハンセン病に関わる表現で、現在ではその表現に配慮すべき不適当な語句がありますが、作者が故人であることを鑑みて、原文のままとしました。（岩波書店　編集部）

年　譜

一九〇四(明治三七)年　0歳
10月　13日、鹿児島県大島郡亀津村(現徳之島町)に、父義志信・母めんちゃの長男として誕生。父義志信は、徳之島町の議員をつとめる傍ら徳之島の民俗誌『徳之島事情』を執筆している。
一九一三(大正二)年　9歳
3月　四男弟の義久(生後二ヶ月)逝去。
9月　三女妹の梅(二歳)逝去。
一九一四(大正三)年　10歳
1月　母めんちゃ逝去。
一九一七(大正六)年　13歳
3月　伊仙尋常小学校卒業。
4月　鹿児島県立第一中学校に入学。徳之島を後にし、鹿児島へと居を移す。この時、鹿児島で、後に妻となる小林輝子と出会う。
8月　四女妹の松(三歳)逝去。
一九一八(大正七)年　14歳
夏　帰省中、後に「わがホルテンシウス体験」として描くことになる「夢」をみる。
10月　父義志信(五八歳)逝去。両親を喪い、幼い妹(栄子)と弟(義敏)を支えて行かなくてはならない状況になる。以来、思索的となり、プロテスタントの教会に行くようになる。
一九二一(大正一〇)年　17歳
冬　プロテスタントの洗礼を受ける。
一九二二(大正一一)年　18歳
3月　同中学校卒業。
4月　第一高等学校文科丙類に入学。東京に出る。在学時代は岩元禎による哲学の講義に熱中、弁論部員として活動、また、YMCA(キリスト教青年会)、内村鑑三の聖書研究会に入る。
一九二三(大正一二)年　19歳
9月　関東大震災。「我等が使命は此処に新たに示され」たと語る。

一九二五(大正一四)年　21歳

3月　同高等学校卒業。一高在学中、岩下壮一を知る。

4月　東京帝国大学文学部倫理学科に入学。

一九二七(昭和二)年　23歳

2月　岩下壮一の感化を受け、無教会から離れ、カトリックに改宗し、麻布教会でツルペン神父から洗礼を受ける。

一九二八(昭和三)年　24歳

3月　同大学卒業。春、岩下壮一の義弟高垣次郎と共にフランスへ留学。ジャック・マリタンに師事し、主としてネオ・トミスム(新トマス主義)の哲学を研究。マリタンが主催するサロンでは、フランスを代表する思想家、文学者らと交流した。

7月　ジャック・マリタン『スコラ哲学序論』(Jacques Maritain, *Éléments de philosophie, I: Introduction générale à la philosophie*, Paris, 1920)を全訳、カトリック研究社刊(翻訳は留学以前に終わっていた。誤訳が多く、後年に改訂版を出す)。

一九二九(昭和四)年　25歳

8月　岩下壮一の依頼を受け、エッセイ「私の改宗」を書く(発表は一九三一年)。

一九三〇(昭和五)年　26歳

3月　内村鑑三逝去。

11月　「町田君の問題」町田實『めくらへび』の跋、町田實遺稿集刊行会刊。

秋　フランスより帰国。留学中、著しく体調を崩すことがあり、周囲は途中帰国も考えたほどだった。

一九三一(昭和六)年　27歳

2月　「仏蘭西現代の哲学倫理学界に就いて」『倫理研究』(二月号、四・五月号)

3月　「私の改宗」『カトリック』

4月　上智大学および東京公教神学校で哲学を講ずる。

エーリヒ・プシュワラ『トーマスとカント』(Erich Przywara S. J., *Kant heute*, Müinchen und Berlin, 1930)の抄訳。『カトリック』「聖トマス特輯号」④

エーリヒ・プシュワラ『トーマスとヘーゲ

ル』(Erich Przywara S. J., *Ringen der Gegenwart*, Augsburg, 1929)を抄訳。『倫理研究』、『カトリック』「聖トマス特輯号」

5月　「スコラスティクとヘーゲル復興」(エーリヒ・プシュワラ)を翻訳。国際ヘーゲル聯盟日本版、ヘーゲル百年忌記念論文集『ヘーゲルとヘーゲル主義』岩波書店

「現代におけるカトリックへの転向の意義」『宗教研究』

「「現代の転向」と「カトリックへの転向」」『カトリック』

6月　「聖トーマス世界観の根本概念」『理想』

10月　ジャック・マリタン『カトリック思想とその現代的使命』を翻訳。『カトリック』

12月　「カトリック史家に与ふ」『日本カトリック新聞』(13日)

一九三二(昭和七)年　28歳

4月　ジャック・リヴィエール『ポール・クローデルへの手紙』(*Paul Claudel-Jacques Rivière, Correspondances 1907-1914*, Paris, 1926)を抄訳。筆名は藤間治安。『飾画』第四号

5月　ニコライ・ハルトマン著『ヘーゲルと実在弁証法の問題』を翻訳。『理想』(五・六月号)

6月　「ヘーゲル復興とヘーゲル批判」『カトリック』

エルネスト・プシカリ『百夫長の旅』(Ernest Psichari, *Le voyage du centurion*, Paris, 1916, pp. 169-179)を抄訳。筆名は藤間治安。『飾画』第六号

7月　カール・アダム『カトリシスムの本質』(Karl Adam, *Das Wesen des Katholizismus*, Aufl. VI, Düsseldorf, 1932)を全訳。岩波書店刊。

9月　「聖トーマスにおける神概念の形而上的構成について」『宗教研究』④

10月　「ネオトミスムの哲学——特にジャック・マリテンを中心として」『セルパン』①

「聖トーマスにおける人間概念の形而上的構成について」『倫理研究』(一〇・一一月号)②

11月　エーリヒ・プシュワラ『カトリシスムの根本概念』(Erich Przywara S. J., *Ringen der Gegenwart*, Augsburg, 1929, S. 662-668, "Grundlinien des Katholizismus")を翻訳。『カトリッ

ク』④
12月　「カトリシスムの歴史と論理」『カトリック』
一九三三(昭和八)年　29歳
2月　小林輝子と結婚。
4月　「カトリック世界観の根本理念」『理想』春季特輯「世界観学」④
5月　妻輝子と死別。
7月　「序文に代へてニューマン的敬虔の本質」エーリリヒ・プシュワラ編・杉田英一郎訳『ニューマン宗教体系』新生堂④
10月　「ジャック・マリテンの知識学――Les degrés du savoir「認識の諸段階」について」『理想』秋季特輯「現代の代表的哲学」①
ポール・クローデル『ジャック・リヴィエールへの手紙』(*Paul Claudel-Jacques Rivière, Correspondances 1907-1914*, Paris, 1926)を抄訳。『海洋の巨匠に花束を』第一号
11月　「ミュトスの作者」『上智人』
12月　「ニューマンの論理」『日本カトリック新聞』オックスフォード運動百年記念特輯号(3日)④
不明　「実在するもの」『日本カトリック新聞』(12月または翌年1月?)④
不明　「ニューマンの大学論と現代の哲学」ニューマン記念講演会(於上智大学)④
一九三四(昭和九)年　30歳
2月　『カトリシスム・トマス・ニューマン』新生堂(単著としては最初の著作)
東京・信濃町の聖フィリッポ寮(現在の真生会館)の舎監となる。のちの寮生に遠藤周作がいた(遠藤は一九四三年入寮)。この頃から、講義を通じて、寮生やカトリック学生連盟を指導し、影響を与える。
3月　「基督教哲学とは何か?」『インテル・ノス』(東京公教神学校校友会誌)第一号①
5月　「マリテンと神学的人間学の政治倫理」『理想』(単行本収録の際「ジャック・マリタンの文化哲学」と改題)①
「ジャック・マリタンの文化哲学――神学的人間学の政治倫理」『理想』
「倫理性の定位」『読売新聞』⑤
8月　「カール・アダムと現代人の為めの基督論」

『カトリック』(八・九月号)

9月 「詩とロゴス」『日本歌人』⑤

10月 弟義敏、山之内一郎らと共に雑誌『創造』の刊行を始める。

「文学者と哲学者と聖者――モラリテの問題をめぐって」『創造』⑤

「命題と課題」『創造』

12月 訳書カール・アダム『改訂 カトリシスムの本質』岩波書店(原著改訂にともない、その第七版によって訳出。改訂第一版とした)

「日常性への誕生」『創造』⑤

「カトリック的宗教復興の現象と理念」『宗教研究』①

Johannes Laures S.J.『カトリシズムの根本教理』を翻訳。『カトリック』(浜田本悠編宗教パンフレット第四輯「カトリック問題号」より転載)

一九三五(昭和一〇)年　31歳

4月 和辻哲郎の招きにより、東京帝国大学文学部倫理学科講師に就任(上智大学ほかと兼任)。

「理性の健康――行動の可能」『創造』⑤

7月 ゲルトルード・フォン・ルフォール『聖心を祝へる連禱』を翻訳。『創造』

「秩序の構造」『創造』

「ゲルトルード・フォン・ルフォールに就て」『創造』

8月 「倫理的見地に於ける国民的歴史性」『コスモス』特輯「世界国民思想宗教」

10月 「現代の倫理学に於ける神学的問題」ＪＯＡＫより「今日の知識」として放送された講演(同年9月23日)。『カトリック』①

「時間の変貌」『創造』⑤

「哲学の悲劇――ブルガコフ著・大島豊訳」『創造』

「文学とロゴス」『槐《えんじゅ》』第一号⑤

Hermann Heuvers『人間とは何ぞ』を翻訳。『創造』

12月 「今日我々は如何なる理由を以て基督教徒たり得るか」『理想』主題号「現代宗教論」①

一九三六(昭和一一)年　32歳

1月 「文化倫理における神学的問題」東京帝国大学哲学会公開講演。『哲学雑誌』①

4月　「民衆と天使――社会的日常性の問題」『創造』⑤
6月　「プロネシス――実践理性の性格」『思想』④
　　　「政治と真理」『創造』⑤
7月　「カトリック哲学の概念」『カトリック』①
8月　「新しき秩序――充足的ヒューマニズムの立場」『創造』⑤
　　　「ジャンセニスム」中央公論社版『世界文芸大辞典』第三巻
9月　「時代の嵐と「決意」」『宗教思潮』⑤
　　　『文化倫理の根本問題』新生堂
10月　「カトリシズムとヒューマニズム」『読売新聞』(1-5日)⑤
　　　「新しき歌――あるエッセイへのフラグメント」『創造』⑤
11月　「新スコラ哲学の人生観」『理想』秋季特輯「現代の人生観」
　　　「新スコラ哲学と現代ヒューマニズム」上智大学哲学会公開講演。⑤

一九三七(昭和一二)年　33歳

1月　「詩と愛と実存」『創造』⑤
　　　エーリヒ・プシュワラ『キェルケゴールの問題性』を翻訳『創造』⑤
4月　『文学と倫理』十字堂書房
5月　ゲルトルード・フォン・ルフォール『教会賛歌』を翻訳『創造』
　　　「象徴としての女性――神学的アントロポロギーの問題」『創造』⑤
7月　「詩人の友に与ふる手紙」『創造』⑤
　　　「新刊書評――ヒューマニズムと実存的思惟」『創造』
8月　「マチアス・ヨセフ・シェーベンと現代カトリック神学の問題」『神学研究』③
9月　批評家・翻訳家で『創造』の執筆者でもあった辻野久憲が逝く。
11月　「ドストエフスキー「悪霊」について」『創造』⑤
秋　「カトリック世界観の問題」『信仰と生活』「基督教世界観」特輯

一九三八(昭和一三)年　34歳

5月　「パスカル理解の鍵」『帝国大学新聞』「哲学書評」特輯号(2日)

9月　「魂の深淵を揺り動かすもの」『パスカル冥想録』(由木康訳)内容見本および同書の帯。白水社刊。
「ヨハン・アダム・メーレルとカトリック的思惟の理念」『カトリック』「メーレル百年記念号」(九・一〇月号)③
11月　「「久遠の哲学」とは！——"philosophia perennis"の問題」『理想』②
「私の宗教観・未来観」『科学知識』
「国民精神作興週間について——カトリック運動に於ける学生の使命」『声』
「ポール・ロワイヤル」　中央公論社版『世界文芸大辞典』第六巻
「カトリック世界観の問題」『布教』(布教委員会機関誌)第一巻第一号
「護教書の問題——フィステル師著「カトリック世界観序論」に因んで」『日本カトリック新聞』(20日)
12月　「新著評論——パスカル「冥想録」」『文学界』
「マリタン先生への手紙」『創造』⑤
「宗教的人間」『読売新聞』第一夕刊(14日)⑤
「神秘主義と二十世紀思想」(初出はシリーズ『廿世紀思想』の第四巻『神秘生義・象徴生義』河出書房刊に、「神秘主義概論」として発表)
「ジャック・マリタン」シリーズ『廿世紀思想』第六巻『伝統主義・絶対主義』河出書房

一九三九(昭和一四)年　35歳

1月　「詩人と郷愁——ミュンヘンの思ひ出」歌誌『山茶花』⑤
2月　「形而上学的感覚」『科学知識』⑤
「星夜」「回転椅子」『日本カトリック新聞』(5日)
3月　「二十世紀思想とピオ十一世」『声』特輯「教皇ピオ十一世追悼」(三・四月号)
4月　「キリスト教に於ける道徳の問題」『思想』特輯「道徳の問題」④
5月　「シャルル・ペギーの追憶に因んで」『創造』⑤
6月　「思想の魅力」『日本カトリック新聞』(7日)
「聖なる沈着——ペギーに因んで」『日本カト

リック新聞』(日不明)⑤

7月　「天使」『帝国大学新聞』(3日)⑤
「道徳の将来」『日本カトリック新聞』(16日)⑤
「宗教と現代」〈出席者〉吉満義彦、長与善郎、三木清、阿部知二。『文学界』
「デカルト的思惟の限界」『カトリック研究』(七・八月号、九・一〇月号)③
「文学に於けるカトリシズム」『文芸』⑤

9月　「神秘愛の讃歌を胸に——戸塚師の使徒的業績」『日本カトリック新聞』(3日)特輯「戸塚文卿師追悼」

11月　「新刊哲学書評——「実存の哲学」と「文明の哲学」」『カトリック研究』(一一・一二月号)

12月　「林君と「創造」の事など」『日本カトリック新聞』特輯「林不可止氏追悼」(17日)
「哲学的散歩」『新潮』⑤

一九四〇(昭和一五)年　36歳

1月　「世紀の希望」『日本カトリック新聞』(1日)
「エルネスト・エルローについて」『声』
"L'état d'esprit de la jeunesse intellectuelle du Japon" 一九三九年、JOAK海外向放送で行った講演。『Oriens オリエンス』(仙台教区海外向雑誌) Vol. 1, Janvier-Février—*Bulletin de la Mission de Sendai*, 1ère Année No. 1, 1940. (一・二月号)

3月　「充足的人間観について」ヨセフ・オカンツィーク著・三浦岱栄訳『医学の倫理』(理想社出版部)の跋文。
「宗教と哲学」『読売新聞』(17日)②

4月　(題名不詳)『科学知識』「寸鉄欄」
「復活よりの世界観」『声』⑤

5月　「科学の道徳的価値の限界」『科学知識』⑤
「文明の哲学」『新潮』⑤
「リルケにおける詩人の悲劇性」『創造』⑤
「小林秀雄「ドストエフスキーの生活」に就いて」『創造』

6月　「じゅるなる・めたふぃじっく」を書く。(死後、『カトリック思想』第二八巻第二号に一部掲載)

7月　「ペギーとベルグソン」『東京朝日新聞』「学界余滴」(26日)③

8月 「現代基督者の思想的立場――特に学生に与へる言葉」『声』⑤

9月 ジャック・マリタン『音楽と詩の形而上学』(Jacques Maritain, *Frontières de la poésie, et autres essais*, Paris, 1935 の中の "Clef des chants" の訳)『カトリック研究』(九・一〇月号)

「中世精神史の理念」理想社版「世界精神史講座」第四巻『西洋精神』其一

10月 『詩と愛と実存』河出書房

「古代基督教の古典について――"Procul este profani"」『新興基督教』②

「カトリック教会の倫理思想」岩波講座『倫理学』第三巻、岩波書店刊。

11月 「知性の倫理――デカルトとパスカル」『知性』③

「戸塚師の思ひ出」『コスモス』「戸塚文卿師追悼号」(1日)

「パスカル的思惟の性格」『カトリック研究』特輯「パスカル研究」(一一・一二月号)③

12月 岩下壮一逝去。(3日)

「恩師永遠の面影」『日本カトリック新聞』特輯「岩下壮一師追悼」(29日)

『創造』休刊のまま、終刊となる。

一九四一(昭和一六)年 37歳

1月 「新刊月評――リルケ著・谷友幸訳「神様の話」について」『新潮』

2月 「哲学者としての師」『声』「岩下壮一師を偲ぶ」第一輯

3月 「キリスト教思想家としての岩下師」『カトリック研究』「岩下壮一師追悼号」(三・四月号)

4月 「カトリシズムと自然科学――真理の秩序の問題」『科学ペン』④

「哲学者の神――デカルトとパスカル」『文学界』③

「ベルグソンとマリタン」『思想』特輯「ベルグソン」③

「愛の犠牲を思ふ」『声』「華北天主教訪日視察団歓迎号」

5月 「新体制下の学生に望む」『新興基督教』

「所造的実存の形而上学――宗教哲学の根本問題」『理想』春季特輯「現代日本の哲学」

③

6月
「聖トマス的立場の理解のために――波多野博士『宗教哲学序論』の書評に因んで」『上智大学論叢』第一輯③
「岩下先生の使徒的生涯」『図書』
「新しき英雄性の倫理――ニーチェよりプラトンへ」『知性』

8月
「哲学者の神――ベルグソンとパスカル」『哲学雑誌』「ベルグソン」特輯号③
「基督者にとっての東洋と西洋」『開拓者』八月号(本稿はその後、『日本カトリック新聞』八月一〇・一七・三一日、九月七日号の四回にわたって転載された)
(題名不詳)『日本読書新聞』(15日)

9月
「思想とは何か――キェルケゴールの場合」『文学界』③
「アウグスティヌスの基督教史に於ける意義」『信仰と生活』

10月
「危機における人間性の意識」『知性』③
「ベルグソンの晩年」『東京朝日新聞』「洩光欄」(4日)

岩下壯一著『信仰の遺産』(岩波書店刊)を小林珍雄らと編纂。「編者の序」を執筆する。
「パスカルとトルストイ――死の思ひよりの倫理」岩波講座『倫理学』第一一巻「月報」(本稿は後に『声』一九四四年一一月号に転載された)③

11月
「中世的人間と近代的人間」『理想』秋季特輯①
「世界史と哲学者」『朝日新聞』「洩光欄」(25日)
エーリヒ・プシュワラ『聖アウグスチヌスと近代哲学の精神』(Erich Przywara S. J., *Augustinus, Die Gestalt als Gefüge*, Leipzig, 1934)を抄訳。『カトリック研究』(一一・一二月号)

12月
「基督教精神史と聖アウグスチヌス」『インテル・ノス』②
「倫理性と宗教性との実存的関聯」『宗教研究』④
「デカルトよりトマスへの道――一つの経験」創元社版『デカルト選集』第六巻付録「月報」③

「倫理性と宗教性との実存的関聯」『宗教研究』

一九四二(昭和一七)年　38歳

1月　「新しき世紀の希望の秘義」『日本カトリック新聞』(4日)
「評伝パスカル——吉満義彦氏に聴く」『信仰と生活』(単行本収録の際「パスカルを語る」と改題)③
「新刊哲学書紹介——グアルディニとマリタン」『カトリック研究』(一・二月号)
2月　「書評——小林秀雄著「歴史と文学」、岩下壮一著「アウグスチヌス、神の国」」『日本読書新聞』
3月　「現代カトリック文芸叢書発刊の辞」(甲鳥書林版「現代カトリック文芸叢書」全十巻の内容案内文)
「聖トマスとダンテ」『日伊文化研究』②
「教皇の使徒性と政治性」『文学界』
6月　「歴史の精神」『日本評論』
岩下壮一著『中世哲学思想史研究』(岩波書店刊)を編纂。「編者の序」を執筆する。
7月　座談会「近代の超克」が行われる。〈出席者〉吉満義彦、西谷啓治、諸井三郎、鈴木成高、菊池正士、下村寅太郎、小林秀雄、亀井勝一郎、林房雄、三好達治、津村秀夫、中村光夫、河上徹太郎、以上十三名。
8月　「中世的人間の理念——「神曲」の神学について」『科学思潮』②
「夏の消息」『日本カトリック新聞』(30日)
「近代超克の神学的根拠——如何にして近代人は神を見出すか」『文学界』①
9月　「知的協力会議　座談会「近代の超克」」『文学界』(九・一〇月号)
「文化と宗教の理念」『カトリック研究』(九・一〇・一一・一二月号)①
10月　「現代における神秘主義の問題」『理想』秋季特輯「神秘主義の哲学」④
11月　「カトリシズムと現代人」『新興基督教』①
「世界史と教会史の秘義」『声』①
12月　「精神の世紀のために」『知性』
ジャック・マリタン『形而上学序論』甲鳥書林(前掲『スコラ哲学序論』の改訳)

不明　「照応と象徴――片山敏彦著「心の遍歴」について」(『帝国大学新聞』か？)

一九四三(昭和一八)年　39歳

1月　「宗教的人間の立場」『日本カトリック新聞』(3日)

ポール・ヴァレリー「デカルト断片」「オランダよりの帰途」「デカルト三百年祭に臨みて」「パスカル「思想」の一句を主題として」(Paul Valéry, “Fragment d'un Descartes”; “Le retour de Hollande”; “Descartes”; “Variation sur une ‘Pensée’”)を翻訳。『ヴァレリイ全集』(筑摩書房刊)第九巻『作家論』に収録。

「神秘主義の形而上学――宗教的実存の秘義」『カトリック研究』特輯「神秘思想研究」(一・二・三・四月号)④

2月　「生命本質への思弁的強行――土井虎賀寿氏著「生成の形而上学序論」」『帝国大学新聞』(15日)

3月　「宗教的実存と歴史的世界」『龍谷大学新聞』特輯「歴史と宗教」(3日)

5月　「思想像の把握へ――「パスカル」「仏蘭西モラリスト」「書簡集」」『日本読書新聞』「書燈欄」(17日)

「パスカルの心戦に因んで」『新潮』(五・七・八月号に掲載)③

「支那哲学叡智とカトリシズム――ベルナール師「東西思想交流史」邦訳版に因んで」『カトリック研究』(五・六月号)④

6月　「病苦の聖化に就て――床上に於ける霊魂の英雄」『日本カトリック新聞』(13日)

9月　「聖アウグスチヌスに於ける理性と信仰――精神史的宗教哲学序論の一章」『宗教研究』(九・一二月号)②

「悲劇的実存の超克――デルプ師「ハイデッゲルの哲学」に因んで」『カトリック研究』(九・一〇月号)④

10月　「教会的実存意識と大国民的見識」『声』

12月　「生命躍動の源泉――神秘的歓喜(1)」『日本カトリック新聞』(19日)⑤

一九四四(昭和一九)年　40歳

1月　「聖魂の深淵に開眼――神秘的歓喜(2)」『日

本カトリック新聞』(2日)⑤
「超絶的生命意識への飛躍――神秘的歓喜(3)」『日本カトリック新聞』(16日)
「基督教的地上生活の再吟味――神秘的歓喜(4)」『日本カトリック新聞』(30日)

2月 三谷隆正逝去。
「新しき生命の復活――神秘的歓喜(5)」『日本カトリック新聞』(13日)

3月 「カトリシズムと弁証法的神学――カール・アダムのバルト神学批判」カール・アダム著、伊藤庄治郎訳『我等の兄弟なる基督』(中央出版社刊)に序文を寄せる。
「自然科学と宗教性との形而上学」『カトリック研究』特輯「科学と信仰」(三・四・五・六月号)④

4月 「復活と人類の哲学」『日本カトリック新聞』(9日)②
訳書ジャック・マリタン『宗教と文化』「現代カトリック文芸叢書」第一巻、甲鳥書林刊(Jacques Maritain, *Religion et culture*, Paris, 1930の全訳に、英訳版所載のクリストファ・ドウソンの総序「欧羅巴の危機とカトリシズムの復興」を加え、さらに、序文として、一九三八年の「ジャック・マリタン」に加筆した「ジャック・マリタンの文化哲学について」を加えている)
「自然科学と宗教性の形而上学」『カトリック研究』特輯「科学と信仰」(三・四・五・六月号)④

5月 上智大学のクルトゥルハイム聖堂で、トマス・アクィナス『神学大全』を講じる(30日)。この講義の準備に大きく労力を費やし、体調を著しく害する。

7月 病に倒れる。
上旬、ジフテリアにより一時危篤に陥る。妹栄子の献身的な看護により、一命を取り留める。執筆活動が中止される。

10月 ドイツ語で書かれた詩「わが祈り」(遺稿)をホイヴェルス神父に捧げる(2-4日)。
誕生日に訪ねてきたデュモリン神父に「ツァラツシュトラ審判」の秘儀」(遺稿)を見せる(13日)。

「わがホルテンシウス体験」(遺稿)を書き、デュモリン神父に見せる。
秋　東京大司教に、病気全快後、生涯を聖職に捧げる旨を申し出る。
12月　「聖降誕と世界史の秘義」『上智学院文化研究会会報』「クリスマス特輯号」(本稿は『日本カトリック新聞』昭和二〇年一月一四日号に転載された)
不明　「宗教と文化の現象」口述筆記か。

一九四五(昭和二〇)年　41歳
1月　妹栄子が急逝。葬儀は、義彦の書斎で行われる。
「読書座右銘「聖トマス・アクイナスの言」」『日本読書新聞』(1日)
2月　「哲学的・宗教的断想録」(遺稿)を病院にて書く。
3月　手記に、神父になる決意を書く。
8月　「聖アウグスチヌスと新しき精神の世紀」(デュモリン著『告白録における聖アウグスチヌスの回心への道』の序)上智学院出版部
10月　22日夜、マイエ神父から終油の秘蹟を受ける。
23日朝、野口神父から最後の聖体を授けられる。
23日午前11時、東京・小金井、聖ヨハネ会桜町病院で死去。

――没後――

一九四六(昭和二一)年
9月　「吉満義彦追悼号」『カトリック思想』第一巻第二号
10月　「基督の模倣者パスカル」『宗教と文化』

一九四七(昭和二二)年
7月　『哲学者の神』(小林珍雄編)みすず書房
11月　『文化と宗教の理念』『吉満義彦著作集第一巻』みすず書房

一九四八(昭和二三)年
3月　『詩と愛と実存』角川書店。米軍占領下の出版のため、河出書房版(一九四〇年一〇月)と比べて内容にかなりの削減がある。
8月　『中世精神史研究』『吉満義彦著作集第二巻』みすず書房

『形而上学序論』が『ジャック・マリタン著作集1』として再刊。甲鳥書林刊。

一九四九(昭和二四)年

6月　『近世哲学史研究』『吉満義彦著作集第三巻』みすず書房

一九五二(昭和二七)年

1月　『神秘主義と現代』『吉満義彦著作集第四巻』みすず書房

一九八四(昭和五五)年

9月　『吉満義彦全集』(講談社刊)全五巻の刊行が始まる。翌年1月、完結。

二〇〇八(平成二〇)年

10月　徳之島町が、町政五十周年を記念して、義彦と義志信の銅像を設置(11日)。

・作品表題の末尾にある①～⑤は、『吉満義彦全集』(講談社)の巻数を示す。

・この年譜は、『吉満義彦全集』(講談社)に付された略年譜、増田良二による著作目録、吉満義志信・義彦氏胸像除幕式の際に配布された寶田辰巳による「吉満義彦先生経歴」、『カトリック思想』「吉満義彦追悼号」、木村太郎『詩と信仰』、半澤孝麿の『近代日本のカトリシズム』などを参考にし、新たに作成された。

人名索引

・本書に出現する人名の主な箇所の頁数を示した.

ア　行

カ　行

サ　行

タ　行

ナ　行

ハ　行

マ　行

ヤ　行

ラ　行

ワ　行

若松英輔

1968年生．慶應義塾大学文学部仏文科卒．批評家．「越知保夫とその時代」で第14回三田文学新人賞受賞．著書に『井筒俊彦――叡知の哲学』(慶應義塾大学出版会，2011)，『神秘の夜の旅』(2011)，『魂にふれる　大震災と，生きている死者』(2012)，『死者との対話』(2012)，『池田晶子　不滅の哲学』(2013，以上トランスビュー)，『涙のしずくに洗われて咲きいづるもの』(2014)，『君の悲しみが美しいから僕は手紙を書いた』(2014，以上河出書房新社)，『内村鑑三をよむ』(2012)，『岡倉天心『茶の本』を読む』(2013，以上岩波書店)など．編著に『読むと書く　井筒俊彦エッセイ集』(2009)，『小林秀雄　越知保夫全作品』(2010，以上慶應義塾大学出版会)など．2013年10月より『三田文学』編集長．『井筒俊彦全集』(慶應義塾大学出版会)編集担当者．

著者公式ホームページ　http://www.yomutokaku.jp/

吉満義彦―詩と天使の形而上学

2014年10月23日　第1刷発行

著　者　若松英輔《わかまつえいすけ》

発行者　岡本　厚

発行所　株式会社　岩波書店
〒101-8002 東京都千代田区一ツ橋2-5-5
電話案内 03-5210-4000
http://www.iwanami.co.jp/

印刷・精興社　製本・松岳社

ISBN 978-4-00-025467-0　　Printed in Japan